올빼미 눈에 비친
세계 속의
대한민국

올빼미 눈에 비친
세계 속의
대한민국

초판 1쇄   2017년 1월 10일

지은이   김지수
발행인   김재홍
편집장   김옥경
디자인   이유정, 이슬기
마케팅   이연실

발행처   도서출판 지식공감
등록번호   제396-2012-000018호
주소   경기도 고양시 일산동구 견달산로225번길 112
전화   02-3141-2700
팩스   02-322-3089
홈페이지   www.bookdaum.com

가격   15,000원
ISBN   979-11-5622-259-0   03300

CIP제어번호   CIP2016032484
이 도서의 국립중앙도서관 출판예정도서목록(CIP)은 서지정보유통지원시스템 홈페이지(http://seoji.nl.go.kr)
와 국가자료공동목록시스템(http://www.nl.go.kr/kolisnet)에서 이용하실 수 있습니다.

ⓒ 김지수 2017, Printed in Korea.

- 이 책은 저작권법에 따라 보호받는 저작물이므로 무단전재와 무단복제를 금지하며, 이 책 내용의 전부 또는 일부를 이용하려면 반드시 저작권자와 도서출판 지식공감의 서면 동의를 받아야 합니다.
- 파본이나 잘못된 책은 구입처에서 교환해 드립니다.
- '지식공감 지식기부실천' 도서출판 지식공감은 창립일로부터 모든 발행 도서의 2%를 '지식기부 실천'으로 조성하여 전국 중·고등학교 도서관에 기부를 실천합니다. 도서출판 지식공감의 모든 발행 도서는 2%의 기부실천을 계속할 것입니다.

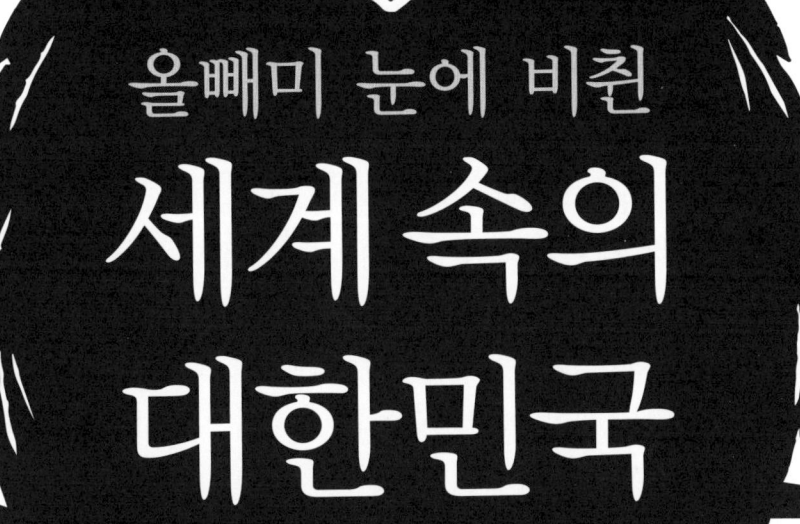

올빼미 눈에 비친
세계 속의 대한민국

김지수 지음

지식공감

●○● **감사의 말** ●○●

  엉성한 이 책의 원고를 정성껏 읽어주시고, 도움이 되는 좋은 평을 많이 해주신 유제철 사장님, 정봉환 선생님, 한송 박사님께 깊은 감사를 드린다. 세 분의 도움으로 딱딱한 표현들은 부드럽게, 그리고 흐트러진 문장들은 단정하게 가다듬을 수 있었다. 이분들의 날카로운 비판은 나에게 좀 더 깊게 생각하고 내 생각을 재정리할 귀중한 기회가 되었다.

  나는 이 책을 정신질환을 앓고 있는 환자들과 그들의 가족들에게 바친다. 미국 국립정신건강연구소(National Institute of Mental Health)의 최근 통계에 의하면 미국민의 18세 이상 성인 중 22.1퍼센트가 치료가 필요한 정신질환 환자라고 한다. 육체적인 장애인들은 사회로부터 동정을 받지만, 정신적인 장애인들은 온갖 오해를 받고 소외까지 당한다. 정신질환에 대한 대중들의 잘못된 인식에서 오는 잔인한 오명도 이들과 가족들을 무척 괴롭힌다. 관절염 환자가 관절에 질환이 있는 것처럼 정신질환 환자들은 우리의 뇌 속에 질환이 있을 뿐이다.

  『조현병에서 살아남는 길(Surviving Schizophrenia)』이란 유명한 책의 저자

정신과 의사 토리(E. Fuller Torrey) 박사는 "오후 5시 이후 미국 도시 번화가를 걷는 것보다 자정에 정신병원을 걸어 다니는 것이 훨씬 더 안전하다. 정신질환 환자들처럼 고통에 시달리는 사람들은 없다."고 했다.

지옥 같은 하루하루를 참고 이겨나가는 모든 정신질환 환자들의 강한 의지와 용기에 깊은 경의를 표한다. 뒤에서 남몰래 가슴 아파하며 흘리는 가족들의 애절한 눈물을 나는 충분히 이해한다. "정신질환 환자들에게는 하루를 무난히 보내는 그 자체가 엄청나게 자랑스러운 보람이요 결실이다."라고 전문가들은 말한다. 정신질환 환자들은 다른 사람들에 대한 오만이나 편견도 없고, 차별할 줄도 모르며, 다른 사람들을 미워할 줄도 모른다. 이들은 물질적인 욕심도 없고, 편법을 쓰거나 부도덕한 짓을 할 줄도 모르는 아주 질이 좋은 명품 인간들이다.

김지수 배

●○● 이 책을 내면서 ●○●

 몇 년을 망설이다 드디어 이 책을 쓰기로 했다. 나는 1960년도 중반에 미국으로 유학을 갔다. 대학과 대학원에서 수학과 통계학 공부를 했으며, 내 인생의 10대 말부터 60대 초까지 40여 년의 기나긴 미국 생활을 접고 재직했던 대학으로부터 안식년을 얻어 2007년 사랑하는 조국을 찾아 귀국했다. 2009년 미국 대학의 교수직에서 조기 은퇴하고 한국으로 '역이민'을 온 셈이다.
 내가 김포공항을 통해 미국으로 떠났을 때 우리 한국은 1961년 5월 16일 박정희 주도하에 일부 군인들이 제2공화국을 무력으로 무너뜨리고 정권을 장악하여 정치적으로나 사회적으로 불안과 비리, 공포의 군사독재가 한창이었으며, 경제적으로는 1인당 국민소득이 필리핀이나 미얀마(당시 버마)에도 뒤진 미화 100달러도 못 되는 지구촌에서 가장 빈곤한 나라 중 하나였다.
 그 후 50년 동안 우리나라는 온갖 역경 속에서도 세계가 부러워하고 감탄할 정도로 상상을 초월하는 엄청난 경제적인 번영, 즉 '한강의 기적'

을 이룩한 경제 대국으로 우뚝 서게 되었다. 정치적으로도 많은 발전을 했으며, 민주주의가 어느 정도 이 땅에 뿌리를 내리고 자라게 된 것은 다행스럽고 자랑스러운 면이라 하겠다. 박정희 정권의 경제정책(경제개발5개년계획 등)이 비약적인 경제성장의 주춧돌과 촉진제가 되었음은 부인할 수 없을 것으로 우리 한국 사람이면 고마워해야 할 부분이지만, 독재정권의 흉악한 비인간적인 범죄 행위는 수많은 무고한 시민들에게 씻을 수 없는 엄청난 피해와 역사적으로 깊은 상처를 남겼음을 절대로 잊어버리거나 용서해서는 안 될 것이다.

  2014년 현재 한국은 국내총생산(GDP) 세계 13위, 수출 규모 세계 7위, 1인당 국민소득은 거의 3만 달러에 육박하고 있으며, 모든 개발도상국들의 경제성장 본보기가 되어 있다. 한국은 상호 경제 발전과 세계 무역을 촉진하고 증진하기 위한 목적으로 경제 강국들로 조직된 경제협력개발기구(OECD)에 회원국으로 1996년에 가입했다. 대한민국이 당당하게 경제 강국 대열로 들어섰으며 경쟁 무대를 세계로 넓혀 이미 세계적으로 인정받게 되었다. 일본은 역사가 100년 이상이 된 회사가 2만 1,000개이지만, 한국은 여섯 개에 불과하다고 알려졌다. 이 짧은 기간에 커다란 성장을 이룬 것은 우리나라와 우리 민족의 저력이라 하지 않을 수 없다.

  이 모든 경제성장과 눈부신 발전은 50대 이상의 대한민국 국민 모두의 피와 땀과 눈물의 결실이며, 한국인 특유의 근면, 성실, 노력, 끈기, 인내, 협동 및 조국의 미래를 위한 아낌없는 희생정신의 결과라 믿는다. 우리 한국 사람들은 지난 반세기 동안 뼈가 으스러지도록 열심히 일했다. 1946년생인 나는 1950, 60년대 우리 사회의 어둡고 가난했던 과거를 생생히 기억한다. 6·25 직후 한국의 경제 규모는 120개국 중 119번째였고 한때는 우리가 북한보다 못살았다. 빈곤 속에서 기적의 경제성장을 이룩한 이 세대의 모든 분들에게 깊은 감사를 드린다.

내가 미국에 살고 있을 때인 1999년, 한국에 있는 동생이 두 권의 책을 내게 보내왔다. 한 권은 『한국분, 한국인, 한국놈』(백현락 저), 다른 한 권은 『맞아 죽을 각오를 하고 쓴 한국, 한국인 비판』(이케하라 마모루 저)이었다. 이 두 책을 감명 깊게 읽었다. 이에 못지않게 감명을 준 책이 한 권 더 있다. 2000년 초 로스앤젤레스 시 부근에 있는 한인 교회를 방문했는데, 『한국인에게 문화는 있는가』(최준식 저)라는 책을 바탕으로 하신 목사님의 설교가 신자들로부터 뜻밖에 큰 감동을 주고 좋은 반응을 보였다. 나는 즉시 그 책을 주문해서 읽고, 세 저자의 한국과 한국인에 대한 건설적인 비판에 공감했다.

이케하라 마모루는 일본 언론인으로서 26년을 한국에서 활동하면서 그동안 보고 느낀 바를 우리에게 도움이 되길 바라는 마음에서 책을 출간했다. 언론인으로서 통찰력 있는 날카롭고 객관적인 시각을 가지고 한국의 정치, 경제, 사회, 문화, 역사, 국민 정서, 사고방식, 전통 음식, 한국어까지 우리 한국인들 못지않게 이해를 잘하고 알고 있는 분으로 느껴졌다. 우리가 개인적으로나 집단적으로 발전하려면 이런 분들의 비판에 귀를 기울이고 깊이 생각할 수 있는 시간을 가질 필요가 있다.

한국은 지난 수년간 대학가와 기업체는 물론 관공서와 사회 구석구석에서 국제화 바람이 한창 휩쓸고 있다. 세계는 급속도로 좁아져 가고 지구촌 시대가 이미 현실화되었으며, 국제화란 단어가 일반 시민들의 대화 속에 거의 매일 자연스럽게 오르내리고 있다. 정부 통계에 의하면, 1995년 현재 한국에 거주하는 외국인 수는 5만 명, 2009년 120만, 약 20년 후인 2014년에는 무려 157만 명으로 30배 이상 증가했으며, 이는 5,114만 인구의 3.1퍼센트에 해당하는 것으로 앞으로도 계속 증가할 것으로 보인다. 반면에 700만~800만 한국인들이 지구촌 곳곳 175개국에 널리 퍼져 살고 있다. 중국은 해외 이민 역사가 우리보다 훨씬 오래됐지만, 2010년 현재 5,500만 명의 중국인들이 103개국에 살고 있는 것으로 밝혀졌다. 한국 인구의 13.7~15.6퍼센트가 해외에 나가 살고 있지만, 비율로 치면 훨씬 적은 4.0퍼센트 정도의 중국인들이 해외로 이주해서 살고 있는 셈이다.

우리 한국 사람들이 중국 사람들보다 역사적으로 더 진취적이고 도전적이며 해외 진출이나 국제화가 활발했다고도 볼 수 있겠다. 2014년 1,600만 한국인들이 해외여행을 했다. 보도에 의하면, 2012년도에 1,850만 명 정도의 일본 사람들이 해외여행을 했으며 일본 인구가 2013년 당시 1억 2,760만이니 한국 인구의 2.5배인 것에 비추어 보면 우리나라 사람들의 해외여행자 수의 비율이 일본보다 상당히 더 높은 편이다. 한국관광공사 통계에 의하면, 2012년 최초로 외국인 관광객 1,000만 명 시대를 열었으며, 2014년에 1,400만 명(이들 중 43퍼센트는 중국인)을 돌파했다. 우리는 앞으로 곧 1년에 2,000만 명의 관광객을 맞을 준비를 해야 할 텐데, 이는 전 국민의 40퍼센트나 되는 엄청난 숫자다.

관광객은 '민간 외교관'이라는 말이 있다. 한국을 방문하는 외국인들은 자기 나라를 대표하는 민간 외교관들이며, 다른 나라를 방문하는 한국 사람은 싫건 좋건 우리나라를 대표하는 외교관이 된다. 관광도 분명히 여러 나라 간의 중요한 교류로서 국제화의 일부분이다. 가장 훌륭한 국제화는 우리가 접하는 다른 나라 사람들에게 호의적인 인상을 주고 그들의 마음을 편하고 안전하게 해주었을 때 성공적으로 이루어질 수 있는 바탕이 된다.

중국이 미국과 1, 2위를 다툴 정도로 세계 최대의 경제 대국이 되었다. 그렇지만 중국을 선진국이라 보는 사람은 아직까지 별로 없다. 미국, 캐나다, 서유럽, 북유럽 국가들, 일본, 호주, 뉴질랜드 같은 나라들을 우리는 선진국이라고 한다. 그 이유가 뭘까? 선진국이 되기 위해선 국가와 국민 전체가 여러 가지 조건을 갖춰야 한다. 경제적인 성장만으론 선진국이 될 수가 없다. 우리 한국도 마찬가지다. 경제는 성장했지만, 아직은 한국을 선진국이라 인정해 주는 사람이 그렇게 많지 않다. 선진국이 되기까진 아직 갈 길이 멀다. 나는 내 조국이 세계 사람들에게 인정받고 존경받는 나라가 되길 간절히 바라는 마음에서 이 책을 쓰기로 했다.

이 책 내용의 대부분은 한국인이나 한국 사회를 신랄하게 비판한다. 내가 보고 느낀, 있는 그대로를 포장하지 않고 솔직하게 전하려다 보니, 자연히 비판적이지 않을 수가 없다. 독자들이 나의 의도를 충분히 이해할 것으로 믿는다. 세계 어딜 가든지 일본 사람에 대한 인상은 무척 호의적이다. 하지만 50~60년 전에는 상당히 부정적이었다. 일본인 개개인이 노력해서 호의적으로 인상을 바꿔 놓았다. 일본에 대한 세계 사람들의 좋은 인상은 돈으로 계산할 수 없는 어마어마한 재산이며 국제화 속의 일본에 엄청나게 유리한 점이다. 우리가 경제 기적을 이룩하듯, 다 함께 노력하면 언젠간 세계 사람들에게 존경받는 모범적인 선진국이 될 수 있을 거라 확신한다.

나 자신 인격적으로 많이 부족하고 발전해야 할 부분이 많다는 것을 알면서 비판적인 글을 쓰는 것이 한편으로는 부끄러운 생각이 들지만, 40년 이상 미국 생활을 하면서 세계 각국에서 모여든 사람들과 접촉하고, 여러 나라를 방문하면서 배우고 느낀 바를 우리 조국 대한민국이 세계 사람들로부터 존경과 신뢰를 받을 수 있는 국제화를 성공적으로 잘 이끌어 나가면서 명품 선진국으로 도약하는 데 도움이 되었으면 하는 염원에서 이 책을 쓴 것으로 이해해 주면 고맙겠다.

나는 이 책에서 다른 나라들, 특히 미국의 실제 예를 많이 소개했다. 미국인들의 사고방식이나 행동, 관례가 옳고 훌륭해서 따라가자는 것이 절대 아니다. 단지 비교를 해서 우리의 상황을 조금 더 객관적으로 비판하고 판단하는 데 도움이 되고자 할 뿐이다.

이 책에는 불필요한 영어나 다른 외국어 혹은 외래어 단어를 거의 쓰지 않았다. 자랑스러운 우리글만 쓰려고 노력했으며, 전문적인 외래어들만을 부득이 사용했다.

2017년 1월
저자 김지수
캘리포니아 주 로스앤젤레스에서
jskim1984@gmail.com

차례

감사의 말 / 4
이 책을 내면서 / 6

1장 역이민 온 한국인

1 미국 생활 40여 년 / 19
2 해외동포들의 애국심 / 22
3 위안부 소녀상 / 26

2장 한국어는 사어가 될 건가

1 영어 광풍의 나라 / 31
　범람하는 영어 간판들 | 영어가 뭐길래 | 영어의 오염과 공해
2 누가 우리말을 멸망의 길로 몰고 가나 / 45
　스트레스를 우리말로 뭐라 하지요? | 영어의 오물 | 세계화 시대의 국어국문학 |
　우리말을 죽이는 세 종류의 한국인들

3장 합병증에 시달리는 한국 사회

1 한국 사회의 암, 지-학-혈 / 67
내 고향은 대한민국입니다! | 미국의 조지프 매카시 시대 | 독일인이 깜짝 놀란 어리석은 지역감정

2 야만국 수준의 교통 문화 / 78
교통 문화는 그 나라 수준의 척도 | 한국에 교통경찰이 있습니까? | 그동안 압축성장을 해서 | 후쿠시마 인근 마을의 교통 신호기 | 어물전 망신, 꼴뚜기 택시 | 구급차를 가로막는 운전자들 | 고장 난 사회

3 무관심의 공화국 / 95
무관심한 이웃들 | 여보, 조중동이 누구야? | 내가 혼자 해봐야 무슨 소용이 있겠어?

4 공정성의 원칙이 무너진 이기적이고 비겁한 사회 / 104
토끼와 거북이 | 국회의원만도 못한 X | 공부해라. 숙제했니? 학원 가야지.

5 표절의 왕국 / 110
표절은 무서운 범죄 행위 | 학위 위조의 천국

6 이색적인 결혼 문화 / 120
북한 문제보다 더 심각한 저출산율 | 결혼인가? 물물교환인가? | 증인이 된 축하객들 | 외모에 너무 집착하는 한국 젊은이들 | 결혼식 비용

7 물욕에 취해 있는 나라 / 131
"여러분! 여러분! 부자되세요!" | 돈이면 모든 것 해결 | 오두막집의 캄보디아 가족들 | 명품 회사들도 놀란 '된장녀'

4장 빗나간 한국의 교육 환경

1 흰개미들처럼 한국 사회를 좀먹는 학벌주의 / 143
"제발, 학벌 얘기 좀 하지 마세요" | "학원을 모두 폭파해버리고 싶어요" | "소름 끼치게 하는 나의 경쟁자들" | 출신 대학보다는 실력과 능력과 잠재력 | 세계 최고의 대학진학률

2 주입식 점수 교육은 이제 그만 / 157
국제학생능력평가 | 미래를 향한 교육 | "유대인보다 더 우수한 민족이에요" | 미 명문대학 한국 학생들의 참혹한 중도 탈락 | 질문이 없고, 수업 중 조는 학생들 | G20 회담에서 대한민국을 망신시킨 한국 기자들

3 자식을 망치는 극성스런 엄마들 / 180
자식이 뭐길래 | 자식을 위한 어머니의 눈물 | 자녀들에게 김치 담그는 법을 가르쳐라

5장 잃어버린 동방예의지국

1 편견을 가슴에 품고 사는 장애인들 / 189
편견과 차별의 상처 | 흑인 대통령을 선출한 미국 | 종업원을 하대하는 한국 식당 주인들 | 차별과 편견이 가져온 LA흑인폭동

2 한국인의 음주 문화 / 200
술에 절어 있는 사회 | 열일곱 번 등장하는 연속극의 음주 장면 | 술은 사탄의 피 | 대학 교정에 차려진 술상 | 술이 원수야

3 다른 나라에선 안 통하는 빨리빨리 문화 / 212
빨리빨리~, 빨리빨리~ | 천천히 오라고 당부하는 미국 관광 안내인 | 감탄할 정도로 침착한 알래스카 항공기 승객들

4 한국인들의 특이한 배려심과 변명 / 218
교양 없는 미개인들 | 배려심과 공공 예의 없는 수치스러운 사람들 | 불필요한 배려심 | 변명의 공화국 사람들

6장 혼수상태에 빠진 한국 사회·정치, 막막한 대한민국의 미래

1 불쌍한 젊은 세대들 / 239
돈에만 집착하는 우리 젊은이들 | 투표함을 바꿔치는 고장 난 대학생들 | 얼빠진 부모, 얼빠진 불쌍한 자식 | 박 모·배 모·한 모 씨 | 존 딘의 아버지 | 돈의 노예가 돼 버린 젊은 세대들의 엉망진창 가치관 | 한국의 젊은 세대들이여, 제발 정신 좀 차려! 조국의 미래를 위해 생각을 바꿔라

2 삼류도 못 되는 정치 / 266
한국 국민의 민주주의 인식 수준 | 빈 깡통 정치인들 | 낙엽처럼 우수수 떨어져 나간 대통령 임명자들 | 링컨 대통령의 훌륭한 인격과 넓은 아량 | 고장 난 유권자들

3 명품 선진국이 되는 길 / 285
"한국은 절대 선진국이 될 수 없다" | '차권'이 '인권'보다 높은 나라 | 내가 누구라는 걸 밝혀라 | 준법정신은 어디로 갔나 | 억지 부리고 떼만 쓰는 '떼한민국' | 치유가 절실히 필요한 병든 나라 | 악취의 쓰레기 속에 파묻혀 있는 아름다운 금수강산

끝맺음 말 / 301

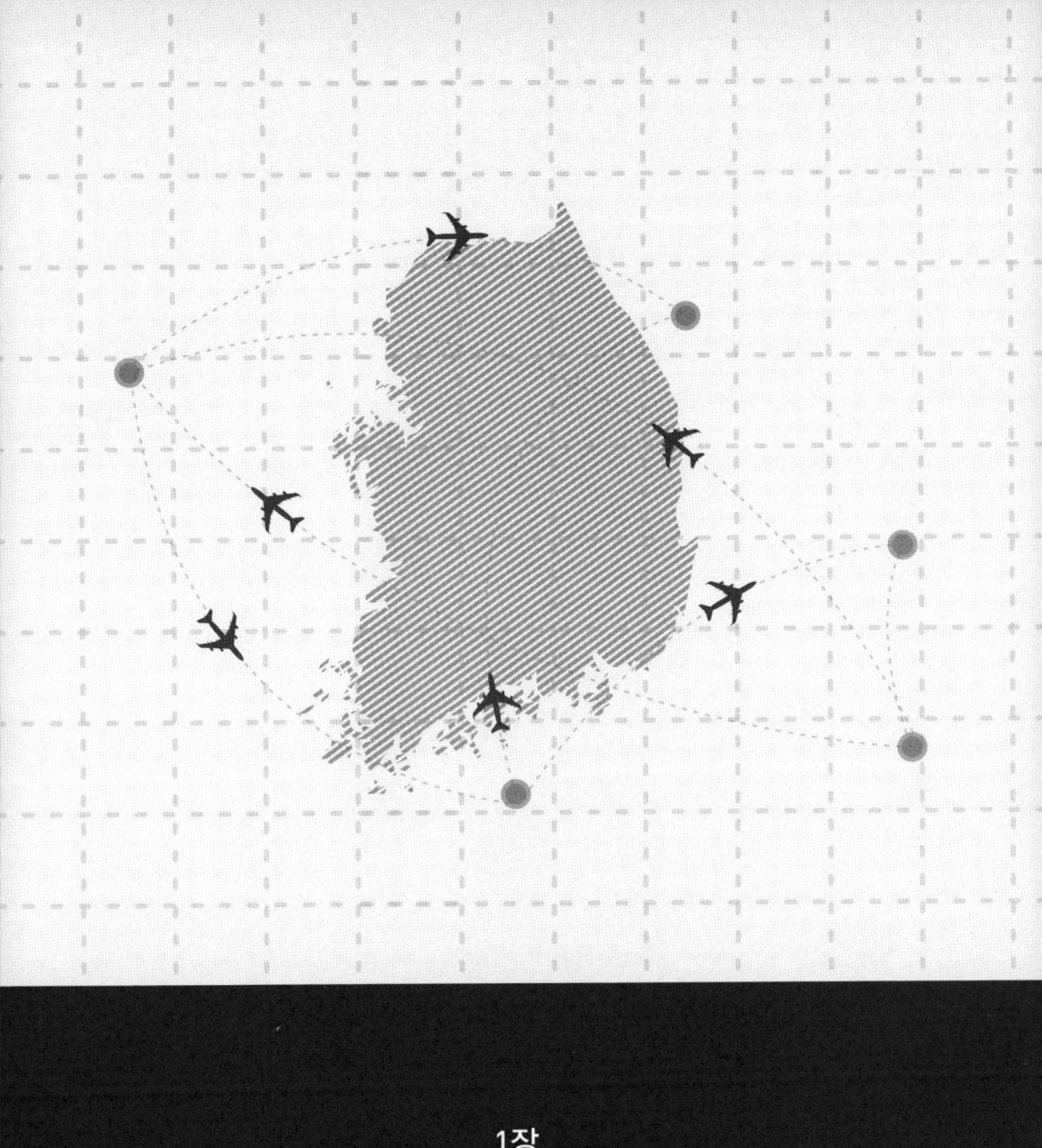

1장

1

미국 생활 40여 년

생각할수록 나는 평생 운이 매우 좋았다. 훌륭하고 현명하신 부모님을 만난 것은 물론이지만, 헌신적이고 사랑이 많은 가족들, 훌륭한 스승님들 밑에서 공부할 수 있는 영광과 특권을 누릴 수 있었고, 큰 도움을 준 진지한 동료들이 많았으며, 그리고 좋은 친구들이 주위에 있었다. 특히 운이 좋았던 것은 미국 유학을 갈 기회가 있었다는 것인데, 1965~1975년이 나 같은 한국 유학생의 처지에서 볼 때 이상적인 분위기 속에서 미국 대학 생활을 할 수 있는 매우 좋은 시기였다고 생각한다.

사회생활을 해본 경험도 없이 젊은 나이에 한국을 떠나 유학을 갔었기 때문에 미국에서 자란 1.5세나 2세들처럼 한국 사회의 독특한 학벌주의나 지역 개념에 대한 아무런 감각이 없는 것은 나에게 또 하나의 큰 축복이었던 것 같다. 성인이 된 후에는 머릿속에 굳어 남아 있는 빗나간 의식구조를 바꾸고 싶어도 바꾸기가 어려운데, 이런 축복이 나에게는 아무런 선입견이나 민족주의적인 오만이 없이 우리나라 사람들과 우리 한국 사회를 객관적으로 보고 판단할 수 있는 유리한 조건이 되었다.

1960~1970년대 미국은 정치적으로나 사회적으로 심한 진통을 겪고 있었다. 외부적으로는 월남전으로 지칠 대로 지쳐 있었으며, 전쟁의 사상자는 날로 늘어만 가고, 참전했던 수많은 젊은이들은 제대 후에도 잔인했던 전쟁의 후유증으로 정신적인 고통과 악몽에 시달려야 했다. 날로 산더미처럼 쌓이는 전비(戰費)에 미국 국민은 분노하기 시작했으며, 반월남전 시위가 전국적으로 마치 도깨비불처럼 확산되어 갔다. 게다가 흑인들의 인권운동 및 폭동은 디트로이트(Detroit), 보스턴(Boston), 뉴어크(Newark), 와츠(Watts) 등 여러 지역에서 폭발하기 시작하여 미국 사회는 말할 수 없는 혼란에 빠지게 되었고, 드디어 현직 대통령 린든 B. 존슨(Lyndon B. Johnson)은 1968년 3월 31일 대국민 방송에서 차기 대통령 불출마를 선언했다. 이어서 리처드 닉슨(Richard Nixon)이 월남에 '명예로운 평화(Peace with Honor)'를 이룩하겠다는 미국민과의 약속으로 1969년 1월 대통령에 취임했다.

전쟁과 인종문제의 대혼란 속에서 현실에 환멸을 느낀 젊은이들은 밀려오는 반사회적인, 자유로운 생활방식을 추구하는 새로운 히피 문화(hippie culture)에 매력을 느끼고 기존의 미국 사회를 등지기 시작했다. 교실 내에서 수업 시간뿐만 아니라, 교내 여기저기에 학생들이 모이기만 하면, 정부의 외교 정책, 국방, 사회 정의, 인종문제 등을 놓고 열정적으로 토론하는 모습이 유학생인 나에게는 너무도 이색적이었으며, 표현할 수 없는 묘한 감동을 주었다. 열띤 토론을 하고 언쟁도 하지만 할 말이 끝나면 반드시 상대방에게 말할 기회를 주고, 상대방의 말을 들어주는 성숙한 모습 또한 이색적이었다. 우리나라 국회의원들처럼 소리를 지르거나 폭력적이고 야만적인 모습은 볼 수 없었다. 의사당 내에서 회의 도중 삿대질을 하고, 폭력을 행사하는 비신사적인 의원들을 보고 자란 우리 후세대들은 어떻게 될까? 생각만 해도 안타깝기 짝이 없다.

  미국은 60년대 중반에서 70년대 중반까지가 현대 미국 역사에서 가장 혼란스런 시대였을 뿐만 아니라, 사회·정치적인 면이나 일상생활, 국민의 사상에서부터 이민 정책까지 수많은 변화가 있었다. 밀려오는 변화의 물결 속에서 미국 사회와 미국 사람들에 대해 직접 보고 체험하며 미국이란 나라에 대해서 배울 수 있는 절호의 기회였다. 이처럼 혼란스런 미국 사회의 분위기가 학생이었던 나에게는 금싸라기 같은 귀한 배움의 기회를 마련해 주었다.

2
해외동포들의 애국심

누구나 해외에 나가 살다 보면 자신도 모르게 애국자가 된다고 한다. 조국을 지극히 사랑하고 아끼는 마음이 나도 모르게 가슴속 깊이 무르익게 되는 것이다. 애국심이나 조국에 대한 충성심은 한국에 사는 어느 누구보다 오히려 깊을 것이라고 생각된다. 우리 해외동포들은 이구동성으로 "물 건너오면 모두 애국자가 된다."고 말한다. 나는 슬하에 삼 남매가 있다. 모두 미국에서 태어나서 자랐으며, 의젓한 미국 시민인 30대 성인들인데 내가 봐도 믿기 어려울 정도로 미국보다는 부모의 나라 한국 쪽에 더 애국심과 충성심이 강한 것 같다.

그렇다고 내 자녀들이 특이한 2세들은 아니다. 이민 1세는 물론이지만, 나의 자녀들처럼 부모의 조국 대한민국에 강한 애국심을 나타내는 1.5세나 2세들이 많이 있다. 2006년 미국에서 처음으로 세계야구대회(World Baseball Classic)가 열렸을 때 이들은 미국과 한국 두 나라 간의 대결에서 목이 터지라고 한국 선수들을 응원했다. 한국이 7 대 3으로 미국을 무너뜨려 미국의 야구 전문가들을 깜짝 놀라게 했던 것이 지금도 내 기억에 생생히 남아 있다. 외국 생활을 하다 보면, 라디오나 TV에서 애국가가 들리거나 태극기만 비쳐도 한국에서는 경험하지 못했던 감정이 북받쳐 오고 가슴이 뭉클해짐을 해외동포들은 대부분 경험했을 것이다.

내게 친분이 좀 있는 1.5세 의사가 있다. 명품 고급 차를 두세 대 몰고 다닐 수 있는 경제 수준을 갖췄지만, 부모님의 조국 대한민국의 경제 발전을 도와야 한다면서 부인과 함께 기아자동차 두 대를 사서 몰고 다닌다. 가끔은 환자들에게 기아자동차의 성능이 최고라고 선전까지 한다. 이와 비슷한 애국심을 가진 재미교포들이 수없이 많다는 것을 알리고 싶다.

이민 간 해외동포들은 결코 나라를 버린 사람들이 아니다. 비록 몸은 미국에 있지만, 마음은 항상 모국을 향해 있다. 미국에 살고 있는 대다수의 동포들은 자신과 가족들을 위해 더 좋은 삶과 미래를 꿈꾸며 눈물을 머금고 이주한 사람들이거나 나처럼 유학을 갔다가 그곳에 정착한 사람들이다. 이와 비슷한 현상은 국내에서도 자주 일어난다. 시골에서 큰 도시로 일자리를 찾아가건, 보다 나은 훗날을 꿈꾸며 이사를 했다고 해서 그 사람들이 고향을 등지는 것은 아니지 않은가. 타향살이하는 동안 고향에 대한 향수와 애착심이 오히려 더 강해지는 경우가 많다.

특히 60년대 미국 유학생들은 방학 동안 서로 모이면 고국에 대한 향수를 달래기 위해 〈고향의 봄〉, 〈불효자는 웁니다〉, 〈눈물 젖은 두만강〉, 〈목포의 눈물〉, 그리고 그때 한창 한국에서 유행했던 이미자의 〈동백 아가씨〉를 즐겨 부르면서 서로를 위로하곤 했으며, 흘러간 옛 노래를 부를 때마다 조국에 대한 사랑이 마음속에서 더욱더 굳어짐을 느낄 수가 있었다. 해외 이민 1세대들의 뿌리는 조국 땅에 깊숙이 묻혀 있다.

해외에서 오래 살다 모처럼 고국을 방문하게 되면 사회·정치·문화적인 정서, 사람들의 사고방식, 생활환경 등 모든 면에서 많은 것을 보고 느끼게 되기 마련이다. 좋은 점들도 보이지만, 좋지 않은 것들이 몇 배나 더 많이 보인다. 여러 가지를 훨씬 더 객관적인 면에서 볼 수 있다. 고국 방문 중인 해외동포들의 입장에선 좋은 의도로 좋지 않은 점들을 지적하고 비판하게 되는데, 거기에 대한 민감한 반응이 해외동포들을 당황스럽게 만들고, 경우에 따라선 마음에 상처까지 준다. "당신은 한국 사람 아니야? 싫으면 미국으로 돌아가!" 나도 몇 번 이런 경험을 했다. 미국 내 신문, 방송에 한국에 대해 호의적인 보도만 보여도 우리 조국이 한없이 자랑스럽고, 자신도 모르게 힘이 저절로 솟아 나오는 해외동포들에겐 이런 반응이 무척 가슴을 아프게 한다. 제일 많이 듣는 반응이 이렇다.

"한국 사람이라고 해서 다 그렇지는 않다."
"경쟁이 너무 심하다 보니……."
"압축성장을 하면서……."
"땅은 좁은데 인구가 많아서……."

전반적으로 한국인들은 비판을 잘 받아들이고 소화하는 능력이 부족한 것 같다. 비판을 듣는 순간 자기 자신을 들여다보고 반성하면서 발전하려는 태도보다는 우선 자신을 합리화하기 위해 변명부터 하기 시작한다. 때로는 다른 사람들의 변명까지 한다. 요즘 유행하는 말로 '변명의 공화국'이라고 할 수 있을 정도다. 맹목적인 비판은 아무런 도움이 될 수 없지만, 건설적인 비판은 누구에게나 발전할 수 있는 첫걸음이 될 수 있다. 국민이 5,100만 명인데 어떻게 모두 다 똑같을 수가 있겠는가. 내가 이 책에서 '한국인들' 혹은 '한국 사람들'이라 일컬을 때는 물론 5,100만 국민 전체를 말하는 것이 아니고, 어느 정도 대표적인 집단을 뜻한다는 것을 분명히 밝히고 싶다. 예외도 많다는 것을 우리는 잘 알고 있다.

'최희섭'이란 야구 선수가 있다. 2002~2003년에 미국 프로 야구팀인 시카고 컵스(Chicago Cubs)에서 뛰었는데, 키 196센티미터, 체중 115킬로그램으로 선수들 중에서 가장 거구였기 때문에 구단의 더스티 베이커(Dusty Baker) 감독이 '빅 초이'란 별명을 붙여주었다. 우리는 미국 사람들이 한국인들보다 체격이 크다는 것을 인정하고 받아들인다. 하지만 최희섭 선수를 끄집어내서 "아니야. 최희섭 선수처럼 체격이 큰 한국 사람도 있어."라고 위의 사실을 부인하려고 하는 사람은 별로 없을 것이다. 내가 이 책에서 비판과 비난을 했을 땐 항상 예외가 있다는 사실을 마음속에 두고 있다.

몇 년 전 우리 부부가 단체 관광으로 일본 여행을 간 적이 있었다. 관광 안내인이 오사카 근교를 지나면서, "일본 사람들은 세계에서 두 번째 가라면 서러워할 정도로 주위 환경을 청결하게 하는 자랑스러운 습관이 있다."라고 설명을 하자마자, 버스 뒷좌석에 앉아 있던 어떤 분이 "아니야. 방금 저쪽에 더럽고 지저분한 곳을 지나왔는데."라고 큰 소리로 말을 했다. 나도 그곳을 창밖으로 봤는데, 폐허가 된 정유소였다. 그 말을 들은 관광 안내인은 곧 '관광 안내인들이 가장 싫어하는 여행객이 예외를 끄집어내서 자기들의 설명을 반박하는 사람'이라고 아주 점잖게 나무랐다.

3
위안부 소녀상

    인간은 환경의 동물이기 때문에 미국에서 오래 살다 보면 개인에 따라 차이는 있겠지만, 생각이나 습성 또는 견해가 미국식이 되기 마련이다. 오히려 미국식으로 변하지 않은 것이 비정상일 것이다. 조국을 보는 견해도 훨씬 더 객관적이고 비판적이 될 수 있다. 세월이 흘러가고 시대가 변함에 따라 한국에 있는 한국인들이 오히려 해외동포들이 볼 때는 상대적으로 많이 변했다고 느껴질 수 있다. 본인들은 전혀 변하지 않은 것처럼, 해외에서 고국 방문을 온 재미동포들에게 "미국식이 많이 됐다."라고 하는 말을 자주 듣는다.

    고국에 대한 애착심이 강하다 보면, 옛날 옛적 한국에서 지켜 온 예절, 생활 습관이나 언어의 표현법들을 수십 년 동안 미국에서 살면서 그대로 보존하는 경우가 있다. 예를 들면, 자고로 우리 한국에서는 어린아이가 태어나서 100일이 되면 백일잔치를 했는데, 요즘은 한국에서 백일잔치 하는 것은 드문 일인 것 같다. 하지만 재미교포들은 가족과 친척들이 모여 한국의 풍습대로 백일잔치를 하는 사람들이 대부분이다.

　로스앤젤레스 북쪽에 글렌데일(Glendale)이란 소도시가 있는데 인구는 약 19만 정도 되고, 16퍼센트 정도가 아시아계이며, 한국 인구는 5.4퍼센트라고 알려진 곳이다. 이 도시 중심지에 2013년 7월 미국에서는 세 번째로 일본의 만행을 자손 대대 전 세계에 알리기 위해 위안부 소녀상이 세워졌다. 위안부 소녀상을 미국 땅에 세우기까지 재미교포들의 숨은 노력은 가히 다 표현하기 어려울 정도다. 미 국회에 위안부결의안을 제출한 마이클 혼다(Michael Honda) 의원이 결의안 통과에 '미국 내 한국 사회가 없었다면 불가능했을 것'이라 하면서, 일본이 아직도 사과하지 않은 것은 한국인들의 '깊은 상처에 소금을 뿌리는 것'이라 덧붙였다.

　위안부 소녀상이나 '위안부결의안' 미국 의회 통과는 재미교포들의 우리 조국에 대한 열정적인 애국심을 말만 앞세우는 애국심이 아니라 직접 행동으로 보여준 유형 자산인 애국심이었다. 혼다 의원은 일본계 3세인데, 1941년 12월 7일 일본의 진주만 공격 후 부모와 함께 끌려가 4년을 콜로라도(Colorado) 주에 있는 일본인 수용소에서 보냈다. 어렸을 적 기억 때문에 인권과 소수민족 권익 옹호에 열심히 일하는 사람으로 유명하며, 위안부결의안뿐만 아니라, 미국 내 모슬렘(Muslim)들의 인권문제에도 관심이 많다고 알려졌다.

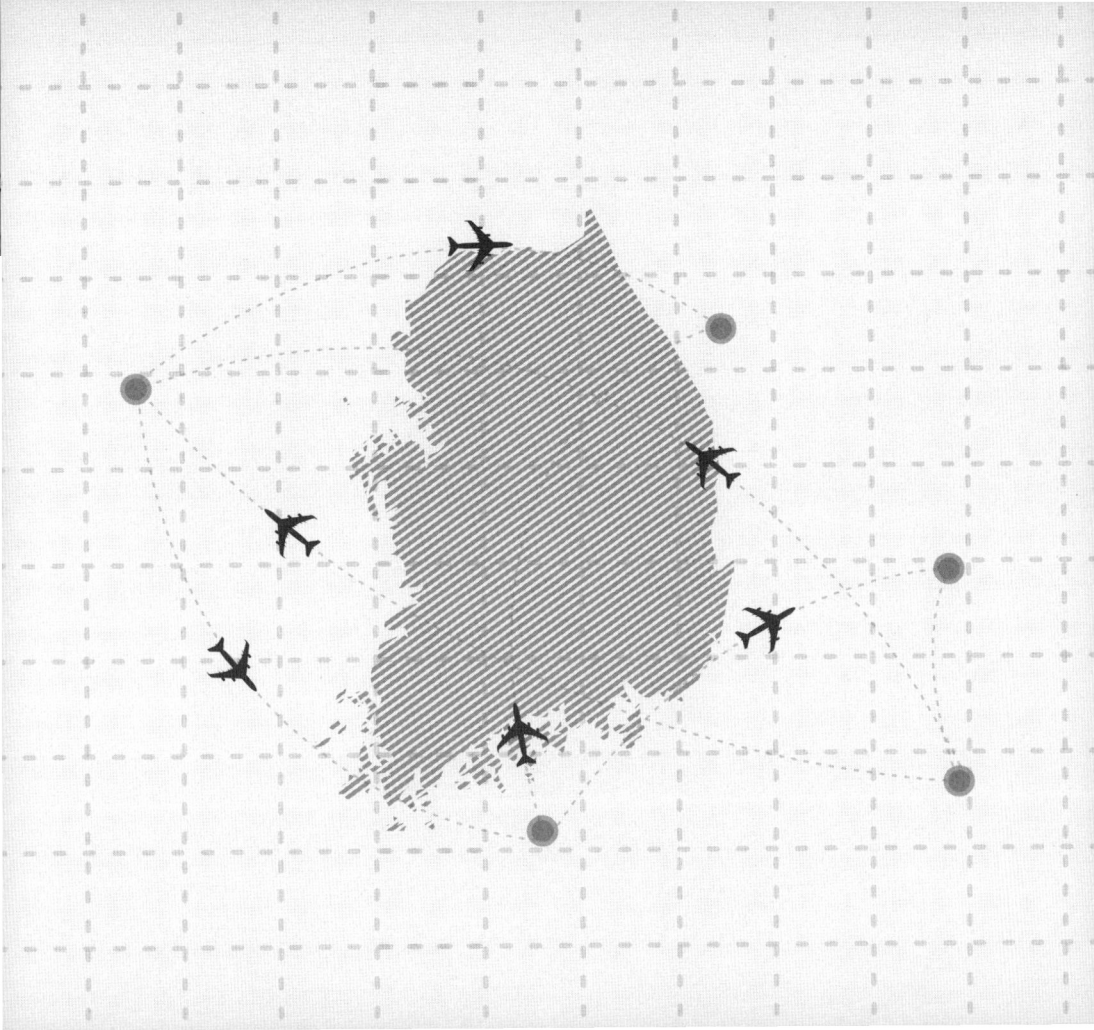

1
영어 광풍의 나라

○ **범람하는 영어 간판들**

　인천공항에 도착해서 서울시를 향해 가다 보면 누구도 피할 수 없는 풍경이 하나 있다. 도로변의 온갖 선전 간판이나 안내판이 영어로 표기된 것들이 너무 많아 순간 '내가 정말 한국에 와 있나?' 하고 혼동할 때가 있다. 서울 시내 여기저기, 아니 전국 어디를 가던 놀랄 정도로 영어로 표기된 간판이나 영어를 한글로 표기한(프린트, 치킨, 폰, 세일, 카센터, 레스토랑 등) 헤아릴 수 없는 수많은 간판들을 보고 놀랄 때가 많다.

　국제화를 성공적으로 이룩할 수 있는 가장 중요한 조건 중의 하나가 물론 상호 간의 의사소통이다. 정치, 외교, 경제, 학문은 물론 운동경기에 이르기까지 국제 무대에서 거의 모든 소통이 영어로 실행되는 것이 사실이다. 길거리 영어 간판들이 한국을 방문하는 여행객들에게는 편하고 좋겠지만, 몇몇 외국인 교수들이 나에게 물었다. "나 같은 외국인들에겐 편리하지만, 여기가 한국인데 왜 이렇게 영어 간판들이 많습니까?" 특히 요즘에는 세계 어딜 가든 영어가 많이 사용되고, 길거리 간판들이 영어로 된 것을 흔히 볼 수가 있지만, 한국 사회는 그 정도가 너무도 지나친 것 같다.

이 책에서 '국제화'라는 말이 자주 언급되기 때문에 미리 그 의미를 정의하는 것이 좋을 것 같다. 국제화란 지구 상의 모든 사람들이 상호 간의 친목, 평화, 안전, 이익과 발전을 위해 문화, 경제, 교육, 정치, 외교 등에서 교류를 활성화하고 서로 협력하는 것이다. 전문가들이 약간의 다른 정의를 내리기도 하지만, 핵심은 서로 간에 교류를 통해 가까워지고 세계 평화 속에서 공존하자는 것이다. 앞으로 계속 불어오는 국제화 바람은 아무도 막을 수가 없을 것이며, 국제화는 우리 생활에 상상도 할 수 없는 많은 변화를 계속 가져올 것이다.

미국 로스앤젤레스 시에 가면 교포들이 밀집해서 살고 있는 올림픽 가(Olympic Blvd.)와 버몬트 가(Vermont Ave.), 웨스턴 가(Western Ave.)라는 지역이 있다. 동포들이 소유하고 경영하는 상가들이 많아서 '여기가 미국일까?' 의심이 갈 정도로 간판들이 한국어로 표기돼 있다. 이 지역의 길거리를 찍은 사진 한 장을 한국의 웬만큼 큰 도시의 길거리에서 찍은 사진과 비교해 보자. 놀라운 사실은 한국 도시에서 찍은 사진에서 영어 간판들을 더 많이 볼 수 있다는 것이다.

외국 관광객들이 모여드는 특정한 장소라면 모를까, 대한민국 땅에 살고 있는 인구의 97퍼센트는 한국인들인데 꼭 영어로 쓴 간판을 걸어야만 할까? 누구를 위한 간판인가? 누구를 위한 상호(商號)인가? 하고 많은 한국어 상호를 두고 꼭 '그랜드(Grand) 약국'이라고만 해야 할까? 요즘은 결혼식 청첩장까지도 영어로 오염이 되어 뒤죽박죽이다. 대한민국 젊은 남녀들이여! 제발 정신 좀 차리세요. 왜 성스러운 결혼식 초청장을 외국어로 오염시킵니까? 꼭 청첩장을 영어로 오염을 시켜야만 축복을 받고 행복하게 살 수 있다는 보장이라도 있나요? 여러분이라도 우리말을 지키고 보호해야 하지 않겠습니까?

○ **영어가 뭐길래**

우리가 어렸을 때는 중학교 1학년부터 영어가 정식으로 교과 과목에 있었으며, 고등학교를 졸업할 때까지, 만 6년 동안 의무적으로 영어를 공부해야만 했다. 경우에 따라선 대학 4년 동안 혹은 대학 졸업 후에도 영어 공부에 몰두한 사람들이 많았다. 하지만 중학교에 입학하기 전에 영어 공부를 시작한다는 것은 상상조차도 할 수 없었다. 그리고 그때 영어는 대학 입시나 취업에 중요한 부분이었다. 지금은 어떤가? 유치원생들부터 비싼 돈을 내고 영어 교육을 시킨다니 이해하기가 어렵다. 외국어 교육은 어렸을 때부터 잘만 시키면 모국어처럼 쉽게 배울 수 있고 효과적이라는 걸 알고 있다. 하지만 영어를 잘한다고 주위에서 많은 칭찬과 관심이 어린아이에게 집중되지만, 한국어를 잘한다고는 아무도 칭찬해 주는 사람이 없을 때, 그 아이의 마음이 다른 나라 언어인 영어에 대한 우월감으로 가득 차지만 자기 모국어인 한국어를 무시하거나 천시하지나 않을까 걱정이 된다.

이런 불행한 상황이 수많은 한국 어린이들 마음속에 이미 현실화돼 있지 않았을까 생각하면 가슴이 아프다. 모국어인 한국어보다 다른 나라 언어인 영어에 더 중점을 두고 가르치려는 부모나 영어를 한국어 배우기 전에 배우면서 자라는 어린아이들이 모두 빗나간 한국인들이 될까 걱정이다.

어릴 적에 배운 영어는 계속해서 사용하지 않으면 쉽게 잊어버리게 된다. 미국에서 태어나 자란 아이들이 5~6세 때 부모님을 따라 귀국한 후 한국에서 영어를 사용하지 않고 살다 보면 1년도 채 못 가서 영어를 거의 다 잊어버리게 되며, 반대로 5~6세 어린아이들이 미국에 가서 미국 사회 속에서 자라다 보면 영어에는 급속도로 익숙해지지만 한국어는 점점 잊어버리는 경우가 비일비재하다. 어린애들이 얼마나 빠른 속도로 영어를 숙달할 수 있는지 나는 미국에 살면서 직접 경험했다.

미국에서 태어난 우리 두 아들과 딸을 유치원을 시작하기 1년 전, 유아원(preschool)을 네 살이 조금 넘었을 때 보냈었다. 한국말을 잘 가르치겠다는 의도에서 유아원에 보내기 전까지 TV도 별로 틀지 않고 집에서 가족끼리 대화를 철저히 한국말로만 했었다. 우리들의 노력으로 애들은 놀랍게도 한국말을 한국에서 태어나 자란 아이들 못지않게 잘할 수가 있었으며, 우리가 살던 도시의 한국 교민들 간에 우리 집이 '애들이 한국말을 잘하는 집'이라 알려질 정도였다. 문제는 애들이 네 살이 넘도록 '화장실'이라는 간단한 영어 단어도 모르는 상태가 돼 버렸다는 것이다. 큰아이가 유아원을 시작하기 전날 급한 김에 우선 "화장실에 가고 싶어요."라는 영어를 가르치고 연습을 여러 번 시켰다. 부모로서 그래도 영어를 전혀 못 하는 어린 아들을 학교에 보내려니 꽤 불안했었다. 하지만 나의 불안감은 오래가지 않았다. 3~4개월쯤 됐을까, 유아원에서 집까지 오는 동안 아들은 그날 선생님이 영어로 읽어주신 동화를 거침없이 나에게 한국말로 번역해서 들려주는 것이었다. 정말 깜짝 놀랄 정도였다. 딸과 둘째 아들도 마찬가지였다. 나의 자녀들은 절대로 다른 아이들에 비해 언어에 뛰어난 재능을 가진 아이들이 아니고, 언어 면에선 그저 평범한 사람들이다.

어린아이들에서부터 성인들까지 모국어보다는 외국어에 더 몰입하고 영어를 배우려고 엄청난 시간과 비용을 투자하는 한국 같은 나라는 이 세상에 없다. 세계가 급속도로 국제화가 돼 가고 있는 현재 다른 나라의 언어, 특히 영어에 능통하다는 것은 개인적으로나 국가적으로 이점이 되지 않을 수 없다. 그렇다고 해서 전 국민이 다 영어를 배워야 할 필요는 없다. 직업의 특수성 때문에 영어가 꼭 필요한 사람들, 즉 외교관, 통역관, 무역 회사 직원, 해외 업무 담당 회사원, 대학교수, 미국 유학생, 관광업 종사자 등은 영어를 잘 알아야겠지만, 왜 한국의 모든 분야의 사람들이 영어 실력을 갖추어야 하는지 쉽게 이해가 가지 않는다.

경찰대학 입학시험에 영어가 큰 비중을 차지한다면, 우리 시민과 사회를 위해 헌신적으로 일할 수 있는 훌륭한 경찰관의 잠재력을 갖춘 후보자가 만약 영어 실력이 부족하여 입학할 수 없다면 사회적으로 얼마나 큰 손해를 보게 될까? 회사들도 마찬가지다. 영어가 별로 필요 없는 업무를 보는 사람이 회사를 위해서 열심히 일하고 회사 발전을 위해 기여할 수 있는 능력은 탁월한데, 다만 영어 실력이 부족하여 입사할 수 없다면, 그 본인에게도 무척 안타까운 일이지만 회사뿐만 아니라 국가 경제 발전에도 헤아릴 수 없는 손실이라 볼 수 있다.

과거 수십 년 동안 우리나라에서 영어 교육이나 영어 공부에 투자된 시간과 재정적인 부담은 아마도 천문학적인 숫자에 달할 것이다. 전국적으로 1년에 소비되는 유치원생들부터 일반인들까지 영어학원비, 토익

(TOEIC)과 토플(TOEFL) 시험에 투입되는 모든 비용, 개인강습비, 전화영어, 어학연수로 미국, 캐나다, 영국, 호주, 뉴질랜드, 필리핀 등지로 빠져나가는 총 유학비를 합하면 웬만한 광역시 1년 예산을 능가할지도 모르겠다.

어마어마한 시간과 돈을 다른 건설적인 곳에 유용하게 투자를 했다면 틀림없이 국가에 큰 득이 되는 많은 결과를 가져왔을 것이다. 다른 나라의 언어를 배우려고 수십 년간 많은 국민들이 전력투구하는 예는 한국밖엔 없다. 다른 나라 언어인 영어를 배우려고 열광하는 데 반해 모국어인 한국어를 열심히 공부하고 더 정확하게 사용하려고 노력하는 한국 사람을 찾아보기란 결코 쉬운 일이 아니다. 정말 슬프기 짝이 없는 우리 조국의 현실이다.

한국 사람이라고 해서 한국어를 다 완벽하고 정확하게 잘하는 것이 아닌 것처럼, 미국 사람이라고 해서 영어를 다 잘하는 것은 아니다. 미국 대통령을 지낸 조지 부시(George W. Bush)는 기자회견이나 연설에서 가끔 문법도 틀리고 논리적으로도 맞지 않는 엉터리 영어를 사용해서 그 내용이 신문에까지 보도되고, 미국민들의 웃음거리가 되기도 했다. 우리나라 대통령이 문법에도 틀리고 논리적으로도 맞지 않는 한국말을 했다고 해서 신문에 보도되고 또 국민들의 웃음을 자아낸다는 것은 상상조차 할 수가 없다. 만약 그랬다간 보수파들이 대통령 모욕죄로 고발하겠다고 나설지도 모른다. 내가 40여 년을 미국에 살면서 누군가 틀린 영어를 했을 때 듣고 있던 사람들이 "무슨 엉터리 같은 영어를 그렇게 하느냐?"고 자기들끼리 깔깔대고 웃는 모습을 가끔 목격한 적이 있었다. 그만큼 자기들의 모국어를 사랑하고, 정확하게 사용하려고 노력한다는 증거일 것이다. 한국 사람들끼리는 잘못 쓴 한국말을 지적하고 "무슨 엉터리 같은 한국어를 그렇게 하느냐?"고 말해주는 사람을 한 번도 본 적이 없다.

다른 나라 언어를 배우기 전에 우리 모국어인 한국어를 좀 더 정확하게 사용하고 발전시키려고 노력하는 것이 순서이고 옳은 길이 아닐까. 불행히도 우리 한국인들은 우리말을 아끼고 사랑하고 오래오래 잘 보존하려는 자부심이나 사명감이 부족한 것 같다. 오히려 한국어를 천대하고 소홀히 한다는 인상을 준다.

문자가 없었던 인도네시아의 소수민족 찌아찌아족(인구 6만)이 자신들의 언어를 표기할 공식 문자로 한글을 도입해 화제가 된 적이 있었다. 문자가 없었으니, 역사적인 사실도, 전통문화도 정확하게 다음 세대들에게 전할 수가 없었을 것이다. 다른 민족이 우리 한글을 공식 문자로 채택한 것은 처음 있는 일이며, 우리 한글이 세계화의 대열에 앞장서 있다는 것이 무척 자랑스럽다.

이 세상에서 한국 사람들처럼 자존심이란 말을 입에 달고 사는 사람들이 없을 것 같다. 자존심을 그토록 외치면서 가장 고귀한 우리의 정신이요 얼인 한국말, 한국어에 대한 자존심은 어디로 갔을까?

○ **영어의 오염과 공해**

내가 대학원을 다니면서 친하게 지냈던 미국인 대학원생이 있었다. 그 학생은 민족음악학(ethnomusicology)이란 특이한 분야에 박사학위 공부를 하고 있었다. 한국의 고전음악 같은 분야를 깊이 연구하려면 한글과 한국어를 좀 알아야 한다며, 나에게 한국어를 배우겠다고 해서 가르치기 시작했다. 우리 한글이 무척 과학적이고 배우기도 다른 나라 언어에 비해서 훨씬 쉽다는 것을 알고는 있었지만, 과거에 영어와 독일어, 불어를 공부한 나로서는 이 학생에게 한글 수업을 직접 해보고 한글의 우수함에 거듭 감탄하지 않을 수가 없었다. 일주일에 두 시간씩 한국어 가정교사 노릇을 했는데 불과 2~3개월 만에 우리 한글을 쓰고 읽는 데 별 불편이 없었다. 받아쓰기도 척척 잘하는 것이었다. 인류 역사상 가장 위대한 발명품 중 하나가 우리 한글이 아닐까 싶다. 자랑스러운 우리 한글! 세종대왕께 깊은 감사를 드릴 따름이다.

오랜 세월 미국에서 살면서 가끔 고국을 방문했다. 고국 방문을 할 때마다 크게 실망한 것은 우리 사회 곳곳에 점점 더 깊게 파고드는 외국어, 특히 영어였다. 언어란 그 나라를 나타내는 가장 고귀하고 중요한 문화유산이며 그 나라의 얼이요 정신이다. 우리 한국어는 우리 대한민국을 대표하는 가장 귀중한 얼이요, 정신이요, 이 세상 무엇과도 바꿀 수 없는 위대한 문화유산과 재산이다. 경상도 말, 전라도 말, 충청도 말…… 모두 그 지역의 고유한 전통과 문화를 가장 잘 대표하는 자랑스러운 고유한 문화유산이다. 가끔 우리는 '정신이 없는 사람' 혹은 '정신이 나간 사람', '얼빠진 사람'이란 표현을 쓴다. 우리는 정신이 나간 사람이 어떤 사람이라는 것을 잘 알고 있다.

과거 식민지 시대에 점령국이 피점령국을 손쉽게 지배하기 위해 사용한 정책 중의 하나가 피점령국의 언어를 강제로 말살해 버리고 점령국의 언어를 받아들이게 한 것이었다. 영국도 그러했고, 스페인, 포르투갈도 그런 정책을 사용했으며, 일본도 일제강점기 때 우리에게 일본어를 사용하도록 강요했었다. 얼이 빠진 사람들은 생각할 능력도 없고 사리판단을 할 능력도 없으며 줏대가 없으니 자연히 다스리기가 쉽고, 얼빠진 사람들을 점령국이 자유자재로 자기들의 편리에 따라 이용하기가 쉬운 것은 당연하다.

지난 40~50년 동안 한국 사회는 영어권의 점령국이 영어를 우리에게 강요하지도 않았는데, 서로 경쟁이라도 하듯 길거리의 영어 간판에서부터 일반인들의 대화, 신문, 잡지, TV는 물론, 각종 채널에 등장하는 수많은 시사평론가들, 좌담회 출연자들, TV에 출연하는 연예인들, 우리 사회의 지식층이라는 사람들, 정치가들, 대한민국의 각계각층의 지도자들, 정부 관료들까지 너 나 할 것 없이 영어 단어를 아무런 부담도 없이, 생각도 없이 많이 사용하고 있다. 꼭 대화 중에 영어 단어를 몇 마디씩 사용해야만 세련되고, 지식인처럼 보일 거로 생각한다면, 이건 정말 어리석고 안타깝기 짝이 없는 일이다.

한국말에 없는 단어들은 영어뿐만 아니라 어느 외국어에서라도 빌려서 사용하면 표현을 더욱더 적절하게 하고 서로 간의 의사소통을 활발하게 하는 데 도움이 된다. 킬로미터가 그러한 예다. 우리말에 없던 '킬로미터'라는 단어를 도입해서 사용함으로써 거리에 대한 의사소통을 정확하게 잘할 수 있게 됐다. 피시방이란 표현이 영어에 없었던 시절에 미국인들은 한국어에서 피시방(PC bang, PC room)을 퍼와서 사용했었다. 이런 식으로 영어는 언어로서 크게 발전할 수 있었다고 알려졌다. 나는 이런 식으로 한국어에 없는 영어 단어를 퍼오는 것을 말하는 것이 아니다. 엄연히 한국말에 존재하는 단어를 영어 단어로 대체해서 사용하는 것을 말하는 것이다.

요즘 한국엔 거의 모든 사람들이 '와이프(wife)', '키(key)'라고 말한다. 부인, 아내, 처, 집사람, 열쇠라는 고운 우리말이 있는데 왜 꼭 영어를 사용해야 하는지. 언젠가 교수 휴게실에 앉아서 신문을 보고 있는데, 앞에 앉아서 신문을 읽고 계시던 분이 갑자기 벌떡 일어서면서 "어~, 내가 키를 어떻게 했지?" 하시는 것이었다. 순간적으로 나는 '키'를 사람의 '신장'으로 생각했기 때문에 "내가 키를 어떻게 했지?"가 무슨 의미인지 알 수가 없어서 몇 초 동안 어리벙벙했었다. 그분이 호주머니에 손을 넣고 무언가를 찾는 모습을 보고, 키가 신장이 아니라 열쇠라는 것을 짐작할 수 있었다. 또한 '서명'이라는 단어가 곧 우리말에서 사라질까 우려스럽다. 어딜 가나 '사인(sign)'해 달라고 한다. 우리말로 "서명해 주세요!" 하면 어때서 "사인해 주세요!"라고 하는지 모르겠다.

한국에 와서 〈아침마당〉이라는 TV 프로그램을 즐겨 보는데, 하루는 출연자 한 분이 "우리 와이프가……"라고 말할 때 여성 진행자가 즉시 "부인께서 말씀이죠?"라고 정정해서 말하자, 그 출연자는 "네, 우리 와이프가……." 하는 것이었다. 이어서 진행자가 또 "부인께서 말씀이죠?"라고 하자, 그 출연자는 또다시 "네, 우리 와이프가……." 하는 것이었다. 진행자와 출연자 간에 이런 대화가 무려 세 번이나 반복되었다. 한국어의 미래를 생각하면 실로 심각한 문제가 아닐 수 없다. 이러면서 열쇠, 부인, 아내, 처, 집사람이란 한국어 단어나 표현은 점점 우리말에서 사라지게 마련이다. 영어 단어로 대치돼 버리는 것이다. 하루는 동네 가게에 들렀는데 30대 엄마가 네 살쯤 된 아들에게 "너 밀크 먹을래?" 하는 것을 들었다. 이 어린아이는 어디서 누구에게 '우유'라는 단어를 배울까 걱정하지 않을 수가 없었다. 우리의 고유한 말과 글이 점점 사라지게 될까 두렵다.

〈아침마당〉을 언급했으니, 한마디만 더하겠다. 출연자들이 본인들의 어려운 사정을 호소하면, 듣고 있던 네 명의 전문가들이 간단하게 상담이나 평을 해주는 식이었는데, 평가 내용을 종이에 적어서 보여주는 방식으로 진행됐다. 한 변호사가 자기의 평을 "It's not your fault."라고 영어로 적어서 보여주는 장면을 보게 됐다. "당신의 잘못이 아닙니다."라고 우리 한국어로 적으면 어때서. 94세이신 나의 고모님은 〈아침마당〉을 하루도 쉬지 않고 보시는데, 영어를 한 자도 모른다. 그 변호사가 한없이 어리석게만 보였다. "변호사님, 시청자들은 모두 한국인들입니다. 다음에 출연하시게 되면 저의 고모님 같은 분들을 위해 제발 한국어로만 적어서 보여주세요."라고 부탁하고 싶다.

　한국 사회에 얼마나 영어로 인한 오염과 공해가 심각한지는 대학생들이 모여 대화하는 것을 옆에서 들어보면 알 수 있다. 어떤 경우에는 몇 마디 대화 속에 거의 4분의 1 정도의 단어가 영어다. 학교에 출근하면 대학총장에서부터 청소부까지 '학교 캠퍼스'라고 한다. 지금까지 아무도 '학교 교정'이라고 하는 교직원을 만난 적이 없다. '교정'이라는 단어는 우리말에서 이젠 영원히 사라져 버린 것일까? 대학 교정에 수천, 아니 수만 명 학생의 옷차림을 한 번 보자. 입고 다니는 옷 위에 쓰여 있는 글자들이 모조리 영어 단어들뿐이다. 그렇게도 영어가 좋을까. 몇 년 동안 한국어로 쓴 옷을 입은 사람을 접해 보질 못했다. 만약 한글로 쓴 옷을 입은 사람을 만나면, 정중히 점심이나 저녁 식사에 초대해야겠다고 나 혼자서 약속했다.

　가끔 미국에 가게 되면, 로스앤젤레스에 몇 십 년째 사는 친구들과 모임을 가진다. 몇 달 전 미국에 갔을 때도 같이 식사를 하면서 신중히 귀를 기울여 보니 대화 중에 나오는 영어 단어 숫자가, 한국에서 한국 사람들이 모였을 때 대화 속에 서 나오는 영어 단어 숫자보다 적었다. 미국에서 오래 살다 보면 아무래도 한국어를 덜 사용하게 되고, 듣는 기회도 적기 때문에 가끔 한국어 단어가 머릿속에서만 맴돌고 적시에 입 밖으로 쉽게 나오지 않고, 영어 단어만 생각나는 때가 많다. 외국에서 살고 있는 동포들은 오랜 세월 한글을 쓸 기회가 별로 없는 상황 때문에 철자법 실력이 초등학생 수준으로 추락하는 경우가 많다.

그동안 한국에서 살면서 옛날 학교 친구들을 가끔 만났다. 하루는 약 6~7년을 가까이 지내 온 친구들과 식사를 하는데, 한 친구가 나에게 질문을 했다. "지난 수년 동안 내가 자네를 유심히 관찰해 왔는데 자네 입에선 아직까지 영어 단어가 한마디도 나오질 않았네. '오케이'라는 말도 하지 않았는데, 혹시 자네가 영어를 전혀 할 줄 모르는 것 아니야?" 나는 이렇게 대답을 했다. "내가 하고 싶은 모든 말은 아름다운 우리 한국어로 충분히 의사 표시가 되는데 왜 굳이 영어를 쓰겠어?"

대한민국 대통령을 비롯한 정치인들이나 정부 관료들이 자주 사용하는 영어 단어가 '리더(leader)', '리더십(leadership)'인 것 같다. '지도자', '지도력'이라는 한국어가 분명히 있는데 왜 리더니, 리더십이니 해야만 할까? 이런 사람들이 진정한 우리의 지도자들이란 말인가? 미국 대통령이나 정치가들 입에서 영어 이외 다른 외국어 단어가 나온 것을 들어 본 기억이 별로 없다. 만약 미국의 정치가들이 불어나 중국어를 우리나라 국회의원들이 영어하듯 한다면 미국 국민들의 야유와 비난이 빗발칠 것이며 "우리 언어인 영어도 사랑하고 지킬 줄 모르는 자가 얼마나 미국에 대한 애국심을 가지고 우리의 지도자 역할을 할 수 있을까?"라는 의심 때문에 다음 선거에 거의 틀림없이 낙선시켜 버리고 말 것이다. 오바마 대통령이

'leader'라는 영어 단어 대신 '지도자'라는 한국 단어를 사용한다면 미국 국민들로부터 상상도 못 할 비난을 받게 될 것이다.

한국 사람들은 대체로 외국어를 잘하면 높이 평가하는 경향이 있다. 박근혜 대통령은 미국, 중국, 유럽을 방문하면서 2013년 한 해 동안 바쁜 일정을 보냈다. 박 대통령은 미 국회의사당에서 영어로, 프랑스에선 불어로, 그리고 중국에선 중국어로 대한민국 국가 원수로서 5,100만 한국 국민을 대표로 연설했다. 특이할 정도로 외국어를 숭배하는 한국 같은 분위기 속에서 대통령의 외국어 연설은 전 국민의 열광적인 감탄과 존경심을 불러일으켰다. 외교 절차상 국가 원수가 다른 나라에 가서 연설할 때는 통역을 두고 자기 모국어로 하는 것이 전통적인 의전으로 돼 있다. 꼭 자기 나라 언어로 해야 한다는 원칙이나 법은 물론 없다. 하지만 대부분의 경우 외국어가 아무리 유창해도 대통령으로서 조국의 자존심을 굳게 지킨다는 상징적인 의미에서 모국어로 연설하는 것 아닌가. 김대중 대통령도 미 국회의사당에서 영어로 연설한 적이 있었다. 박근혜 대통령 이외도 다른 나라 원수들이 미국 방문 중 영어로 연설했지만, 이들은 과거에 영국의 지배를 받았던 제3국의 원수들이었다.

미리 작성된 연설문을 몇 번 연습한 후에 TV 화면(teleprompter)에 적혀 나오는 것을 보면서 하는 연설은 별로 어렵지 않다. 문제는 미국 보도진들이 한국 대통령께서 영어를 연설처럼 능숙하게 잘하는 줄 알고 영어로 질문했을 때 대통령께서 잘못 알아듣고 동문서답이라도 했다간 국제적 망신을 당할 수 있으니, 웬만큼 영어에 능통하다 해도 잘못 선택된 단어 한마디가 엉뚱한 큰 오해를 가져올 수 있는 외교 무대에서는 통역관을 두는 것이 가장 신중한 자세라 하겠다. "지도자의 말 한마디가 나라를 잃어버릴 수 있다."는 표현을 박 대통령이나 보좌관들이 모를 리 없을 텐데, 대통령에 대한 국내 인기가 국가의 위신이나 미래보다 더 중요하다고 생각하는 대한민국의 지도층이 한심스럽기만 하다.

2
누가 우리말을 멸망의 길로 몰고 가나

○ **스트레스를 우리말로 뭐라 하지요?**

한국인들이 가장 많이 사용하는 영어 단어 중 하나가 '스트레스(stress)'가 아닐까 싶다. 길거리를 걸어가면서 초등학생들도 '스트레스'라는 단어를 거리낌 없이 사용하는 것을 여러 번 들은 적 있다. 몇 년 전 대학원 강의를 하면서 수업에 참석한 약 50명의 대학원생에게 "스트레스를 우리 한국말로 뭐라 하지요?"라고 물었다. 침묵의 30초가 흐른 후, 어느 학생이 "우린 그냥 스트레스라고 하는데요." 하는 것이었다.

두 번째 물었지만, 50명이나 되는 대학원생들은 아무도 스트레스가 한국어로 '정신적 혹은 심리적 압박감', '정신적 강박감'이라는 것을 모르고 있었다. 물론 스트레스는 다른 뜻도 가지고 있다. 그리고 '회의' 혹은 '만남'이라면 어째서 꼭 '미팅'이라고 해야 할까? 젊은이들에게서 "프러포즈 받았다." "프러포즈 받았니?"라는 말을 자주 듣는데, '청혼'이라는 아름다운 우리말을 두고 왜 '프러포즈'라고 해야만 할까? 이러면서 한국어는 불행하게도 점점 퇴보하게 될 것이다. 내가 듣기엔 '청혼'이라는 어감 속에는 두 젊은 청춘 남녀의 달콤한 사랑이 담뿍 담겨 있어, 듣는 순간 가슴속이 따끈해짐을 느낄 때가 있다. '프러포즈'란 영어 단어는 청혼 이외 다른 뜻도 있기 때문에 미국인들에게 "프러포즈를 했다."라고 하면, 거의 대부분 "누구에게 무엇을 프러포즈했느냐?"라고 물어볼 것이다. "자기의 생각이나 사업계획을 제의한다."라는 뜻도 있기 때문이다.

우리 한국인들이 얼마나 영어의 오염을 자초하고 있는지 놀라지 않을 수가 없다. 몇 년 전 대통령 후보 물망에 떠올랐던 정치인이 출마를 포기하겠다는 결정을 하고 보도진을 만난 자리에서 "나는 디사이시브(decisive, 결단력이 있는)한 사람이기 때문에……."라고 말하는 것을 듣고 현기증이 날 것 같았다. '디사이시브'라는 영어 단어를 과연 대한민국 국민 중 몇 명이나 이해할 수 있을까? 이런 사람이 국가의 지도자가 된다면 국민과의 소통에 큰 문제가 발생할 것은 불문가지다.

어느 날 TV 좌담회에 참석한 경제학자가 한국 경제에 대해서 논평을 하면서 "컴프리헨시브 에비던스(comprehensive evidence)가 필요하므로……." 라고 해서 순간적으로 정신이 아찔해짐을 느꼈다. 경제학 강의 시간도 아니고, 대한민국 일반 대중을 위한 좌담회인데 시청자는 고사하고, 좌담회 사회자는 무슨 말인지 알아듣고 이해했을까?

어느 광역 시장이 연설 중 "우리 경제가 스퍼트해서……."라고 해서 처음엔 무슨 말인지 이해하지 못했는데, 생각해보니 스퍼트(spurt, 급성장)를 말하는 것 같았다. 청중이 모두 한국인들이었는데, 그냥 "우리 경제가 급성장해서……."라고 하면 어때서 발음까지 이상하게 하면서 어려운 영어 단어를 써야 하는지 이해할 수가 없다. 만약 뉴욕 시장이 연설 중에 스퍼트(spurt)라는 영어 단어 대신에 미국 사람들이 알아들을 수도 없는 '급성장'이란 한국 단어를 사용했다면, 연설 후 일주일 정도는 언론의 비난을 호되게 당했을 것이며, 뉴욕 시민들의 조롱을 감당하기 어려웠을 것이다.

한국인들이 서슴지 않고 대화 중 쓰는 영어 단어가 수없이 많지만, 그중에 '스킨십(skinship)'과 '섹시(sexy)'라는 두 단어가 있다. 사실 'skinship'은 원래 고유한 영어 단어가 아니고 일본 사람들이 만들어낸 단어로, 따라서 영어권 사람들은 처음 그 말을 들으면 무슨 뜻인지 잘 모른다. 두 사람 간의 피부 접촉을 통해 정을 나누는 것을 뜻하는 것 같은데, 일본에서 건너와 최근에는 한국에서 더 광범위하게 사용되는 것 같다. '스킨십'이란 단어가 품고 있는 피부 접촉으로 맺어지는 관계를 적절하게 잘 나타내는 것 같아 내 생각에는 영어가 공식적으로 이 단어를 받아들여야 할 것도 같다.

'섹시'라는 단어는 함부로 사용하기엔 과히 점잖지 못한 단어다. 내가 처음 귀국했을 때 한국인들이 '섹시'라는 단어를 사용할 때마다 듣기가 꽤 거북했다. "김 여사님, 오늘 매우 섹시하게 보이는군요."가 한국 여성들에게는 칭찬으로 들릴지 모르나, 미국 여자들에게는 큰 실례가 되고 불쾌감을 주거나 어떤 경우에는 성추행적인 언사로 받아들여질 수가 있으니 특히 조심해야 한다. 따라서 가장 안전한 것은 '섹시'라는 단어를 사용하지 않은 것이다.

영어 단어를 많이 쓰면 쓸수록 자기의 위상이 올라간다고 생각한다면 어리석기 짝이 없는 큰 잘못이라고 말해 주고 싶다. 우리가 대화 중에 불필요한 영어 단어를 많이 사용하면 할수록 한국말은 퇴보되고 잊히게 될 것이며, 언젠가는 한국어가 사라지게 될지도 모른다. 결과는 뻔히 보인다. 우리는 한국인들의 얼과 정신을 잃게 될 것이며, 얼빠진 대한민국이 국제 무대에서 존경을 받으며 국제화를 잘하기란 복권 당첨되기보다 더 어려울지도 모른다.

현재 지구 상에는 약 6,500개의 언어가 사용되고 있는데 2100년까지 50~90퍼센트가 사어(死語)가 되어 사라질 것이라는 연구 결과가 있다. 잘못하다간 우리 한국어도 영어와 '짬뽕'이 되어 버려 이상한 언어로 변하거나 죽어버린 말, 즉 사어가 돼 버릴지도 모른다. 사용하지 않으면 한국말을 점점 잊어버리게 되고, 우리들한테서 사라지게 된다는 것을 해외 동포들은 경험을 통해 누구나 다 잘 알고 있다.

국가를 대표해 국제 무대에서 효과적으로 활동하려면 높은 수준의 영어를 유창하게 구사할 수 있는 능력을 소유해야 하는 것은 필수 조건이지만, 이것만으론 부족하다. 유창한 영어 실력과는 직접적인 연관성이 없는 국제적인 사고방식을 갖춰야 한다. 국제화는 다양한 언어와 문화를 가진 지구 상의 여러 민족들 간의 교류와 협력을 포함하고 있다. 우리와는 전혀 다른 사고방식이나 생활방식, 관습, 문화, 경제, 역사, 정치적인 이념을 아무런 편견 없이 포용하고 이해할 수 있는 능력이 절대적으로 필요하다.

같은 아파트 건물 안에서 수년을 살면서 승강기에 함께 타고 있는 몇 초 동안 어색하게 말 한마디 서로 나누지 못하고 침묵만 지키는 문화 속에서 자란 한국인들이 국제적인 사고방식을 갖춘다는 것은 결코 쉬운 일이 아니다.

○ **영어의 오물**

우리 주변을 주의 깊게 관찰하면 우리말이 얼마나 심각하게 영어로 오염이 돼 있는지를 쉽게 알 수 있다. 신문을 펼치면 눈에 금방 영어의 공해가 보인다.

오피니언(opinion)
한의학도 한류 아이템(item)으로
올드보이(old boy) 성역
노조가 톤다운(tone down)할 때
아이들을 케어(care)하는
좋은 아이디어(idea)
축구팀 서포터(supporter)
인터뷰(interview)
드라마틱 엔트리(dramatic entry)
야당을 타깃(target)으로
핑크(pink)빛 꿈을 꾸며
제2 리스트(list) 확보

신문 몇 장을 넘기면서 눈에 금방 보이는 영어 단어들을 적어보았다. 괄호 안의 영어로 표기된 것은 내가 적어 붙인 것이다.

이번에는 아침에 일어나 TV를 켰다. 채널을 바꾸면서 보자니 화면에 크게 영어로 적혀 나온다.

World Today

Morning News

Network Parade

Morning Wide

Inside the issue

모두 영어로 표기돼 화면에 나타난다. 한국에 있는 한국인들을 위한 한국 방송들이다. 저녁때는 〈Evening News〉, 일요일에는 〈해피선데이(Happy Sunday)〉다. TV에서 내가 직접 들은 영어 단어들을 기억나는 대로 적어 보겠다. 그리고 그 말을 한국어로 번역해서 적어 보았다.

좁은 스페이스 내에서 → 좁은 공간 안에서
오버랩된다 → 겹친다
추도식 세리모니가 있을 텐데 → 추도식 의식 절차가 있을 텐데
매뉴얼도 바뀌고 → 지침서(설명서)도 바뀌고
루머가 많아서 → 낭설이 많아서
토크를 끝내죠 → 말씀을 끝내죠
버튼을 눌러주세요 → 단추를 눌러주세요
서프라이즈하려고 그랬지 → 깜짝 놀라게 해주려고 그랬지
몸 컨디션이 안 좋아서 → 몸 상태가 안 좋아서
액티브하시다 → 활동적이시다
이길 찬스가 많다 → 이길 확률(가능성)이 높다
어떤 솔루션이 필요할까 → 어떤 해결책이 필요할까
도와주시니 에너지가 확 생겼다 → 도와주시니 힘이 확 생겼다

페이퍼컴퍼니가 세 개 있었다 → 유령회사가 세 개 있었다

파워가 있어야지 → 힘(권력)이 있어야지

앵그리 맘 → 성난 엄마, 화난 엄마

사회적인 이슈다 → 사회적인 쟁점(안건)이다

인터벌이 다르다 → 간격이 다르다

과일 두 박스를 → 과일 두 상자를

과거엔 내 신세가 심플했는데 → 과거엔 내 신세가 단순했는데

커플을 아는데 → 그 두 분(부부)를 아는데

타깃으로 삼아서 → 목표로 삼아서

시어머니와 트러블이 생긴다 → 시어머니와 문제가 생긴다

긍정적인 마인드를 가지고 → 긍정적인 마음(생각)을 가지고

올드 피플을 한 달에 한 번씩 만나자 → 노인들을 한 달에 한 번씩 만나자

나는 팩트만 얘기합니다 → 나는 사실만 얘기합니다

인사시스템에 문제가 있다 → 인사제도에 문제가 있다

소프트하게 말하자 → 조용히 부드럽게 말하자

컨트롤타워에 문제가 있다 → 지휘본부에 문제가 있다

다음 키워드는 → 다음 핵심어는

성공한 케이스가 있다 → 성공한 경우가 있다

시간을 세이브한다 → 시간을 절약한다

리스크가 적어서 결정했다 → 위험도가 적어서 결정했다

커뮤니케이션이 잘된다 → 의사소통이 잘된다

봉지를 오픈해서 드리지요 → 봉지를 열어서 드리지요

요즘은 감기 시즌이다 → 요즘은 감기 철이다

베스트 오브 더 베스트가 청와대로 가야 함 → 가장 능력 있는

우수한 인재들이 청와대로 가야 함

클라이언트가 가져오셨습니다 → 고객이 가져오셨습니다

가이드라인에 따라서 하자 → 지침서에 따라서 하자

소셜포지션이 무너진다 → 사회적 지위가 무너진다

야당이 응할 가능성은 제로에 가깝다 → 야당이 응할 가능성은 희박하다

굿 뉴스가 있어 → 희소식이 있어

내일은 클린(clean) 하늘입니다 → 내일은 맑은 하늘입니다[1]

나눔이라는 콘셉트였다 → 나눔이라는 개념이었다

쇼킹했다 → 충격이었다

우리에게 임펙트가 컸다 → 우리에게 끼치는 영향이 컸다

이렇게 센스가 둔해 → 이렇게 감각/느낌이 둔해

기분을 업시킨다 → 기분을 띄운다

퍼펙트한 환경 → 완전무결한 환경

업그레이드 시킨다 → 승격시킨다

딱 한 스푼 남았어 → 딱 한 숟갈 남았어

요즘 트렌드가 → 요즘 유행이

매너를 가르친다 → 예절/예의를 가르친다

사이즈가 어떻게 되죠 → 치수가 어떻게 되죠

뉴페이스가 등장했다 → 새로운 인물이 등장했다

심지어 TV에 출연한 어느 연예인의 발언은 이랬다. "뷰티플(beautiful)하고 판타스틱(fantastic)한 디자이너(designer)가 브라질(Brazil)에서 왔습니다."

---

1) 일기예보를 하는 방송인이 한 말인데, 사실 '클린 하늘'은 한국식 영어다. 미국식 영어는 '클리어 하늘(clear sky)'이다.

영어와 한국어 단어들이 섞여 있는데, 한국어를 모르는 영어권 사람들은 물론 이해할 수가 없겠지만, 영어를 모르는 한국인들도 정확한 의미를 모를 텐데, 대체 누구를 위해, 무엇 때문에 꼭 영어 단어를 써야만 하는지? 시청자들이 한국 사람들인데 이런 연예인을 TV에 출연시켜야만 할까?

이처럼 많은 실제 사례를 나열했는데 적절한 한국어 단어가 부족하거나 없어서 부득이 영어 단어를 써야 할 경우가 단 하나도 없다. 어떤 유력한 정치가가 어느 날 '오소리티와 인떼그라티(그분의 발음을 내가 들은 그대로 적었음)'라고 말하는 것을 듣고 기가 딱 막혔다. 영어로 표기하면 'authority'와 'integrity'인데 대한민국 국민 몇 명이나 이런 영어를 이해할 수가 있을까? 이 같은 정치인은 국민과의 소통을 운위할 자격이 없다 하겠다. 국민과 소통을 어떻게 효과적으로 해야 하는지 소통의 '소' 자도 모르는 사람을 누가 그 자리에 앉혀 놨을까?

영어가 우리의 일상생활이나 사회 구석구석에 너무 깊숙이 침투해 우리말과 우리글을 오염시키고 있는데도 대다수 국민들은 그 심각성을 의식하지 못하고 있다. 국회 청문회를 보면 참으로 가관이다. 너도나도 누가 영어 단어를 많이 쓰느냐 경쟁이나 하는 양 영어가 튀어나온다. 성직자들도 별로 다를 것이 없다. 신부님들의 강론이나 목사님들의 설교도 때로는 심하다고 느낄 때가 있다. 영어 몇 마디를 설교에 꼭 집어넣어야만 목사님께서 영어도 잘하신다는 호의적인 반응이 있을 것으로 생각한다면 크게 잘못된 생각이라고 말씀드리고 싶다. 우리말로만 하시면 설교가 신자들 가슴에 더 잘 다가올 거라는 걸 왜 모르십니까?

○ **세계화 시대의 국어국문학**

약 7년 전 국어국문학회가 '세계화 시대의 국어국문학'이란 주제 아래서 주최한 전국 학술대회에 하루 등록을 해서 참석했었다. 우리 국어에 항상 관심이 있었고, 국제화 시대의 분위기에 꼭 맞는 매력적인 학회 주제라는 생각이 들어 무척 관심이 갔다. 전국에서 모인 국어국문학자들의 연구 발표를 들으며 많은 것을 배울 수 있는 참 유익한 시간이었으며, 이런 학회에 참석할 기회를 얻게 된 것이 무척 기뻤다. 그런데 이처럼 훌륭한 학회에 심각한 흠결이 하나 있었다. 발표자 모두가 발표하면서 영어 한두 마디씩을 하는데, 예외 없이 적절한 우리 한국어 단어가 있다는 것이었다. 크게 실망하지 않을 수 없었다. 누구보다도 영어의 오염을 방지하고 우리말과 우리글을 지키고 보호하며 세계화 시대에 꾸준히 국어를 이끌어 가며 계속 발전시켜 나갈 책임과 의무를 지닌 국어국문학자들이 아닌가.

나는 마지막 종합 토론 시간에 위와 같은 논평을 참석자들 앞에서 했다. 이처럼 자극적인 발언을 했음에도 그 많은 참석자들 간에 아무런 반응도 없었고, 게다가 시간이 남아 있었는데도 아무런 토론도 없이 좌장이 토론을 종료해 버린 것은 두 번째로 큰 실망을 주었다. 학회 모임의 핵심은 이 같은 자극적인 질문이나 논평이 나왔을 때 이를 바탕으로 진지한 토론을 통해서 학문을 발전시키도록 서로 노력하는 것이 아닌가. 너무도 아쉬웠다. 이것이 바로 오늘날 한국의 빈약한 토론 문화의 일면이라는 느낌이 들었다. 만약 미국의 영어영문학회에서 유사한 일이 발생했다면, 불타나는 토론이 오랫동안 계속됐을 것이다.

국어국문학회 이후 2~3개월이 지나고 어느 대학의 교내 신문을 본 적이 있었다. 학교 신문에 국문과 교수가 학생들의 단편소설 심사평을 쓴 기사가 있었는데, 약 110자 정도의 짧은 글 안에 영어 단어가 무려 아홉 개나 포함돼 있었다. 국문과 교수가 쓴 글이다. 한심하고 기가 막혔다. 우리말을 지키고 발전시켜야 할 국문과 교수가 오히려 우리말을 죽이려고 작정한 듯 영어로 오염시키고 있었다.

○ **우리말을 죽이는 세 종류의 한국인들**

환경오염과 공해가 우리 건강을 해치듯, 영어 오염은 우리말과 우리글을 해치며, 이렇게 되면 우리의 정신과 얼이 건전히 남아 있을 수가 없다. 누가 우리말을 멸망의 길로 몰고 가고 있을까? 두말할 필요도 없이 우리 모두에게 책임이 있지만, 한국 사회에 광범위하게 영향력을 끼치는 사람들에게 훨씬 더 큰 책임이 있다.

연속극 작가들

한국은 연속극 공화국으로 알려졌다. 나도 연속극을 좋아한다. 미국인 친구 두 명도 한국 연속극에 중독되다시피 해서 즐겁게 보곤 하는데, 필라델피아 부근에 사는 친구는 가끔 전화로 나에게 한국 연속극 '중계방송'까지 한다. 로스앤젤레스 근교에 사는 친구는 너무 재미있어서 다음 시간까지 기다릴 수가 없다고 불평까지 할 정도다. 연속극이 우리 생활이나 사고방식에 얼마나 큰 영향을 끼치는지에 대해서는 더 이상 구구한 설명이 필요 없을 것이다.

이런 환경 속에서 연속극 작가들의 영향력은 우리 사회의 새로운 문화를 창조하거나 유행을 순식간에 변화시킬 만큼 지대하다. 매일 밤 연속극에 영어가 나오지 않는 경우는 이젠 아마 찾아볼 수 없을 정도로 영어 공해가 심하다. 최근에 내가 재미있게 보는 연속극이 있는데, 한 여자 조역의 대사에 영어가 많이 나와 짜증스러워 안 보기로 했다. 인기 높은 연속극의 시청률이 때로는 40퍼센트를 넘는다고 하니 그들의 거대한 영향력을 충분히 상상할 수 있다.

공해와 오염으로부터 우리말과 우리글을 보호하기 위해 영어 단어가 불필요하게 많이 나오는 연속극이나 영화를 상대로 '시청 거부 운동'을 벌일 것을 국민들에게 호소하고 싶다. 시청률이 계속 하락하고, 그 이유가 영어 오염에 대해 항의하는 운동이라면 영어 오염이 연속극에서 점점 줄어들 것이라 믿는다. 우리 대한민국의 얼이요 정신인 한국어를 지키고 발전시켜야 할 작가들이 이처럼 우리말을 오염시킨다는 것을 다른 나라, 특히 미국에서는 상상도 할 수 없는 일이다.

이 세상에서 '자존심'이란 말을 일상 대화 중에 가장 많이 쓰는 나라 사람들이 우리 한국인들임을 아무도 부인할 수 없을 것이다. 이해하기 어려운 것은 가장 고귀한 문화 자산인 자기 나라 언어를 지키는 자존심을 헌신짝 버리듯 내팽개칠 뿐 아니라 오히려 외래어를 사용하는 것을 자랑으로 생각하고 영어 단어를 많이 쓰는 사람들을 지식층으로 인정해 주는 희한한 민족이 바로 우리 한국 민족이다.

연예인들, 토크쇼 프로그램, 좌담회 출연자들

　2014년도 조사 결과에 따르면, 한국인의 하루 평균 TV 시청 시간이 약 세 시간으로 나타났다. 그나마 스마트 폰 사용 시간이 늘어나면서 전년에 비해 줄어든 것이라 한다. TV가 보편화되기 시작하면서부터 우리 생활에 상상할 수 없는 큰 변화가 오기 시작했으며, 이젠 TV 없이는 못 살 정도가 됐고 TV가 집 안에서 어디에 놓여 있느냐에 따라 가족 간의 역학 관계도 완전히 달라짐을 경험한 사람들도 있을 것이다. 전 국민이 하루 평균 약 세 시간을 TV 시청에 몰입한 상태에서 살다 보면 자연히 큰 영향을 받지 않을 수 없다. 남발하는 연예인들의 영어 오염은 차마 봐줄 수가 없다. 어느 날 연예인들 몇 명이 모여 담소하는 것을 몇 분 동안 지켜봤는데 그 짧은 시간에 내 귀에 들려 온 영어를 적어보겠다. 이번에도 그 말을 한국어로 바꾸었다.

　　　아웃도어용 먹거리 → 야외용 먹거리
　　　나에게 메일이 날아왔다 → 나에게 편지가 날아왔다
　　　아이러니하게도 → 역설적으로
　　　나의 힐링을 위해서 → 나의 치유를 위해서
　　　그 친구 정말 나이스해 → 그 친구 정말 좋은 사람이야
　　　이 곡을 프로듀스하고 → 이 곡을 제작하고
　　　티켓을 사서 구경 와주셨다 → 표를 사서 구경 와주셨다
　　　머리 커트를 짧게 했다 → 머리를 좀 짧게 잘랐다
　　　악성 루머가 돌아다녔다 → 악성 소문이 돌아다녔다

순수한 우리말을 사용하면 어때서? 혹시 영어는 아는데 이런 한국어 단어를 모르고 있기 때문일까? 만약 그렇다면 문제는 더 심각하다. 국민들이 쓰지 않으면 언어는 자연히 퇴보하고 결국은 사라지게 된다. TV에 출연하는 연예인들이나 각종 프로그램 출연자들이여, 제발 한국어만 하세요. 영어를 쓰면 위상이나 인기가 올라갈 거라는 생각은 큰 잘못입니다. 대중에게 잘 알려진 어느 방송인이 사회를 맡은 프로그램에서 "지금까지는 웜업(warm-up)이었고요. 제가 시간을 카운트(count)할 테니까 시작하시기 바랍니다."라고 당당하게 출연자들에게 얘기하는 것을 듣고 내 마음이 한없이 불편했다. "지금까지는 준비운동이었고요. 제가 시간을 잴 테니까 시작하시기 바랍니다."라고 순수한 우리 한국어로 하면 출연자들이 못 알아듣는다는 말인가?

　방송인으로서 본인이 하는 말 한 마디 한 마디가 시청자들에게 어떤 영향을 주리라는 것을 한 번도 생각해 본 적이 없었다면 무척 큰 실망이 아닐 수 없다. 만약 미국의 방송인들이 한국의 방송인들처럼 프로그램 진행 중에 불필요한 외래어를 사용한다면 하루아침에 모두 해고돼 버렸을 것이다. 왜 한국 방송국들은 이런 얼빠진 방송인들을 해고하지 못할까?

　대화가 영어로 오염된 모습은 위상을 높이는 것이 아니라 웬만한 사람들에게는 어리석게만 보인다. 방송인이나 연예인이라는 특수성 때문에 일반 대중들에게, 특히 젊은이들에게 끼치는 영향력에 대해서 깊이 생각해보고, 영어로 오염된 우리말 정화 운동에 앞장서 준다면 이게 바로 조국을 위해 큰 공을 세우는 것이라 할 수 있겠다.

시사평론 프로그램 진행자들, 언론인들, 방송인들

최근에 TV 방송국이 많이 생기면서 채널을 바꿔가며 심심치 않게 하루 종일 시사평론을 시청할 수 있게 되었다. 남북문제 토론 중에 "그분은 컬러를 지켜 왔다."고 어느 평론가가 말했다. 그렇게도 영어가 하고 싶을까? "색깔을 지켜왔다."라고 우리말로 하면 누가 잡아 가두기도 할까 봐? 어느 방송 시사평론 시간인데 켜자마자 진행자가 "시청자 질문이 왔다는 벨이 울렸습니다."라는 말이 귀에 들려왔다. 이어서 전문가들의 숨 막히는 영어 오염물이 사방에서 튀어나오기 시작했다.

    로스쿨
    다시 트라이할 수 있다
    두 의원들은 라이벌들이다
    룰을 어기다
    무슨 에러가 있지 않나
    좋은 이미지를 갖고
    정부 핫이슈를 잘 넘기면
    계속해서 모니터링해서
    앵그리 세대들이

이쯤해서 채널을 다른 데로 돌리자마자 더 황당한 공해 소리가 들려왔다. "이코노믹스 리포터(economics reporter), 김XX였습니다." 정말 적절한 한국어 단어가 없어서 부득이 영어 단어를 써야 했는지 독자들과 함께 한번 헤아려 보고 싶다.

시청자 질문이 왔다는 벨이 울렸습니다 → 시청자 질문이 왔다는 종이 울렸습니다(신호가 왔습니다)

로스쿨 → 법학전문대학원

다시 트라이할 수 있다 → 다시 시도할 수 있다

두 의원들은 라이벌들이다 → 두 의원들은 경쟁자들이다

룰을 어기다 → 규칙을 어기다

무슨 에러가 있지 않나 → 무슨 잘못이 있지 않나

좋은 이미지를 갖고 → 좋은 인상을 갖고

정부가 핫이슈를 잘 넘기면 → 정부가 뜨거운(심각한) 쟁점을 잘 넘기면

계속해서 모니터링을 해서 → 계속해서 감시(관찰)를 해서

앵그리 세대들이 → 화가 난(성난/분노한) 세대들이

이코노믹스 리포터(economics reporter), 김XX였습니다 → 경제부 기자 김XX였습니다

뉴스를 진행하는 젊은 여성이 보도 중에 '워킹맘'이라고 한다. 순간적으로 나는 'walking mom(걸어가는 엄마)'으로 알아들었는데, 사실은 'working mom'을 의미했다. '일하는 엄마', '직장이 있는 엄마', '일자리가 있는 엄마', '직업을 가진 엄마' 등 우리 고유한 말로 얼마든지 정확하게 표현해서 보다 더 쉽게 그 의미를 전할 수 있는데, 왜 발음조차 불투명하고 혼돈까지 일으키면서 '워킹맘'이라는 영어로 말해야 하는지? 어느 연속극의 한 장면이다. 젊은 여성이 70대 할머니와 대화 중에 "저는 워킹맘이라서……"라고 하자, 할머니가 "워~ 워~ 워~ 워키~ 뭐라고?" 두 사람 간에 대화가 제대로 되지 않는 것이었다. 의사소통이 활발히 잘되어야 국민들 간의 융합뿐만 아니라, 문화, 언어, 경제, 사회, 정치, 학문 등 모

든 분야가 원만히 발전할 수 있다는 것을 거듭 상기할 필요가 있다.

외래어를 많이 사용해야만 명품 교육을 받은 유식한 사람처럼 보일 거라 생각하는 모양인데, 나에게는 정신 나간 어리석은 사람으로만 보인다. 방송국 측에 이런 사람들을 재교육시키든지, 아니면 한국어를 잘할 수 있는 인물들만을 골라서 내세워주길 바란다.

한국 신문들도 별로 다를 바 없다. 나는 『뉴욕타임스(The New York Times)』와 『로스앤젤레스타임스(Los Angeles Times)』를 일주일에 한 번은 본다. 사설란을 열심히 읽어 보는데, 대부분의 언론인들이 그렇지만, 이 두 신문의 논설위원들이나 정기 기고가들은 미국 내에서 명필가들로 알려져 있다. 수십 년을 읽어 왔는데, 한국 신문들과 두드러지게 다른 점은 영어 이외에 불어나 독일어, 중국어 등 외래어를 그들의 글 속에서 본 기억이 없다는 것이다. 만약 외래어를 한국의 언론인들이 사용하는 것만큼 사용한다면 미국 독자들의 반응이 어떨까. 엄청난 항의와 비난이 신문사와 방송국에 쏟아졌을 것이며, 미국의 각계 지도자들도 함께 분개하며 '반미국적'인 행동이라 신랄하게 비난했을 것이 분명하다. 한국식으로 말하면, 이런 언론인들을 요즘 유행하는 '종북'이라고까지 부르며 꾸짖었을 것이다.

사실 미국에서는 근본적으로 이런 일이 벌어질 수 없다. 미국인들의 자존심이 허락하지 않을 뿐만 아니라, 자기의 언어와 문화와 전통을 지키려는 마음이 너무 강하기 때문이다. 침이 마르게 자존심, 자존심 하면서도 우리나라의 정신인 한국말을 지킬 줄도 모르는 사람들이야말로 얼빠진 사람들이 아닐까?

"우리 교육의 핵심어는……"이라고 누구나 쉽게 말하고 알아들을 수 있는 한국말이 있는데, 왜 꼭 "우리 교육의 키워드(keyword)는……"이라고 영어를 써야 하는지? '공개 판매가격제도'라고 하면 더 쉽게 독자들이 이해할 수 있을 텐데, 왜 '오픈 프라이스(open price)제도'라고 영어를 사용해야 하는지? 아무런 생각 없이 다른 사람들이 하니까 분위기에 휩쓸려 그저 따라 하는 것일까? 이런 영어 단어를 모르는 한국인들은 소외감을 느낄 뿐 아니라, 그들과는 의사소통이 정확하게 안 될 거라는 것을 생각해 본 적이 정말 없다는 것인가? 이는 불필요한 외래어를 사용함으로써 언어적으로 국민들을 분열시키는 위험한 행동이라 볼 수도 있겠다.

우리말에 없는 단어는 외래어를 도입해서 함께 쓰는 것이 표현력을 늘리고 소통을 잘할 수 있도록 도움을 주면서 우리 언어가 발전할 수 있는 계기가 되지만(피아노, 바이올린, 인터넷, 비타민, TV 채널 등), 우리말에 명백히 있는 단어를 버리고 영어를 사용하는 것은 분명히 우리말을 망가뜨리는 위험천만한 행위다.

한국어를 누구보다도 앞장서서 계속해서 발전시켜 나가야 하는 중책을 맡고 있는 언론인들이 부끄러운 줄도 모르고 오히려 영어에 오염되어 있으니 너무도 한심하고 가슴 아프다. 우리가 한국어를 발전시키고 지키지 않으면, 누가 우리말을 보호해 주겠는가. 한 가지 분명히 해두고 싶은 것은 전 국민이 영어를 능통하게 잘할 수 있다면 국가적인 큰 재산이 될 수 있다는 것이다. 다만, 문제는 영어가 한국어를 오염시켜 우리말이 병들고 퇴보하게 되면, 언젠가는 아름다운 우리말이 '죽은 말'이 돼 버릴 수도 있다는 것이다. 그럼 우리는 우리의 정신과 얼을 잃게 되고, 얼빠진 한국, 한국인들이 되어 버릴 것이다.

영어로 우리말을 오염시키고, 죽음으로 몰고 가는 정신 나간 방송인들,

연예인들, 언론인들이나 시사평론가들을 단호히 방출하고, 제발 아름다운 우리 한국어를 사용하고 발전시킬 수 있는 인물들을 내세워 주길 모든 언론계에 간곡히 부탁한다. 불필요한 영어 단어가 나오는 연속극 시청을 거부하고, 방송인, 시사평론가, 출연자가 불필요하게 영어 단어를 남용하는 방송 시청을 전 국민이 거부하는 날이 오길 바란다. 한국어를 사용하면 더 편하고 쉽게 모든 국민들이 잘 알아듣고 의사소통을 잘할 수 있는데 왜 꼭 외래어를 사용해야 된다는 말인가.

우리 사회의 지도자요 각 분야의 전문가라는 지식층 사람들이 더 심하게 오염시키고 있다. 우리 민족에게 가장 중요한 '얼', 한국말을 죽음으로 몰고 가는데 앞장서고 있다. 이런 사람들이 대한민국의 지도자라니 한심하기 짝이 없다. 미국의 지도자들이나 전문가들이 대화 중에 프랑스어나 중국어를 한국의 지도자들이 영어로 한국말을 오염시키듯 많이 사용한다면, 미 국민들은 이들을 무더기로 제거해 버렸을 것이다.

약 13~14년 전 OECD 회원국 국민이 자국어 문서와 산문(散文)을 얼마나 잘 이해하는지 측정을 했는데, 대학진학률이 다른 나라에 비해 두 배 이상인 한국이 놀랍게도 꼴찌로 나왔다. 한자어가 우리말 어휘의 60~70퍼센트에 이른다는 걸 무시하고 무리하게 한글 전용 정책을 강요한 결과라고 전문가들은 풀이하고 있다. 하지만 80퍼센트 이상의 고졸 학생들이 대학에 진학하는데 꼴찌라니, 꼭 '한글 전용 정책' 때문만은 아니지 않을까? 영어 단어의 60퍼센트 이상이 라틴어나 그리스어에 원천을 두고 있지만, 극소수 이외는 라틴어나 그리스어 공부를 전혀 하지 않는 미국인들이 우리보다 성적이 좋았다. 나의 소견은 미국인들은 모국어인 영어를 정확하게 잘 사용하려고 어려서부터 열심히 노력을 하지만, 한국 사람들은 오히려 모국어인 한국어를 소홀히 하고 영어를 더 오랜 세월 열심히 공부하는 기이한 나라이기 때문일 것이라고 생각한다.

  누군가가 이런 말을 남겼다.

  "인류 역사상 국토와 주권을 지켜온 민족의 동력은 경제적인 힘이나 군사력이 아니고, 자신들의 언어와 문자였다."

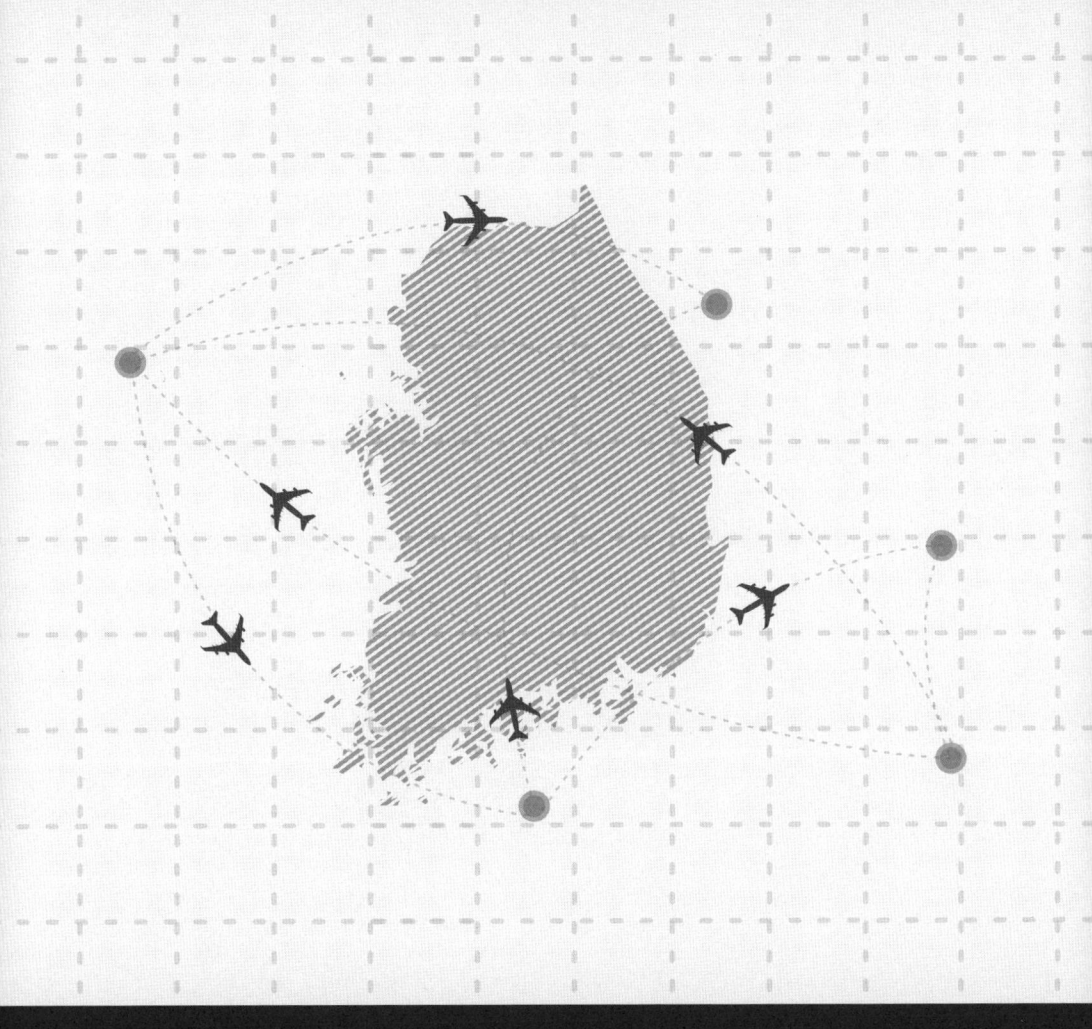

3장

합병증에 시달리는 한국 사회

1
한국 사회의 암, 지-학-혈

○ **내 고향은 대한민국입니다!**

   지연, 학연, 혈연(지-학-혈)이라는 표현이 있다. 인간이기 때문에 누구나 비슷한 공통점이 있는 사람들끼리 모이는 것을 선호하고 편하게 생각한다. 이것은 어느 사회에서도 있을 수 있는 현상이다. 그렇지만 우리 한국 사회는 그 도가 지나쳐 사회 발전에 용서할 수 없는 걸림돌이 되어 너무 오랫동안 수많은 사람들에게 씻을 수 없는 상처와 피해를 줬으며, 어떤 경우엔 부당한 이익까지 주었다. 아직도 지연, 학연, 혈연에 매달리는 사람들은 '국제화'라는 단어를 입에 올릴 자격도 없는 자들이다. 이것은 분명히 전염병보다 더 무서운 한국 사회의 심각한 암적인 존재다. 한국인의 뇌리에 깊이 뿌리박힌 이 같은 의식은 쉽게 해소하기 어렵기 때문에 암보다 훨씬 더 무서운 병이다.

   한국은 지금 '지-학-혈'이라는 말기암에 시달리고 있다. 영어의 공해나 오염은 경쟁하다시피 받아들이면서, 지-학-혈이란 암은 왜 버리지 못할까? 암에 대한 공포에 떨면서, 지-학-혈이란 암에는 왜 그렇게 집착할까? 아마 대부분의 사람들이 지-학-혈 암의 깊은 의미와 우리 사회에 끼치는 악영향을 깊이 생각하지 못하고 있는 것 같다.

만약 미국이 지-학-혈 암의 초기 환자만 됐더라도 지금과 같은 눈부신 발전은 이루지 못했을 것이다. 학문적인 면을 살펴보자. 매년 전체 노벨상 수상자의 3분의 1가량은 미국인들이다. 이들 중 많은 학자들이 미국인들과 지연, 학연, 혈연이 전혀 없는 외국에서 온 이민자들이다. 미국 사회는 논리적이고 합리적이다. 정정당당함과 정의가 구현되는 사회다. 원리·원칙을 어기는 사람은 용서하지 않는다. 기업체가 잘되고 교육기관이나 사회가 발전하려면 능력과 실력, 그리고 잠재력을 지닌 사람을 기용해야 하는 것은 너무도 당연하고 마땅하다. 기업체 이사진들이 자신들을 임명한 회사의 창설자도 경영 능력이 부족하다고 판단되면, 회사의 미래를 위해 쫓아버리는 사회다. 우리 한국의 정서와는 너무도 대조적이다.

한국 회사의 이사들이 5년이 지나도 회사의 경영에 반대 의견을 한 번도 펴지 못한 경우도 있다니 도저히 상상하기 어렵다. 이런 쓸모없는 꼭두각시 이사진이 회사 경영에 무슨 도움이 될까. 지연, 학연, 혈연을 기준으로 직원을 고용하는 회사나 정부 기관은 요즘 같은 국제화 시대에 역행하는 것이므로 국제화를 제대로 진행할 수도 없고, 지속적인 성장을 하면서 오래 지탱할 수도 없다. 같은 동족끼리 국내화도 제대로 못하는 주제에 무슨 국제화인가.

미국이 지-학-혈 암에 시달리는 사회였다면, 나 같은 한국 사람은 어디에도 발붙일 데가 없었을 것이다. 지-학-혈 암을 품고 사는 한국 같은 나라는 미래의 국제화 대열에서 활동하기가 무척 어려울 것이다. 미국에 살면서 가끔 한국인들을 처음 만나면 예외 없이 "고향이 어디십니까?"라고 물어본다. 나는 이런 질문을 받을 때마다 웃는 얼굴로 "제 고향은 대한민국입니다!"라고 대답을 하면, 내 대답이 특이해서 서로 웃으면서 대화를 이어나갈 수가 있다.

그렇다! 우리 한국 사람들에게는 고향이 꼭 하나밖에 없다. 대한민국이 바로 우리들의 고향이다. 고향을 물어보고 지연부터 시작해서 지-학-혈의 테두리를 정해 두고 관계를 시작하고 싶어 하는 것이 바로 한국인들의 특이한 의식구조이다. 미국에서 오랜 세월을 살았지만, 처음 만났을 때 고향이 어디냐고 물어보는 미국 사람은 만난 적이 없다. 머나먼 외국 땅에 나와 살면서 고향만 따지는 의식구조를 지닌 한국인들이 무슨 국제화를 잘할 수가 있겠는가?

국제화를 운운하면서 단일민족을 언급하는 것이 모순일지도 모르지만, 우리처럼 언어, 역사, 전통, 문화, 생김새까지 똑같은 민족이 지구 상에는 별로 없을 것이다. 지연에 중점을 두면 지역 간에 거리감이 생기고, 대립에 따른 지역감정으로 비화할 수밖에 없다. 세계인의 눈에 한국을 가장 안타깝고, 어리석고, 이상한 나라로 보이게 하는 것이 바로 지역감정이나 편견이다. 지역감정이 한국의 인상을 세계적으로 추하기 짝이 없는 모습으로 두드러지게 노출시킨 사건이 있었다. 바로 김대중 전 대통령이 노벨평화상 후보자로 떠올랐을 때였다.

김대중에게 노벨상을 주지 말라는 반대하는 편지 수천 통이 한국인들로부터 노벨위원회 위원장이던 군나르 베르게에게 날아와 노벨위원회를 경악시킨 적이 있었다. 노벨상을 누가 받든 수상자의 조국과 국민들에게는 세계적으로 큰 영광이요 두고두고 국가의 자랑거리일 텐데 한국인들이 한국 대통령의 노벨 수상을 반대하는 편지를 보내다니, 노벨상 역사상 전무후무한 사건이었다. 노벨상은 물밑 운동이 불가하며 물밑 운동을 하려고 하면 더 엄중히 심사한다. 이 사건 때문에 한국이 '이상한 나라, 한국'으로 알려졌으며, 보통 국제적인 망신이 아닐 수 없었다. 노벨위원회는 수천 통의 편지가 모두 한국의 일정 지역에서 왔다는 것을 즉시 알게 되었고, 지역감정과 내부의 심각한 분열을 직감할 수 있었다.

그를 노벨상 후보로 선정했을 때 노벨위원회는 김대중이란 인물에 대해 어느 한국인보다 몇 배 더 자세히 잘 알고, 객관적으로 파악하고 있었다. 노벨상이 창립된 지 약 120년이나 된다. 120년의 깊은 역사와 전통을 자랑하는 세계적으로 유명한 조직체는 반대 편지를 보낸 한국인들이 생각하는 것처럼 그렇게 엉성하지 않다. 어떤 분야를 불문하고 노벨상은 받을 만한 자격이 있는 사람에게만 수여하게 돼 있다.

1974년 노벨평화상이 일본 수상을 지낸 사토 에이사쿠(佐藤榮作)에게 수여됐을 때 일본인으로부터는 단 한 통의 반대 편지가 없었던 것에 비하면 너무도 대조적인 모습이며, 한국인들의 이해할 수 없는 특이하고 희귀한 성격의 일면을 국제적으로 보여준 부끄러운 사건이다.

"인류가 전쟁을 끝내지 못하면, 전쟁이 인류를 끝낼 것이다."라고 케네디 대통령은 유명한 말을 남겼다. 만약 우리 국민들이 지역감정을 끝내지 못하면, 지역감정이 대한민국을 끝내버릴지 모른다. 지역감정을 부추기는 자들이 가장 분열적이고 반국가적인 위험한 인물들이라는 것을 한국인들은 알아야 할 것이다.

단일민족끼리 이 좁은 땅에서 살면서 왜 고향을 따져야만 할까? 출신 지역이라는 개념이 우리 한국인들의 의식구조에 얼마나 뿌리 깊게 내려져 있는지는 TV를 시청하면 알 수 있다. 특정 인물이 TV에 나왔을 때 화면 맨 밑에 그 인물의 출신 지역과 학력이 나오는 것을 자주 볼 수 있다. 좌담회에 참석한 분의 고향도 잊지 않고 소개한다. 이것 또한 극히 한국적이다. 지구 상 어디에도 이런 모습은 찾아보기가 어렵다. 한국 역사학자가 TV에 나와서 삼국시대에 대해서 설명하는데, 왜 그 사람 출신 지역이 필요한 것일까? 출신 지역이 한국 역사 전문가의 학문적인 권위나 경력과 무슨 상관이 있단 말인가? 전국에 있는 모든 방송국에 호소한다. 우리의 후세와 한국 사회의 미래를 위해 제발 지-학-혈 암을 우리 사회에서 완전히 말살시키고, 한국인의 의식구조에서 깨끗이 제거하는데 앞장서 주기를 바란다. 고향을 물어보는 게 나쁘다는 것이 절대 아니다. 그 배경에 숨어 있는 우리들의 의식구조가 문제다. 고향이나 태생만 따지는 사람들이 어떻게 국제화를 올바르게 할 수 있단 말인가.

어느 성직자의 말씀이다. "인간에게 가장 저주스러운 것은 다른 사람을 차별하고 미워하는 것이다." 만약 지-학-혈 암에 걸린 한국인이 다른 나라에 가서 오직 한국인이라는 이유만으로 차별을 받는다면 그때 느낀 굴욕과 분노는 차마 표현하기 어려울 것이다. 남에게 지-학-혈을 바탕으로 차별하고 불이익을 준 사람은 자기가 그런 차별을 받을 때 자동으로 그런 불평할 자격을 상실하게 된다. 지-학-혈로 이어져 어떤 사람에게 특혜를 주면, 분명히 상대적으로 차별을 받은 사람이 생기게 마련이다.

내가 20년 가깝게 지내 온 폴 클라(Paul Klahr)라는 목사님이 계신다. 클라 목사님 부부는 45년 동안 동남아에서 선교 활동 후 은퇴하시고, 현재는 로스앤젤레스 부근의 도산 안창호 동상이 있는 리버사이드(Riverside)

라는 도시에 살고 계신다. 몇 년 전에 클라 목사님 부부를 모시고 식사를 할 때 들려주신 말씀이 아직도 내 귓전에 맴돈다. "남을 차별하고 미워하는 것은, 내가 독약을 마시고 다른 사람이 죽기를 바라는 것이다." 타인에 대한 차별과 분노는 먼저 그 사람을 병들게 하고 썩게 한다. 어느 의사는 이렇게 말했다. "분노와 미움의 감정은 나를 망가지게 할 뿐이다."

지역끼리 감정을 품고 있는 한, 국민의 화합과 단결이 이루어지기는 어려울 것이며, 아무리 국민의 단결과 화합을 외쳐 본들 말만 앞세운 것에 불과하다. 이런 분위기 속에서 "우리가 남이가?" "대한민국 경찰입니까? 광주 경찰입니까?" 하는 것보다 더 분열적이고 지역감정을 고조시키는 비열한 발언은 없을 것 같다. 이런 질문을 해서 물의를 일으킨 국회의원 조명철은 "대한민국 국회의원입니까? 평양의 국회의원입니까?"라고 누가 묻는다면, 과연 어떤 반응을 보일까 궁금하다.

우리 국민들 간에 분열의 씨가 되는 이런 발언을 하는 자들이 오히려 바로 요즘 유행하는 '종북'이 아닐까? 우리 조국의 미래를 내다봤을 때 '우리가 남이가' 세력은 종북 세력보다 훨씬 더 무섭고 분열적이라는 것을 한국인들은 알아야 한다. 이런 사람들이 설 자리가 없는 사회 분위기를 조성해야만 선진국이 되고, '국제화'를 성공적으로 이룰 수 있는 길을 마련하는 것이다.

단일민족인 우리 동포들끼리 화해나 화협도 못 하고, 이해도 못 하고, 서로 따뜻하게 안아주지도 못할 정도로 지-학-혈 암에 시달리며 국내 단합도 제대로 못 하면서, 생판 모르는 다른 나라 사람들과 그들의 문화, 습관, 역사, 전통, 사고방식, 식성과 풍습을 터득해 국제화를 하겠다고 아무리 외쳐 봐야 소용없는 역효과만 불러올 것이다. 세계인들로부터 얼빠진 한국이라고 조롱받기 전에 먼저 국내화부터 잘해보도록 노력하자. 허무원 교수의 「미국인의 한국인 의식」이란 논문에 의하면, 인종적 친밀도에서 한국은 50년 전이나 지금이나 밑바닥이다. 이 좁은 나라에서 함께 사는 동족끼리도 지-학-혈 암에 걸려 서로 융합하면서 살 줄 모르니 당연하다.

언제부터 '종북'이란 말이 나왔는지 모르지만, 비판적인 사람이나 특정한 인물이 싫으면 무조건 '종북'이라 낙인찍어 버리는 것은 무책임하고 위험한 행동이라 할 수 있다. 종북, 종북하면서 우리 한국인들 간에 분열을 일으키고, 사회에 혼란을 조성하는 그 사람들이 오히려 '종북'이 아니겠는가?

○ **미국의 조지프 매카시 시대**

여기서 잠깐 미국의 조지프 매카시(Joseph McCarthy) 시대를 소개하겠다. 조지프 매카시는 1957년 사망하기 전까지 위스콘신(Wisconsin) 주에서 10여 년 동안 공화당 상원의원을 지냈던 사람이다. 자기의 정치적인 이익을 위해 정적이나 무고한 사람들을 아무런 근거도 없이 '빨갱이'로 몰아붙이고 미국 사회에 5~6년 동안 공포와 혼란을 불러왔으며, 개인이나 정부에 크나큰 피해와 불필요한 조사 과정에서 엄청난 재정적인 부담까지 초래했다. 아이젠하워 대통령이 매카시의 못된 만행의 진실을 알고 매카시 바람을 단칼에 잘라 막아 '빨갱이' 공포가 거의 하루아침에 사라지게 되었다. 매카시가 '빨갱이'라고 누명을 씌운 사람 중에 진실한 애국자들이 많았다.

지난 수년간 한국에 돌고 있는 '종북' 바람이 내게는 미국의 조지프 매카시 시대를 연상케 한다. 자기 마음에 거슬리고, 동조하지 않거나, 반대편을 짓누르기 위해서, 또는 자기 소속 단체에 대해 충성을 보이기 위한 어리석은 생각으로 남을 함부로 '종북'이라 부르는 무분별한 언행은 전 국민들로부터 지탄받아야 할, 분열만 불러일으키는 비겁하기 짝이 없는 행동이다.

혹시 독자들이 오해할까 봐 분명히 해야겠다. 우리 사회뿐만 아니라 어느 사회건 불순한 사상을 가진 '종북'이 있다는 것을 우리는 잘 알고 있다. 이런 자들을 절대로 용서해서는 안 되는 것은 두말할 여지가 없다. 우리 사회의 안전과 밝은 미래를 위해서 이들을 즉각 제거해야 하는 것은 우리 국민들의 책임이다. 하지만 우리가 크게 신중해야 할 부분이 있다. 즉, 빈대 잡으려고 불을 질러 집과 모든 가재를 태우는 격이 되지 않도록 조심해야 한다는 것이다. 성공적인 국제화를 위해서는 분열이 아니라, 우리 국민 모두가 마음과 힘을 모아 단합해야 한다.

어리석은 짓은 어리석은 자들에게만 통하는 법이다. 서로 이간질을 거리낌 없이 하는 사회적 분위기 속에서는 정상적인 국제화로 가는 길이란 있을 수 없다. 미국의 조지프 매카시처럼 종북이니, 색깔론으로 남을 몰아치는 사람들이 오히려 우리 동포들을 분열시키고 대한민국을 파탄시키고 있는지 모르겠다. 국민들의 의식 수준이 이런 사람들을 용납하고 받아들일 정도밖에 안 된다면 대한민국의 미래는 암담할 뿐만 아니라, 국제화라는 과제는 언어도단이다. 벼룩을 잡는다는 핑계로 집에 불을 지르려고 하는 자들을 막아야 한다.

역사적으로 미국 사회에 가장 불행한 오점이 인종문제였다고 생각한다. 인종이 다르다는 사실을 바탕으로 백인들이 흑인들을 차별한 것이다. 1950년대까지만 해도 백인들은 동양인들에게도 차별을 심하게 했다. 미국은 현재 이 세상에서 가장 다른 민족, 다문화 사람들이 모여 사는 국가다. 로스앤젤레스 시 부근에 190여 개국에서 온 이민자들이 살고 있다고 하며, 가장 최근에 실행된 2010년 인구조사에 의하면 로스앤젤레스 지역에 거주하는 아시아인들은 약 10.7퍼센트 정도 된다고 한다. 오늘날 미국이 세계 최고의 강대국이 될 수 있었던 것은 인종과 출신 국가를 불문하고 관용을 베풀어 이민자들을 흡수해 인적자원을 적극적으로 활용했고, "다양성은 힘이다."라는 구호를 지난 40년 동안 일반 대중은 물론이고 초등학생들에게까지 광범위하게 교육시킨 덕분이라고 할 수 있다. 작가인 스티브 코비(Steve Covey)는 다문화와 다양성에 대해서 이렇게 표현했다. "동일하다는 것에 힘이 있는 것이 아니라, 서로 다르다는 것에 힘이 있다."

　지난 50년간 미국에서 발표된 사회심리학자들의 수많은 연구 결과에 의하면, 겉으론 의젓하게 보이지만 지-학-혈을 바탕으로 다른 사람에 대해 편견을 가진 자들, 혹은 부당하게 편애를 베푸는 자들은 모두 우리들의 동정이 필요한 심리적으로나 정신적으로 병든 불쌍한 자들인지도 모른다. 인종과 문화가 다르다는 것이나 지-학-혈을 바탕으로 차별을 받아본 사람들은 '차별'이 얼마나 고통스럽고 치욕적이라는 것을 잘 알고 있다. 남의 가슴에 상처를 주고, 남의 눈에 눈물을 흘리게 한 사람은 언젠가는 그 이상의 상처와 피눈물이 나는 수모를 꼭 당하게 돼 있다. 이것은 인간사의 철칙이다.

○ **독일인이 깜짝 놀란 어리석은 지역감정**

지역 간에 꼬인 한국인들의 감정은 다른 나라 사람들에게는 어리석은 모습으로 확실히 드러나는 부분이다. 한국에 오랫동안 살면서 한국말도 능통하게 잘하는 안톤 숄츠라는 독일인이 있다. 코리아컨설트 대표로 광주광역시에 사무실을 두고 활동하는 숄츠 씨는 한국인들의 따뜻한 정, 고유한 한국 음식, 우리의 문화와 자연을 한국 사람 못지않게 사랑하는 분이다. 국제 행사에 관련된 일을 하면서 갖가지 행사 개최를 위해 국내 여러 도시를 방문했는데, 대구에서 일어난 황당무계한 경험을 이렇게 전해왔다.

약 5년 전 숄츠 씨는 국제행사 준비를 위해 대구를 방문했다. 행사 준비를 위해 시 관계자들을 만나서 여러 가지를 토론하던 중 모두 숄츠 씨를 만나서 무척 반갑다면서 앞으로도 다른 국제행사도 도와달라고 부탁했다. 그러나 잠시 후 그중 한 사람이 숄츠 씨의 명함을 보고 "아, 이제서야 봤는데, 회사가 광주에 있으시네요. 그럼 아마도 함께 일하기는 힘들 것 같군요."라고 말했다. 결코 광주와 대구 간의 거리를 두고 하는 말이 아니었다. 이 정도로 가슴속에 다른 지역이나 사람에 대한 이유 없는 증오를 품고 있는 시 관계자가 너무도 불쌍하고 안타깝기 짝이 없으며, 깊은 동정을 받아야 할 사람이라는 것을 독자들은 대부분 동의할 거라 믿는다.

독일에서 온 외국인의 사무실이 자기가 싫어하는 도시에 있다는 이유만으로 함께 일하기가 어렵다니, 시 관계자는 본인도 모르게 심각한 정신적 문제가 있거나 머릿속이 완전히 썩지 않았다면, 어떻게 이런 해괴망측한 사고방식을 가질 수가 있을까. 이런 해괴망측한 사고방식의 소유자가 시 관계자로서 국제행사를 준비한다니, 한숨이 절로 나오지 않을 수 없었다. 이런 것이 바로 후진국의 모습이다. 전혀 자격이 없는 자가 어떻게 공무원으로 채용되어 자리를 차지하고 목에 힘을 주고 앉아 있는지 안타깝기 그지없다. 만약 프랑스 사람들이 이와 비슷한 사고방식을 가지고 있다면 우리는 어리석은 프랑스 사람들을 조롱하고 미래가 별로인 보잘것없는 나라라고 결론 내렸을 것이며, 국제 사회에서 프랑스인들을 얕잡아볼 것이다. 외국인들이 바로 이런 눈으로 우리 한국인을 대하게 된다는 사실을 잊지 말아야겠다.

단일민족인 우리 동족끼리도 지역이 다르다는 이유만으로 마음속에 편견을 지니고 차별하는 사람들을 지구촌 사람들이 어떻게 존경하고 신임할 수 있겠는가. 지구촌 사람들은 한국인들이 자기들을 더 심하게 차별할 것이라 의심하기 때문에 이상적인 국제화는커녕 속으로 한국을 경계하려 들 것이 뻔하다. 200킬로미터 가까이 있는 동족끼리 증오심을 품고 있으면서 언어, 문화, 사고방식, 생활방식, 음식, 얼굴 모습까지 다른 1만 킬로미터 멀리 떨어져 있는 남미 사람들과 국제화를 제대로 한다는 것은 상상도 할 수 없는 일이다.

1950년대 미국 남부 지역에서 태어나서 차별을 받으며 자란 흑인들에게 물어보라. 차별로 인해 받은 마음의 상처는 쉽게 지워지지 않고 100년을 더 갈 수 있다고 대답할 것이다.

2
야만국 수준의 교통 문화

○ **교통 문화는 그 나라 수준의 척도**

한국은 2012년 현재 인구 2.2명에 자동차 1대, 미국은 1.2명에 1대를 소유하고 있다. 자동차는 이제 우리 일상생활에 전자레인지 못지않은 생활필수품이 되어 버렸다. 우리가 다른 나라에 여행 갈 때나 다른 나라 여행객들이 우리나라를 찾아왔을 때, 공항 건물 밖으로 나오면, 맨 먼저 접하는 것이 바로 그 나라의 교통이요 교통질서다. 교통 문화와 교통안전에 의해 그 나라에 대한 인상이 굳어지기 시작한다. 불행히도 한국의 교통 문화는 수치스럽기 짝이 없다. 다행히 이웃 나라 중국보다는 낫지만, 일본이나 미국, 캐나다, 유럽의 선진국들에 비하면 창피스러운 수준이라고 생각한다.

어느 교수님이 젊었을 때 독일 유학을 했는데, 그때 친하게 지냈던 독일 친구 두 분이 한국을 방문하고 싶다는 연락을 해와서 초대했단다. 약

2주간 전국 여행을 끝내고 떠나는 날 인천공항까지 배웅을 나갔는데, 떠나면서 남긴 소감이 "즐거운 여행이었지만, 한국은 두 번 다시 오고 싶지 않다."였다. 예상치 못했던 반응에 깜짝 놀라 물어보니, "한국의 교통 무질서 때문에 하루에도 몇 번씩 생명의 위험을 느껴, 다시는 오고 싶지 않다."는 것이었다. 충분히 이해할 만했다. 몇 년 전 중국에 갔을 때 무질서하게 질주하는 오토바이에 치여 죽을 뻔한 아슬아슬한 순간을 경험하고 얼마 동안은 나도 그 독일분들처럼 다시는 중국에 가지 않겠다는 생각을 했었다.

"교통 문화는 모든 면에서 그 나라 국민 수준의 척도가 된다."고들 말한다. 어느 나라건 운전자의 평소 인격이 운전할 때 그대로 드러난다고 한다. 그 나라의 국격 역시 도로에서 운전할 때 그대로 나타난다. 대한민국의 위상은 여지없이 미개국 수준이다. 우리나라 자동차 1만 대당 사망자 수는 약 2.9명으로 경제협력개발기구 가입국 평균 1.5명의 거의 2배에 달한다. 1년에 약 6,000명이(2013년 교통사고 사망자는 총 6,035명) 사망한다 하니 국민 10만 명당 교통사고 사망자 수가 미국의 거의 두 배, 일본의 거의 네 배가 된다.

서울에 와서 지금 3년 동안 강의를 하고 있는 어느 미국인 교수가 한국에 대한 첫인상을 나에게 이렇게 표현했다. 도착한 다음 날 큰 길거리를 거닐고 있을 때 보행자들이 다니는 인도 위로 자기를 향해 오토바이 한 대가 굉음을 내면서 달려오는 바람에 너무도 놀라 그 자리에서 주저앉을 뻔했다고 한다. 오토바이가 굉음을 내면서 인도를 달려가는 위험천만한 상태를 보면서도 그 많은 보행자들이 너무나 태연자약하고, 아무도 경찰을 부르는 것 같지 않았으며 경찰이 눈에 보이지도 않았다는 것이다. 미국에서 이런 사건이 벌어진다면, 당장에 그를 체포해서 감옥 아니면 정신병원에 보냈을 것이다.

한국에서 어딜 가든 빨간불을 무시하고 그냥 지나가는 차량을 부지기수로 볼 수 있는데, 그중에서도 특히 부모가 어린 자식들을 싣고 빨간불을 지나치는 것을 가끔 볼 때마다, 이것처럼 나의 가슴 아프게 하는 것도 드물다. 이런 아이들이 누구로부터 준법정신, 안전의식, 남에 대한 배려, 양보, 교통 예절을 배울까? 한국 부모들은 흔히 교육은 학교에서만 이루어진다고 생각하고 있는데, 아름다운 인간을 형성하는 참다운 근본적인 교육은 부모 밑에서 자라면서 가정에서 거의 다 이루어진다. 이렇게 자란 아이들이 성인이 된 후 자기 자녀들에게 준법정신이나 안전 의식을 어떻게 가르칠 수가 있단 말인가? "콩 심은 데 콩 나고, 팥 심은 데 팥 난다." 는 말이 있다. 자녀들은 부모의 거울이라고도 하지 않는가? 부모의 행동과 태도와 가치관을 보는 대로 배우면서 자란다. 이러면서도 자식 교육에 열광하다니? 교육이 무엇이라는 것을 알기나 하는 것인가? 1~2세대 후 우리 대한민국은 이런 안전 불감증의 인간들로 가득 차게 될 것이 아닌가.

○ **한국에 교통경찰이 있습니까?**

하고 많은 차량들이 교통법규를 어기고, 과속하고, 불법 주차가 범람한데, 경찰이 교통법규 위반자에게 딱지를 주거나 견인해 가는 것을 지난 8년 동안 별로 본 적이 없다. 시민들이 시위할 때면 예외 없이 수백 명의 경찰력이 동원된다. 모두 어디서 무엇을 하고 있던 경찰들일까?

어느 날 서울역 부근을 지나고 있는데, 농협 앞에서 약 40명가량이 현수막을 펴들고 앉아서, 평화롭게 무언(無言)의 항의를 하고 있었다. 놀랍게도 30~40명의 경찰들이 뒷짐을 지고 집회자들을 둘러서서 구경만 하고 있었다. 이때 문득 미국의 경우가 생각났다. 이처럼 평화로운 집회에는 보통 경찰이 오지도 않지만, 온 데야 겨우 두 명 정도다. 30~40명의 경찰력을 교통규칙 위반자들이나 불법주차 차량을 처벌하는 데 사용하는 것이 누가 봐도 훨씬 더 사회의 안전과 질서를 위해서 효율적이 아닐까? 대한민국의 경찰 지도자들은 무슨 생각을 하고 있을까?

내가 미국에서 귀국하기 얼마 전, 대학 연구실을 저녁 9시경에 나와 차를 몰고 귀가하는 도중 사거리 빨간불에서 우회전(미국에서는 거의 대부분 빨간불에서 우회전이 허락된다)하는 과정에 경찰 탐지기에 내 차량이 위법으로 찍혀서 440달러의 벌금을 내라는 통고를 받았었다. 우회전할 때 내 시야에 차량이 한 대도 없었는데 말이다. 너무도 억울(?)하고 황당해서 법원에 가서 재판을 받기로 결심하고 재판 신청을 했다. 재판이 시작되자 경찰 측에서 증거를 제시하는데, 문제는 사거리 빨간불에서 우회전하기 전 최소 3초를 일단 정지해야 하는데, 나의 정지 시간이 3초가 조금 못 됐기 때문에 찍힌 것이었다. 판사님은 나의 나이와 직업과 전공 분야를 물어보고, 통계학을 전공한 교수가 3초도 셀 줄 모르냐고 호되게 나무라면서, 재판 비용 25달러까지 추가해서 465달러의 벌금을 내라는 판결을 내렸다. 혹 떼러 갔다 혹을 한 개 더 붙이고 온 셈이 돼 버렸다. 이후부터 빨간불에서는 나도 모르게 일단정지를 해서 최소 3초를 멈추고 가는 '좋은' 습관이 생겼다.

나와 함께 법정에 출두했던 한 여학생은 앞차를 너무 가까이 따라가다 걸려 800달러(약 90만 원)의 벌금을 받고 나처럼 너무 억울하다는 생각에 재판정에 왔는데 단 1달러도 삭감해 주지 않고, 훈계만 듣고 전액을 다 내라는 판결을 받아 눈물을 흘리며 법정을 떠나는 것을 목격했다. 이 학생은 일생 내내 다시는 앞차에 가까이 접근해서 운전하지 않을 것이다.

한국 내에서 어딜 가더라도 '묻지마 주차'를 자주 보게 된다. 묻지마 주차 중에서도 가장 내 가슴을 조마조마하게 하는 것은 길모퉁이 주차다. 미국에서 길모퉁이 주차를 했다가는 순식간에 경찰이 딱지를 주고 차량을 견인해 버린다. 한 번 견인해 버린 차량을 회수하려면 엄청난 고통을 겪게 되고, 큰 경비가 소요된다. 대한민국 경찰은 왜 이걸 못하나? 벌써부터 경찰 당국의 변명 소리가 들리는 것 같다. 이런 교통 위반을 올바르게 다스리지 못하면 우리는 선진국 대열에 낄 수가 없다. 경제적으로 발달해서 국민소득이 높아 잘 먹고 잘살면 선진국이 된다고 생각하는 것은 큰 오해다. 남에 대한 철저한 배려나 공공 예의, 준법정신, 사회 정의, 윤리 도덕이 따르지 못하면 선진국이 될 수 없다.

인간의 사회적 행동이나 의식을 고치려면 경제적인 부담이나 정신적인 고통을 크게 느끼게 하는 것이 제일 효과적인 방법이라 이미 잘 알려졌다. 한국 고속도로에서 CCTV 카메라가 나타나면 모든 운전자들이 속도를 줄인다. 철저히 단속을 하고 위법자들에게 예외 없이 과태료를 부과하면 우리의 교통 문화를 향상할 수 있고 많은 인명의 피해도 방지할 수 있다는 증거가 바로 여기에 있는데 왜 못할까? 아니, 왜 안 하고 있을까? 경제적인 부담 때문에 한국인들의 준법정신에 갑자기 발동이 걸릴 것이다.

2016년 미국 대통령 선거 당시 민주당 후보였던 힐러리 클린턴이 국무장관직을 물러난 후, 세계적으로 권위 있는 국제외교 공로상을 받으러

2013년 여름에 영국 런던을 방문했었다. 클린턴이 수상식장에 타고 간 차량이 불법 주차된 것을 발견한 런던 경찰관이 딱지를 떼려 하자 클린턴의 경호원들이 호소했지만 런던 경찰관은 막무가내였고 미 국무장관이건, 평범한 시민이건, 불법 주차는 용서할 수 없다는 경찰관은 당당하게 80파운드(약 127달러, 약 15만 원)의 과태료를 부과했고, 그 후 런던 경찰국장으로부터 공무집행을 충실히 잘 실행했다는 칭찬까지 받았다고 한다.

우리나라 경찰관이 과연 이럴 수가 있을까? 만약 대한민국의 경찰관이 클린턴 차량에 불법 주차 딱지를 발부했을 때, 상관으로부터 질책을 당하지 않고, 경찰청장으로부터 공무집행을 충실히 실행했다는 칭찬을 받을 수가 있을까? 불법 주차는 우리 사회의 공공의 적이다. 개인이건 정부건 변명만 하다 보면 발전을 할 수가 없다.

○ **그동안 압축 성장을 해서**

한국의 야만적인 교통 무질서를 꺼내면 누구나 이렇게 말한다. "우리나라는 땅이 좁아서.", "마이카 시대가 얼마 안 돼서.", "그동안 압축 성장을 해서." 등등의 변명들을 한다. 마이카 시대가 얼마 안 됐으니, 마이카 시대가 오래된 다른 나라의 시행착오를 배워 더 잘해야 되는 건 너무도 당연지사가 아닌가? 압축 성장과 빨간불에 정지, 불법 주차금지, 양보 운전이 무슨 관계가 있다는 말인가? 답답하기 짝이 없다. 우리 국민들의 수준이 이럴진대 무슨 국제화? 다행히 잘 먹고 잘사는 것은 세계적인 수준이겠지만, 참된 선진국은 아직도 멀고 먼 꿈같은 이야기다. 이런 태도를 가진 국가나 국민은 국제화를 성공적으로 이루어내기 어렵다. 한국 사회의 교통 문화만 봐도 오죽했으면 작가 박경리 씨가 '한국은 야만 공화국'이라고 표현을 했는지 쉽게 이해를 할 수가 있다.

"우리나라는 땅이 좁아서……"라는 변명을 귀가 따갑게 들어서 세계 각국의 인구 밀도를 조사해 보았다. 2014년 현재, 대한민국(남한)은 1제곱킬로미터당 487명으로 세계 제23위다. 제1위가 마카오로 18,534명이며, 30위인 네덜란드는 410명, 36위인 벨기에는 366명, 38위인 일본은 337명이다. 마카오의 인구 밀도는 한국에 비해 거의 40배 높지만, 교통 규칙을 잘 준수하고 서로 양보하고, 안전을 중요시하는 교통 문화이기 때문에 길거리 불법 주차를 구경하기가 어렵고, 수많은 오토바이 운전자들 중에 헬멧을 쓰지 않는 자를 찾아볼 수가 없다. 헬멧을 써야 하는 것이 교통 법규이기 때문에 그 법을 존중하고 따르는 것이다. 그만큼 마카오 사람들의 교통 의식과 준법정신의 수준이 우리보다 월등하게 앞서 있다.

네덜란드와 대한민국은 인구 밀도에서 별로 큰 차이가 없지만, 두 나라의 교통 문화는 하늘과 땅 차이라는 것을 네덜란드를 방문해본 한국인들은 이구동성으로 말할 것이다. 일본이나 벨기에의 교통 문화도 우리와는 감히 비교할 수가 없다. 그런 나라가 바로 선진국이다.

한국은 1제곱킬로미터 안에 차량이 평균 223.4대, 네덜란드는 217.3대, 그리고 일본은 197.6대가 운행하고 있다. 차량 밀도를 비교해 보면 별 차이가 없지만 세 나라를 여행한 사람들은 누구나 한국은 교통 무질서의 지옥 같은 미개국이요, 일본과 네덜란드는 쾌적한 안전감을 주는 교통 선진국이라는 것을 서슴지 않고 인정하게 될 것이다. 이래도 "우리나라는 땅이 좁아서."라는 변명만을 내놓을 건가? 변명하려 말고 간단한 교통법규나 잘 지키는 것이 우리 사회와 국가의 미래를 위하는 길이다.

몇 년 전 미국 대법원 판사가 과속으로 딱지 두 장을 받아 화제가 됐었다. 아침에 다른 바지로 갈아입으면서, 면허증을 넣어둔 지갑을 옮겨 넣는 걸 깜박 잊어버린 것이다. 남자들은 누구나 이런 경험을 한 적이 있을 것이며, 나도 몇 번 이런 실수를 했다. 한국 경찰이 감히 대한민국 대법관에게 과속 및 면허증 미소지로 딱지 두 장을 줄 수가 있을까? 이처럼 법이 만인에게 공평하게 적용되어야만 법과 경찰이 국민의 존경을 받게 된다. 지금처럼 후진국 수준의 교통 문화를 계속 유지하면서, 선진국을 논한다는 것은 누가 봐도 어처구니없는 일이다. 한국인들과 선진국 사람들은 근본적으로 질적인 차이가 있다고 하면 엄청난 비판을 받으려나? 배시언 목사님은 『미워하며 닮아가는 일본』이란 저서에서 "우리 국민의 획기적인 의식 변화가 있기 전에는 절대 일본을 따라잡을 수 없다."고 결론을 내린다. 현재 우리는 의식 변화가 아니라 의식 개혁이나 의식 혁명이 절대적으로 필요하다.

선진국에선 아무리 보행자가 교통 규칙을 어기더라도 차량이 무조건 양보하고 기다려 준다. 인권을 그만큼 높이 떠받든다는 의미다. 나도 미국에 처음 갔을 때 부근의 고등학교에 가서 운전교육을 6개월간 받았다. 강사의 말씀이 운전 자체는 3~4시간만 연습하면 충분하지만, 교통안전, 교통 규칙, 운전 예절, 도로 상태, 공격적이 아닌 방어 운전 등을 공부하고 숙달해야 하니 일주일에 3시간씩 6개월 동안 교육을 받아야 한다고 했다.

경제협력개발기구 국가 중 보행자 교통사고 사망자 수가 2011년 통계에 의하면 한국이 가장 많은 것으로 나타났다. 10만 명당 사망자 수는 연

4.1명으로 경제협력개발기구 국가 평균 1.4명에 비해 세 배나 높았다. 노르웨이는 0.3명, 네덜란드 0.4명, 미국 1.4명, 그리고 일본은 1.6명이다.

○ **후쿠시마 인근 마을의 교통 신호기**

후쿠시마 지진이 일어난 직후 일본을 방문했던 한 미국 특파원이 쓴 기사를 인터넷 신문에서 읽었다. 인근 마을의 신호기 하나가 지진으로 비스듬히 기울어져 있는데 아직도 작동하고 있었다. 그런데 일본 사람들이 이 난리 속에서도 빨간불에 대기한 후 초록색으로 신호가 바뀌자 건너가더라는 것이었다. 이 보도를 읽을 당시 댓글이 약 5,000개 이상 달렸었다. 50개가량 훑어보니 일본 사람들에 대한 감탄과 존경심 일색이었다. 만약 이런 사태가 한국에서 발생했더라면 어떠했을까? 특히 우리 세대의 한국인들은 일본에 대한 응어리가 가슴속 깊이 박혀 있다. 하지만 상대가 아무리 미워도 배울 점은 보고 배워야 나 자신뿐만 아니라 국가도 발전할 수가 있다. 일본은 국제화에서 오만과 부정부패, 불신임, 부도덕, 지-학-혈 암에 시달리고 있는 우리보다 훨씬 앞서 있는 나라다. 꼭 영어를 능통하게 잘하고 국제 무대에서 활동해야만 국제화를 잘하는 것은 결코 아니다.

외딴곳에 살고 있는 일본인들이 보여준 그런 모습이 국제화에서 더 큰 효과를 가져올 수 있다. 국제화의 중요한 요소 중 하나는 행동으로 다른 나라 사람들이 존경하고 감탄할 수 있도록 하는 것인데, 몇 명 안 되는 일본인들은 자기들이 살고 있는 곳에서 단 한 발자국도 밖으로 나가지 않고, 영어 한마디도 입 밖으로 꺼내지 않았으며, 단순한 행동 하나로 수

많은 세계인들이 일본을 존경하고 감탄하게 만들어 버렸다.

○ **어물전 망신, 꼴뚜기 택시**

　나는 귀국 이후 이제까지 버스, 지하철, 택시 등 대중교통 수단을 많이 이용해왔다. 2003년 방화로 인한 대구지하철 참사와 몇 번의 서울지하철 사고가 있었지만, 한국의 지하철은 깨끗하고, 신속하고, 승차감도 좋을 뿐만 아니라, 조용하고, 안내방송도 친절하고 질이 좋아 세계 최고의 수준이라 자랑할 만하다. 낡고 지저분하고 소란하고 불쾌한 뉴욕 시 지하철과는 비교할 수가 없다.

　하지만 한국의 버스나 택시는 지하철과는 전혀 다른 세상이다. 특히 한국의 많은 택시 기사들은 어물전을 망신시키는 꼴뚜기와도 같다. 버스 기사들 역시 크게 다르지 않다. 미국의 버스 기사들에게 비하면 더 그렇다. 불친절하고, 승객인 내가 승차할 때마다 인사를 해도 받아주지도 않는 경우도 있다. 어떤 때는 조금 천천히 승차하면 빨리 타라고 큰소리를 치고, 승차하자마자 쏜살같이 달린다. 이런 분위기에 익숙하지 않은 선진국 관광객들은 크게 불쾌감을 느끼지 않을 수 없다.

　공항버스를 타고 인천공항에 도착해도, 손님들의 여행 가방을 내려주는 기사를 본 기억이 없다. 언젠가 미국 여행길에 공항버스를 타고 인천공항에 도착했다. 60대 여자분의 무거운 가방을 내가 버스 밖으로 내려주고, 옆에서 구경만 하고 서 있는 기사에게 말을 건넸다. "나이 드신 여자분들의 짐이라도 좀 내려 주시면 무척 고맙겠는데." 버스 기사는 불편한 표정으로 퉁명스럽게 나에게 대답했다. "하루 종일 손님들 짐을 내려

주다간 허리를 다칠까 봐 못 합니다." 그렇다면 미국이나 일본의 버스 기사들은 모두 허리 부상자들이란 말인가?

'외국 관광객 2,000만 명 유치하기' 운운하기 전에 이런 면들을 먼저 바로잡아야 한다. 고객에 대한 친절 면에서 보면 관공서에서부터 동네 가게, 식당, 호텔, 일반 상인들까지 옛날에 비하면 장족의 발전을 보였지만 항상 더 많은 발전을 할 수 있는 부분은 있게 마련이다.

나는 그간 한국에서 살면서 택시도 여러 번 탔다. 한국의 택시들은 아무 데서나 손님을 태우고 내려준다. 마치 도로가 자기 개인 소유이며, 택시를 아무 곳에나 정차하는 것이 자기들의 특권이나 되는 것처럼 말이다. 차량의 흐름을 방해하고, 보행자들의 통행을 가로막고 정차를 하는 택시 기사들의 머릿속에는 도대체 뭐가 들어 있을까? 틀림없이 사회의 규칙이나 교통안전은 염두에도 없고, 자기만을 생각하는 이기심으로 가득 차 있을 것이다. 몇 미터만 앞으로 가서 손님을 태우거나 내려주면, 훨씬 안전하고 다른 보행자들에게 피해도 주지 않을 텐데 한없이 아쉽기만 하다.

교통 규칙을 위반하는 택시 기사들에게 선진국처럼 인정사정없이 50만 원~100만 원 정도의 과태료를 부과하면 하루아침에 기사님들의 교통법에 대한 태도가 바뀌게 될 것이다. 하루에도 수십 번씩 모질게 교통 규칙을 위반하는 택시들이 내 눈에는 보이는데, 한국 경찰들의 눈에는 왜 안 보일까? 미국 캘리포니아 주에서는 장애인 주차장에 주차했을 때 과태료가 1,200달러(140만 원) 정도지만, 경범죄로 처리돼 기록까지 남게 된다. 조금 심하게 표현하면 전과자가 된다는 말이다. 하루에도 수십 번씩 교통 규칙을 위반하는 택시들이 내 눈에는 보이는데, 한국 경찰들의 눈에는 왜 안 보일까? 대중들 시위 때 몇백 명씩 동원되는 한국의 경찰들은 하루 종일 어디서 뭐 하고 있는지 궁금한 생각이 들지 않을 수 없다.

한국 택시 기사들만큼 교통 규칙을 무시하고 위반하는 사람들은 별로 많지 않을 것이다. 특히 밤늦은 시간 한적한 뒷길에서는 많은 기사들이 빨간불을 무시하고 그대로 지나간다. 어느 날 아침 택시를 타고 가는데 기사가 정지할 생각도 않고 빨간불에 휙 지나가는 것이었다. 나는 당장 항의했다. "사고라도 나면 어떡하려고……. 빨간불에선 무조건 서로의 안전을 위해 서서 기다려야죠. 손님을 목적지까지 안전하게 모셔다드릴 책임이 있지 않습니까?" 기사는 앞자리 위에 달린 거울로 내 얼굴을 쳐다보면서 대답했다. "제가 택시를 13년째 모는데, 빨간불을 지나왔다고 불평하신 손님은 처음입니다. 혹시 미국에서 오셨습니까?"

한국의 택시 기사들은 다른 나라 기사들에 비교하면 별로 힘들 것 같지 않다. 손님이 아무리 무거운 짐을 가지고 택시를 탄다 해도 운전대를 잡고 차 안에 앉아만 있다. 이런 이색적인 풍경은 다른 나라에서는 찾아볼 수가 없다. 만약에 미국 관광객이 일본 관광을 마치고, 한국관광차 인천공항에 큰 가방을 가지고 도착해서 택시를 타려고 했다면, 일본과 한국 두 나라 택시 기사들이 얼마나 대조적으로 비교될까? 양국의 택시를 경험한 미국 관광객이라면 독도 분쟁에서 누구 편을 들려고 하겠는가? 국제 무대에 올라서서 〈독도는 우리 땅〉이라 목이 터지라 외치고, 뉴욕 시 한복판에 현수막을 펼쳐놔도 감탄할 정도로 친절하고 예의 바른 일본의 택시 기사가 머릿속 깊이 남아 있는 미국 관광객의 마음을 우리쪽으로 돌리기는 쉽지 않을 것이다.

대한민국에 유리한 국제화는 국제 무대에서만 이루어지는 것이 아니라, 인천공항에서 외국인들을 맞이하는 기사들로부터도 이루어질 수 있다는 것을 명심하자. 한국 택시 기사 이야기를 하나만 더 하겠다. 어떤 지인이 미국에 있는 딸을 방문하려고 택시를 타고 인천공항에 도착하자 비가 조금씩 내리기 시작했다. 여자분이 혼자서 짐을 내리기가 쉽지 않아 기사에게 조금 수고비를 드릴 테니 짐을 내려달라고 부탁하자, 기사님이 "하루 종일 택시를 운행해야 하는데 비를 맞아 옷이 젖으면 어떡합니까?"라고 거절했다는 것이다. 기사의 말이 일면 타당성이 있다고 생각돼 곧 이해했다. 그러나 이 같은 이해는 딸이 살고 있는 미국 보스턴에 도착했을 때 바뀌고 말았다. 보스턴에는 비가 인천공항을 떠났을 때보다 훨씬 많이 내리고 있었다. 딸은 아이를 분만한 지 얼마 되지 않았고, 사위는 학교 수업 때문에 공항으로 마중 나올 수가 없어서 부득이하게 택시를 타야 했다. 딸 집 앞에 도착했을 때도 여전히 비는 내리고 있었다. 기사는 부탁하지도 않았는데 꽤 되는 거리를 비를 맞으면서 짐을 들어다 바로 문 앞에 내려놓고 가더라는 것이었다.

○ **구급차를 가로막는 운전자들**

촌각을 다투는 경찰, 소방대, 병원 등의 구급차들은 최대한 빨리 이동해야 인명이나 재산의 피해를 최소화할 수 있다는 것은 누구나 아는 상식이다. 미국에서는 응급차나 소방차의 사이렌 소리가 멀리서 들리면 모든 차량은 도로 가장 오른쪽으로 옮기고, 정차하고 기다린다. 이 규정을 위반했을 경우엔 1,000달러 이상의 벌금을 내야 한다.

40년 이상을 미국에 살면서 이 규정을 위반하는 운전자를 단 한 사람도 본 적이 없었다. 귀국 이후 가장 희귀한 진풍경의 하나가 구급차가 왱왱 사이렌을 울리며 달려도 비켜주는 차량이 별로 없을뿐더러 오히려 구급차를 앞질러 가려고 가속을 하는 차량들이 있다는 것이다. 신문 보도를 보니 복잡한 서울 거리를 구급차로 출퇴근하는 파렴치한 얌체족들이 있다니, 역시 우리 한국인들의 IQ뿐만이 아니라, JQ도 다른 민족들은 감히 좇아올 수도 없는 수준인 모양이다. 잔머리 굴리기를 세계에서 제일 잘한다는 말이다. 경찰 당국에서 교통법을 엄격하게 적용하는 것도 중요하지만, 운전자 교육도 중요하다는 것을 잊지 말자. 위급 상태에 처한 사랑하는 자신들의 부모나 자식을 병원으로 이송 중인데도 안 비켜줄 건가? 이기적인 사람들로 가득 찬 사회는 희망이 없으며 미래가 없다고 할 수밖에 없다.

　동료 교수의 미국 친구가 몇 년 전 한국을 방문했다. 한국의 명승지를 소개하면서, 택시를 타고 둘이서 뒷자리에 앉았다. 얼마 후 구급차가 멀리서 왱왱하고 오는 소리가 들리는 데도 미국인까지 태운 기사는 아랑곳없이 차를 오른쪽으로 옮길 의도를 보이지 않아, 미국에서 6~7년을 살다 온 교수의 마음이 점점 불안해지기 시작했다. 구급차는 곧 택시 바로 뒤를 따라오는데 기사는 나 몰라라 했다. 미국인이 몇 번 뒤돌아보고 물어보는 것이었다. "바로 뒤에 오는 차량이 구급차입니까?" 참다못해 교수는 기사에게 말을 건넸다. "뒤에 구급차가 오고 있는데 빨리 비켜주세요. 옆에 앉아 계신 미국분이 상당히 불안해하십니다." 한국 하면 이 미국인의 머릿속에는 구급차를 무시한 한국 택시 기사만 떠오르게 될지도 모른다. 한국 국민의 의식이 이처럼 부끄러울 정도로 미개한데 선진국은 무슨 선진국이며, 국제화는 무슨 국제화란 말인가?

고객 만족에는 신경도 쓰지 않고, 계속해서 고객을 불쾌하게 하고, 불친절한 사업체는 망해서 영원히 사라져 버리도록 고객인 우리들이 서로 힘을 모아야 한다. 그 공간은 틀림없이 더 창의적인 사업체가 고객에 대한 올바른 태도로 메우게 돼 있다. 어느 전문가의 말이 생각난다. 만족한 고객은 1년 평균 250명의 다른 손님을 그 식당으로 끌어들이지만, 불만족한 고객은 275명의 고객을 빼간다는 것이다. 얼마나 정확하고 근거가 있는 주장인지는 모르나, 250명이건 275명이건, 독자들 모두 비슷한 경험을 했을 테니, 무슨 의미인지 충분히 이해할 것이라 본다. 나도 물론 여러 번 만족한 식당에 가족이나 손님들을 모시고 갔었고, 불만족한 식당은 다른 식당으로 빼돌린 적이 있다. 한국의 기사들도 하루빨리 이런 점을 깨닫길 바란다.

○ **고장 난 사회**

모두가 살기 좋은 사회를 만들기 위해서는 서로 간에 철두철미한 배려 정신이 있어야 한다. 배려심이 없으면 사회 전체가 이기적이 될 수밖에 없다. 조금 지나친 얘기일지 모르지만, 한국 사람들처럼 공공 예의가 부족하고 이기적이고 배려가 없는 국민은 별로 많을 것 같지는 않다. 얼마나 배려 정신이 없느냐 하는 것은 교통 문화를 보면 곧 알 수 있다. 아무 데나 차를 세우는 '나 몰라라 주차'가 한 예다. 우리 한국인들은 "여기에 내가 주차하면 다른 사람들에게 어떤 영향이나 피해를 줄까?" 하는 것을 생각할 능력이 없는 사람들이다. 다른 사람을 배려하기보다는 무조건 자신이 우선 먼저다.

하루는 아내와 함께 동네를 산책하고 있었다. 갑자기 차 한 대가 나타나더니 인도를 가로막고 불법 주차를 해버렸다. 인도가 가로막혔으니 보행자들은 어쩔 수 없이 도로로 내려서 돌아가야 하는 불편하고 위험한 상황이 돼버렸다. 30대로 보이는 젊은 남성과 여성이 차에서 내려 우리 방향으로 걸어왔다. 겉모습은 누가 봐도 말끔한 잘 어울리는 한 쌍의 젊은 남녀들이었다. 이들과 마주치자 나는 항의를 했다. "이렇게 인도를 가로막고 주차를 한다는 게 말이 됩니까? 보행자들에게 얼마나 큰 불편을 끼치겠습니까?"

정중하게 사과하고, 차를 옮길 것으로 기대했던 내가 잘못이었다. 선하게 보였던 젊은이의 표정은 미국 사람들이 한국인들의 딱딱하게 굳어 있는 인상을 표현할 때 가끔 사용하는 '돌처럼 차가운 얼굴'로 변해버렸다. 말 한마디 없이 "네가 누군데, 귀찮게……"라는 표정을 지으며 빠른 걸음으로 가버리는 것이었다. 저런 해괴망측한 인간을 누가 만들었단 말인가? 부모의 잘못? 학교의 잘못? 우리 사회의 잘못? 우리 모두에게 책임이 있다. 잘못하면, 이를 인정하고, 뉘우치고, 사과하는 것은 인간이 갖추어야 할 가장 근본적인 도리다. 사과도 할 줄 모른다니, 인간으로서 기본적인 태도를 갖추지 못했다는 말이 되겠다. 잘못을 저지르고도 사과는커녕 눈을 부릅뜨고 큰소리를 치면서 덤벼드는 짐승 같은 야만인들로 가득 찬 사회에서 자란 우리 후세들은 무엇을 보고 배울까?

이런 사람들이 자기 자녀에게 올바른 교육을 시킬 수 있겠는가? 생각만 해도 절망적이 아닐 수 없다. 관심을 갖고 비판하거나 항의하는 사람들도 우리 사회에는 별로 없다. 앞, 뒤, 옆을 둘러봐도 모두 무관심 한 사람들뿐이다. 혹시 뒤이어질 불상사를 염려해 대체로 그냥 지나치는지도 모른다. 고장이 나도 보통 심각하게 고장 난 나라꼴이 아니다.

　이런 경우 미국에서는 경찰에 신고하면 즉각 경찰이 출동해 교통위반 딱지를 주고, 차량을 견인해버린다. 듣자 하니 한국에서는 불법 주차 차량을 견인도 차주의 항의 때문에 쉽지가 않은 모양이다. 법을 어긴 사람이 항의는 무슨 항의? 법을 어긴 자들의 항의는 합리적인 사회에서는 통하질 않는다. 미국처럼 인권이 발달한 나라에서도 다른 사람에게 피해를 주는 행동은 절대로 용서하지 않고 틀림없이 죗값을 치르게 한다.

3
무관심의 공화국

○ **무관심한 이웃들**

아인슈타인은 "이 세상은 악한 사람들이 있기 때문이 아니라, 무관심한 사람들이 있기 때문에 살기 위험한 곳이다."라고 했다. 법정 스님도 『무소유』라는 책에서 "무관심은 우리 사회에 최고의 죄악이다."라고 가르치셨다. 선진국이 되는 조건의 하나는 사회 발전을 위한 적극적인 참여와 관심이다. 같은 아파트 건물 내에서 마주 보고 살고 있는 건너편 집끼리도 별로 관심이 없다. "서로 바쁘게 살다 보니……." 벌써부터 한국인들의 변명 소리가 내 귀에 따끔하게 들리는 것 같다. "세 닢 주고 집을 사고, 천 냥 주고 이웃을 산다."는 우리의 속담은 어디로 갔나? 마틴 니묄러(Martin Niemoller)는 독일의 목회자이자 사회운동가였다. 제2차 세계대전이 끝난 후 니묄러 목사는 시 한 편을 발표했다. 그 시 일부분을 내 나름대로 번역해서 적어 보겠다.

나치들이 공산당을 잡으러 왔을 때,
난 공산당이 아니었기 때문에
관심 없이 침묵만 지켰다.
나치들이 유태인들을 잡으러 왔을 때,
난 유태인이 아니었기 때문에
관심 없이 침묵만 지켰다.
나치들이 나를 잡으러 왔을 땐,
그들을 막고 나를 구해줄
사람이 아무도 남아 있지 않았다.

  니묄러 목사의 시에서처럼 무관심은 우리 모두를 결국은 죽음으로까지 몰고 갈 수가 있다. 배달 오토바이가 인도를 살인마처럼 달려도 야단치는 사람을 한 번도 본 적이 없다. 차량이 인도를 가로막고 주차를 해도, 당국에서 견인도 하지 않을뿐더러 불평하는 사람도 없다. 미국 같으면 한 순간에 견인해 가버렸을 것이며, 차 주인은 차를 찾기 위해 비용은 물론 온갖 고통을 겪어야 했을 것이다.

  하루는 저녁 8시쯤 서울 강남 거리를 걸어가고 있는데, 인도 위 반대편에서 까만 승용차 한 대가 계속해서 나를 향해 서행하고 있었다. 상상할 수도 없는 상황이라 나는 걸음을 멈추고 바라보고 있었다. 그날 밤 길거리는 20~30대 젊은이들로 가득 찼으며, 차가 가까이 접근할 때마다 젊은이들은 한결같이 공손히(?) 길을 양보하고 차가 인도 위로 계속 지나갈 수 있도록 협조하고 있었다. 나는 그 순간 영화 속의 한 장면을 보고 있는 양 혼란스러웠다. 드디어 차가 나에게 가까이 다가오자 오른쪽 창문을 두드리면서 차를 세우고 유리창을 내리라고 손짓했다.

약 30세 중반의 남자 운전자였는데, "인도에서 차를 몰고 가는 게 말이 되느냐? 사람이 다치면 어쩌려고, 빨리 인도에서 내려가라."고 큰소리로 항의했다. 그러자 그는 미안하다는 사과는커녕 당장 차에서 내려와 한 대 후려칠 것처럼 흉악한 표정을 보였는데, 이제 생각하니 조폭이 아니었을까 하는 의심도 난다. 조폭이었다 하더라도 그때 5~6명의 젊은이들이 한꺼번에 뭉쳐 강하게 항의하고 질책을 했더라면, 그 운전자는 대한민국 시민들이 무서워서 다시는 그런 못된 짓을 하지 않았을 것이다. 아무리 흉악한 독재 정권도 민중의 힘에는 못 당하고 결국은 무너진다.

무관심한 한국의 젊은이들, 비겁한 우리 젊은이들. 한국의 미래가 걱정이다. 자기에게 피해를 주고 생명에 위협을 주는 자를 참고 관대히 용서해 주는 사람을 선진국에서는 비겁한 바보, 얼빠진 멍청이라고 한다. 오죽하면 아인슈타인이 악한 자보다 무관심한 자가 우리 사회에 더 위험하다고 했을까? 우리 조국의 미래를 짊어지고 나갈 젊은이들을 누가 이토록 무관심하고 비겁한 인간들로 만들었을까? 가정, 학교는 물론 사회 전체에 모두 책임이 있다. 특히, 한국 어머니들이 제일 큰 문제다. 사회에 대한 무관심은 어른들도 마찬가지다. 물론 그런 무관심한 부모 밑에서 자랐기 때문에 무관심한 젊은이가 된 것은 너무도 당연하다.

어느 날 택시를 타려고 줄을 서 있었다. 맨 앞에는 70대 부부가 큰 가방 세 개를 옆에 놓고 기다리고 있었고, 내 앞으로 20대와 30대로 보이는 젊은이 네 명이 있었다. 택시가 도착하자 나는 앞에 있는 젊은이들이 당연히 70대 부부의 짐을 택시에 실어드릴 것으로 생각하고 있었는데, 70대 남편이 끙끙거리며 짐을 옮기는 것을 네 명의 젊은이들은 그저 묵묵히 서서 구경만 하는 것이었다. 당시 67세였던 내가 앞으로 뛰어 나가며 "제가 도와 드릴게요." 하고 가방 하나는 트렁크에, 그리고 다른 하나는 운전석 옆자리에 실어드렸다. 젊은이들의 이런 무관심한 태도는 다른 나라에서는 상상도 할 수 없으며, 다른 사람에 대해 이토록 무관심한 젊은이들이 과연 어떻게 이웃과 어울려 공동생활을 할 것이며, 미래의 대한민국을 이끌고 갈 것인지 걱정이 됐다. 바로 코앞에 있는 70대 자기 부모 같은 어른을 도와줄 줄도 모르는 사람들이 무슨 국제화! 꿈도 꾸지 말라. 지나가던 동네 개가 웃겠다.

하루는 등산 중 서로 심한 욕지거리를 하며 하산하고 있는 모 대학 축구 선수들 15명 정도와 마주쳤다. 주변에 다른 등산객들도 몇 명 있었지만, 아무도 이 학생들의 추한 언사에 관심이 없었다. 귀가 따가워 그냥 지나칠 수가 없어서 나는 그 축구 선수들을 불러 놓고 가까이 가서, "말이 아름다워야 마음도 아름다운 법인데, 아름다운 마음을 갖고 싶지 않아?"라고 타일렀다. "죄송합니다. 다음부터 주의하겠습니다."라고 사과하는 학생은 아무도 없었다. 축구 선수들보다 더 실망스러운 건 같은 등산길에 있었던 성인들이었다. 내가 그 학생들을 훈계하고 있을 때 같이 동조하거나 옆에라도 다가와 서서 힘이라도 모아주기는커녕 아무런 관심도 없었다.

이와 대조적인 미국에서의 나의 경험담을 하나 털어놓겠다. 야구를 무척 좋아했기 때문에 1990년에 초·중·고교 야구 심판 자격증을 얻어 약 5년 동안 심판을 했었다. 어느 주말에 고교 야구 경기 주심을 맡았었다. 미국의 초·중·고등학교 야구 경기에는 관중이 보통 100~500명 정도이며, 고등학교 야구장은 관중석이 일류와 삼류 쪽에 가깝게 있다. 경기 중 갑자기 삼류 쪽 관중석에서 10명쯤 되는 관중이 소리를 치며 웅성거려 경기를 중단시키고 그쪽으로 가 보았다. 중학생 한 명이 담배를 피우면서 관중석 앞을 지나가자, 경기를 보고 있던 사람들이 이구동성으로 그 학생을 훈계하는 것이었다. 사소한 이 사건이 지금까지 인상 깊게 내 머릿속에 남아 있다. 사회에 대한 이런 관심이 바로 선진국의 모습이고, 미국을 강대국으로 만든 요인일지도 모른다.

○ **여보, 조중동이 누구야?**

존경받은 언론인으로 활동하다 은퇴하신 분을 만나 반나절을 함께 시간을 보내며 여러 가지 담소를 즐긴 적이 있었다. 한국에 온 이후 깜짝깜짝 놀란 일이 한두 번이 아니지만, 한국인들의 무관심과 사회의 온갖 부조리를 좀 참아가며 슬쩍 넘어가 주는 것을 미덕으로 생각하는 이 언론인의 태도는 나를 또 한 번 크게 놀라게 했다. 정의를 위해 싸우고, 사회의 부조리와 부정부패를 이 세상 끝까지 파고 들춰내야 할 한국 언론인들의 전반적인 태도나 사상이 이 정도라면, 삼류급도 못 되는 한국의 정치 수준에도 못 미치니 이건 큰일도 보통 큰일이 아니다. 언론의 수준이 최소한 정치 수준보다는 높아야 우리가 희망이라도 갖게 될 텐데……. 여기서 약 4년 전에 경험한 한국 언론에 대한 나의 실망을 털어놔야겠다.

2012년 12월 제18대 대한민국 대통령 후보자들인 문재인, 박근혜, 이정희 씨의 토론이 있었다. 무엇보다 토론 중에 1979년 전두환 씨로부터 박근혜 씨가 받은 수억 원에 대한 탈세 논란이 특히 나의 관심을 끌었다. 나는 오랜 세월을 미국에서 살았기 때문에 박근혜 씨가 전두환 씨로부터 거액의 돈을 받았다는 사실을 처음 들었다. 나는 그 순간 미국의 정치적·사회적 분위기와 미국 국민들의 정서만을 염두에 두고, 박근혜 후보는 이제 정치 생명이 완전히 끝났구나 믿고, 다음 날 아침 전국적으로 TV 방송이나 신문에 대서특필로 박근혜를 비난하고 대통령으로서 부적절하다는 기사들로 가득할 줄 알았다. 이제 와서 탈세에 대한 공소시효가 지났기 때문에 법적으로 처벌할 수는 없겠지만, 대통령 후보가 탈세를 했는데 거의 침묵을 지킨 한국 언론의 반응을 보고 경악을 금할 수가 없었다. "자격이 부족한 사람이 어떤 직위나 직책을 차지하면, 그 자리를 훔친 것과 같다."는 말처럼, 탈세는 국고금에서 그만큼 돈을 훔쳐가는 것과 마찬가지라고 할 수 있는데 언론이 이렇게 무관심하고 조용하다니! 과거 김대중도 노태우로부터 수억을 받았었다는 의혹이 있었는데 여기에 대해서 국가에 세금을 바쳤는지? 탈세 의혹이 있는 후보자가 대통령에 당선된다는 것이나, 현직 대통령이 탈세했다는 것을 선진국에서는 상상도 할 수 없는 일이다.

내가 귀국해서 얼마 후 FTA 반대 시위가 전국적으로 확산되고 있었다. 서울에서 수만 명이 모인 FTA 시위를 TV에서 보고 있는데, 젊은 시위대들 몇 명이 "조중동은 쓰레기"라고 쓰인 조그만 현수막을 들고 있는 것이 TV 화면에 몇 번 나타나서, 나는 아내에게 물었다. "여보, 조중동이 누구야? 얼마나 나쁜 짓을 했으면 시위대들이 저럴까?" 조중동이 특정 인물이 아니라 신문사들이라는 것은 조금 뒤에 알게 됐다. 젊은이들이 신문사들을 가리켜 "조중동은 쓰레기"라고 할 만한 정당한 이유에 대한 여부를 떠나서 얼마나 언론에 대한 실망이 크고 신임이 추락했으면 저럴까, 하는 생각이 들었다. 한심한 대한민국의 언론이다. 자고로 언론과 기자들을 '무관의 제왕'이라고도 했다. 대한민국 언론이 국민들로부터 존경받는 무관의 제왕이라 할 수 있을까?

○ **내가 혼자 해봐야 무슨 소용이 있겠어?**

2013년 이현호라는 농구 선수가 담배를 피우는 10대를 훈계하다 경찰에 입건돼 물의를 일으켰는데, 훈계하는 과정에서 구타라도 했다는 건가? 자세한 내막은 모르겠지만, 우선 이현호 선수에게 우리 한국 사회에서는 보기 드물게 모범적으로 다른 사람들에 대한 관심을 행동으로 보여준 아름다운 그의 모습에 큰 박수를 보낸다. "당신이 뭔데 우리 자식을……." 하면서 덤벼드는 부모들도 있겠지만, 부모가 못한 것을 다른 사람이 해주었으니, 고맙다고 하는 것이 당연한 도리가 아닌가? 아프리카에 이런 속담이 있다. "아이들 교육은 온 동네가 다 함께하는 것이다."

해코지가 두려워서 무관심을 선언하는 한국인들에게, 나는 다음과 같은 말을 하고 싶다. 1년에 한국 내에서 해코지를 당한 사람이 몇 명이나 되는지 집계되지 않아 정확히는 모르겠지만, 2014년 한 해 동안 울산시에서만 보행자 교통사고가 무려 1,262건이었다는 발표가 나왔다. 길에서 보행 중 교통사고를 당할 수 있는 확률이 해코지를 당할 확률보다 몇 배, 아니 몇십 배가 더 높을 거라는 데는 누구나 동의하리라 믿는다. 해코지가 무서워서 무관심하다면, 확률이 몇십 배나 더 높은 보행자 교통사고가 두려워 두문불출하고 집 안에만 있어야 한다는 말일 텐데, 아마 그런 어처구니가 없는 사람은 이 세상에 한 명도 없을 것이다.

"내가 혼자 해봐야 무슨 소용이 있겠어?"라고 생각하는 사람들에게 다음과 같은 사실을 말해주고 싶다. 미국에서 1970년까지 TV에서 가장 멋있는 광고는 담배회사들의 광고였으며, 광고와 함께 나오는 배경음악은 어린아이들까지도 콧노래로 따라 부르고 다닐 정도로 인기가 있었다. 흡연하지 않은 나 자신도 그 당시 대학 도서관에서 공부하고 있을 때면, 담배 광고와 광고 음악이 머릿속에서 맴돌곤 할 정도로 인상적이었으며, '말보로'라는 담배 광고는 지금도 내 머릿속에 생생히 남아 있을 정도로 인상적이었다. 그때 이미 미국 전국에 담배가 우리 몸에 유해하며 암을 초래할 수 있다는 의학적인 사실이 널리 알려지기 시작했다. 당시 미국의 담배 산업은 대기업들이었으며, 경제적으로 큰 비중을 차지하고 있었고, 특히 노스캐롤라이나(North Carolina) 주 경제는 담배 산업에 크게 의존하고 있었다.

하루는 어느 젊은 청년이 TV에서 담배 광고를 보고 있는데, 광고에 나오는 인물들이 한결같이 젊고 매력적일 뿐만 아니라, 모두 올림픽 경기에 출전한 선수들처럼 건강하게만 보였다. 그 청년은 담배 광고들이 대중을 기만하는 허위 사실을 유포한다고 깨닫고 국민의 건강을 위해서 모든 담배 광고를 TV와 라디오에서 없애 버려야겠다고 결심했다. 이 젊은이는 미 국회 상원의원들과 하원의원들에게 편지를 보내기 시작했으며, 드디어 1970년 담배 광고 금지안이 국회에 안건으로 채택됐으며, 담배 산업 대기업들의 엄청난 안건부결운동을 극복하고 결의안이 무사히 통과되었다. 미국 연방 정부의 법안에 의해 1971년 1월 2일 자로 TV와 라디오에서 담배 광고가 영원히 사라져 버렸으며, 뒤이어 할리우드 영화계에서도 담배가 국민의 건강에 큰 해를 끼친다는 것을 의식하고 모든 영화나 TV에서 담배 피우는 장면을 빼 버렸다. 얼마 전 다시 보기로 〈미생〉이란 연속극을 보니 담배 피우는 장면이 나오던데, 우리 한국 영화나 TV에서도 담배 피우는 장면이 사라지는 날이 오길 바란다.

경제협력개발국가 중 사회에 대한 정의감, 책임감, 의무감이 최하인 나라가 한국이다. 최근 통계에 의하면, 한국인의 29퍼센트는 기독교 신자요, 23퍼센트는 불교 신자다. 모든 종교는 사랑, 헌신, 희생, 평화, 행복, 관용을 바탕으로 두고 있다. 한국 인구의 과반수가 종교를 믿는데, 왜 우리나라는 무관심의 공화국일까? 한 사람의 힘이 1970년대 초 그 거대한 미국의 담배 산업 광고를 자취도 없이 무너뜨려 버렸는데, 50퍼센트 이상의 국민들이 믿음을 가지고 남에 대한 사랑을 배우면서, 무관심의 공화국이라는 비웃음을 받아야 한다니 쉽게 이해가 가지 않는다. 무관심한 사회는 발전할 수가 없다.

불교 지도자인 달라이라마(Dalai Lama)는 이 세상 여러 곳을 다니며 수많은 강연을 했다. 강연할 때마다 거의 빠짐없이 나오는 질문이 "우리 생(生)의 목적이 무엇입니까?"였다. 달라이라마는 항상 똑같은 너무도 간단한 대답을 했다. "우리 생의 목적은 서로를 돕는 것입니다." 심오한 답을 기대했던 사람들은 그의 단순한 대답에 실망까지 했다고 전해 들었다. 무관심한 사람들이 남에게 도움을 줄 의도나 능력이 있을 수가 없다. 무거운 짐을 들고 버스에 힘들게 오르는 노인을 보고도 누구 한 사람 손길 하나 움직이지 않는 무관심의 공화국, 대한민국! 자기 국민들조차도 서로 도움을 주고 협조를 할 줄 모르는데, 다른 나라 사람들과 협조를 하면서 국제화를 한다는 것은 코끼리가 날아다니는 것을 기대하는 것과 무엇이 다르겠는가?

4
공정성의 원칙이 무너진 이기적이고 비겁한 사회

○ 토끼와 거북이

이솝(Aesop) 이야기 중에 토끼와 거북이에 관한 것이 있다. 세계 어딜 가든 학교 선생님들은 유치원생들과 초등학교 1~2학년생들에게 토끼와 거북이 이야기를 들려준다. "능력이 좀 부족하지만, 열심히 노력하면 능력이 좋아도 게으름을 피우는 사람을 이길 수 있다."는 훌륭한 교훈을 설명해 준다. 선생님으로부터 이솝 이야기를 들은 미국 어린이들은 가끔 손을 들고 "선생님, 그건 거북이가 공정하지 못합니다. 토끼가 경기 중에 자고 있으면 깨워서 같이 달려야 정정당당하잖아요?" 하고 선생님께 질문한다는 말을 들었다. 이런 생각을 갖고 질문할 만한 한국 어린이가 과연 몇 명이나 있을까, 하는 생각을 했다. 아마도 한국적인 분위기 속에서 자란 어린이들은 오히려 상대가 자고 있는 모습을 보고 "내가 이겼다."라며 껑충껑충 뛰면서 기뻐할는지 모르겠다.

어린아이들뿐만 아니라, 한국의 부모들이나 선생님들조차도 토끼와 거북이 이야기를 듣고 미국의 어린아이들처럼 공정성에 대한 생각을 할 수 있는 사람이 얼마나 있을까 싶다. 본인도 모르는 개념을 어린이들에게 가르칠 수는 없다. 미국 어린아이들은 공정한 사회 분위기, 공정한 사상을 지닌 부모 밑에서 자라다 보니 자연스럽게 공정성이 몸에 밸 수밖에 없다. 지연, 학연, 혈연이나 따지는 한국 사회가 국제화를 올바르게 하기란 결코 쉽지 않을 것이다.

전혀 다른 환경 속에서 자란 미국 아이들과 한국 아이들이 수십 년 후 국제 무대에서 부딪히며 자기 조국을 위해 국제적인 활동을 할 때, 세계인들은 어떤 사람을 더 선호하고, 어느 나라에 더 믿음과 호감을 가지고 교류하겠는가. 독자들도 예외 없이 공정성을 주장하는 미국인들, 정정당당한 토양에 바탕을 둔 나라 미국 쪽으로 기울어질 것이다. 비겁하고 이기적으로 자란 아이라면 성인이 되어 자기의 이득을 위해서는 편법이라도 쓰려고 잔머리를 굴릴지도 모른다. 하지만 미국 아이들은 성인이 되어 편법을 쓰라고 해도 그건 옳지 않은 짓이라고 강력히 거부할 것이다.

○ **국회의원만도 못한 X**

내가 미국에서 귀국하기 전 한국 친구들과 식사한 적이 있었다. 한 친구가 "지금 한국에서 가장 심한 욕이 뭔 줄 알아?" 하고 내게 물었다. 나는 곧 "양심도 없는 사람이란 말이 가장 심한 욕이겠지."라고 하자, 그 친구는 "아니야, 지금은 국회의원만도 못한 X란 말이 가장 심한 욕이야."라고 대답했다. 물론 미국에도 우리 한국말 못지않게 온갖 욕설이 많이 있다. 그중에서도 가장 모욕적이고 굴욕적인 욕이 '비겁한 놈'이라는 욕이다. '비겁한 놈' 하면 두 사람 간에 총격전이 벌어지는 옛날 서부활극을 떠올리시는 독자들도 많이 있을 것이라고 생각한다. 목숨을 걸 정도로 모욕적인 욕이 '비겁한 놈'이다. 아마도 다음으로 심한 욕설이 '이기적인 놈'일 거라고 생각한다. 어떤 사회든 이기적이고 비겁한 자는 왕따를 당한다. 어느 나라, 어느 문화권이건 착하고 바보 같은 사람이 비겁하고 이기적인 사람보다 훨씬 주목을 받으며, 많은 경우 비겁하고 이기적인 사람은 사람 취급도 않는다.

  불행히도 우리 한국 사회는 정치계 지도자로부터 이웃집 아주머니까지 비겁하고 이기적인 사람들로 가득 차 있다. 자신들이 극도로 이기적이고 비겁한 사람들이란 걸 모르는 모습들이 너무 불쌍하고 안타깝게만 보인다. 이기적이고 비겁한 자들조차도 이기적이고 비겁한 사람들을 싫어하고 피한다. 부정부패로 부를 축적한 사람에게 돌멩이를 던지고 감옥으로 보내는 것이 아니라 오히려 그런 자들을 부러워하는 사회, 배달 오토바이가 인도를 누비고 다니며, 교통신호를 위반하고 지나가도 야단하거나 항의는커녕 구경만 하는 사회, 차선을 가로막고 불법 주차를 해도 방치만 하는 사회, 부정을 저지른 공무원이 파면을 당하고 감옥에 가 있지 않고 그 자리에 그대로 앉아 있는 사회, 교수가 강사 채용을 미끼로 돈을 받아 챙긴 동료 교수를 검찰에 고발해서 감옥에 보내기는커녕 '귀찮아서' 감싸주고 슬쩍 넘어가는 비겁한 사회가 오늘날 한국 사회의 모습이다. 정의를 수호해야 할 검찰이 부패하고, 국민의 신임이 추락할 대로 추락한 나라를 국제 무대에서는 후진국이라 부른다.

나만 이 순간을 잠깐 참고 넘기면 된다는 이기적이고 비겁한 생각으로 가득한 사회는 이상적인 국제화를 이룩하기는 쉽지 않다. 이기적인 사람들에게는 사회라는 공동체에 대한 개념이 있을 수가 없다. 여러 사람이 모여 살아야 하는 사회라는 공동체 속에서는 서로를 위해서 먼저 법과 규칙과 질서를 철저히 준수해야 한다. 법과 규칙을 어긴 자는 예외 없이 처벌을 받아야 하지만 한국의 현실은 그게 아니다. 마음속에서 사회라는 공동체 개념이 죽어 있는 우리의 미래를 크게 걱정하지 않을 수가 없다.

○ **공부해라. 숙제했니? 학원 가야지.**

한국 엄마들이 자식들에게 거의 매일 가장 자주 하는 말이 "공부해라. 숙제했니? 학원 가야지."라고 알려졌다. 미국 엄마들은 아이들이 학교에서 집으로 돌아오면 주로 하는 말이 "오늘 학교생활을 즐겁게 잘했니?"이고, 프랑스 엄마들은 "점심에 뭘 먹었니?", 일본 엄마들은 자식들이 밖에서 집으로 들어오면, "애야, 혹시 밖에서 다른 사람들에게 폐를 끼치는 언행을 하지 않았니?"라고 한다. 엄마들이 자식들에게 간단히 몇 마디 하는 말이 이처럼 네 나라가 각각 다르다. 한국 엄마들은 이외에도 아이들에게 자주 하는 말이 있다. "누가 뭐라 해도 너는 절대 상관 말고 공부만 해. 누가 옆에서 죽는다 해도 상관 말고 네가 해야 할 일만 하란 말이야. 알겠지?"

이런 부모 밑에서 자란 아이들이 이기적이고 사회적으로 무관심한 비겁한 자들이 안 된다면 기적일 것이다. 교육적인 면에서 이것보다 자식들에게 더 해가 되는 말이 또 있을까? 극단적으로 보면 자기 자식을 교육적으로 살해하는 것이라고도 볼 수가 있다. 이런 식으로 자녀들을 교육 시켜 놓고, 영어를 배워서 국제 무대에 나가 미래를 이끌어 나가길 바라는 건, 호박씨를 심어 놓고 사과가 열리기를 바라는 것과 마찬가지 아니 겠는가. 세계인이 혐오하는 이기적이고 비겁한 후세들을 만들어 놓고, 세계를 이끌어 갈 미래의 지도자 운운하는 소리나 자신을 기만하는 태도는 일찍 버리는 것이 좋겠다. 한국 사회의 원만한 구성인 자격도 못 되는데, 세계 지도자가 된다는 것은 허무맹랑한 말에 불과하다.

"너의 권리나 정의를 위해서 마지막 피 한 방울이라도 아끼지 말고 끝까지 싸워야 하지만, 사회의 정의나 다른 사람의 정의를 위해서도 싸워야 한다."라고 어려서부터 일러주는 것이 적절한 교육일 텐데, 이런 말을 가정에서 자식들에게 들려주는 한국 부모들이 얼마나 될지? 살기 좋은 아름다운 사회는 그 사회에서 살고 있는 사람들이 만든다. 무관심하고 이기적인 사람들로 가득 찬 사회가 살기 좋은 아름다운 사회는 될 수가 없다. 남을 배려하는, 사회에 봉사하는, 준법정신이 강한, 부정을 타도하고, 인권과 사회 정의를 위해 싸우는 도덕심이 강한 아이들로 교육을 시켜야만 우리 모두가 바라는 행복한, 자랑스러운 사회를 만들 수가 있다. 사회 정의를 위해서 싸워야 함은 우리 모두의 책임이다.

인간의 인격 형성은 어릴 때 거의 끝난다고 전문가들은 말한다. 얼빠진 한국 엄마들은 자식 교육이라면서, "다른 사람 신경 쓰지 말고 너만 잘해."라고 가르친다. 다른 사람들에게 관심을 갖고 서로 어울려 사회생활을 잘할 수 있는 성숙한 시민으로 자랄 수 있는 기회는 일찍이 박탈당해 버린다. 자기를 제일 사랑하고 아껴주는 부모가 박탈해가 버리는 것이다. 이것이 교육적으로 자식을 살해하는 것이 아니고 무엇일까? "공부

잘해. 학원 빨리 가."라고 아이들을 달달 볶는 대신 "남을 먼저 배려하고, 남에게 해를 끼치지 말라. 주위 사람들을 항상 도와줘라."라고 집에서 부모들이 어려서부터 교육시켰다면 대한민국이 얼마나 살기 좋은 사회로 발전했을까 생각해 본다.

한국 사람들이 제일 싫어하는 일본인들은 세계 어디를 가나 환영을 받으며, 세계 사람들에게 좋은 인상을 준다. "혹시 밖에서 다른 사람들에게 폐를 끼치는 언행을 하지 않았니?"라는 말을 들으며 자랐으니, 남을 배려하는 것이 몸에 젖어 습관화가 돼 있는 일본인들을 좋아하지 않을 수가 없다. 남을 배려하다 보면 남에게 친절을 베풀게 되고, 예의 바르고, 공손히 대하게 될 테니, 이런 일본인들에게 호감을 가지고 좋아하는 것은 너무도 당연하다.

자라 온 배경이 다른 만큼 같은 동양 사람들이지만 세계 속의 거울에 비친 한국인과 일본인은 상당히 대조적인 것은 분명하다. 한국은 엄마들의 태도가 바뀌지 않으면 무관심하고, 이기적인, 비겁한 사회가 바뀔 수가 없다. 엄마들은 어려서부터 자기들의 부모로부터 받은 가정교육으로 모든 의식구조가 굳어져 있으니 성인이 돼버린 나이에 태도를 바꾸기가 매우 어려울 것이다. 엄마들 세대에서 자식들 세대로 이어지는 이 잘못된 고리를 어떻게 끊어야 할까? 앞이 암담하고 가슴이 답답할 뿐이다.

5
표절의 왕국

○ **표절은 무서운 범죄 행위**

독자들은 2005년도 황우석 교수의 줄기세포 논문 표절 사건을 기억하고 있을 것이다. 이 사건으로 대학을 포함한 한국 사회가 전반적으로 표절에 대해서 인식을 올바르게 할 수 있는 계기가 됐지만, 세계적으로는 한국이 큰 망신을 당하고, 우리의 위신 및 국제화에서 제일 중요한 신뢰가 크게 추락했었다. 줄기세포에 대한 세계적인 관심과 기대, 그리고 황 교수와 동료들의 연구 결과가 전 세계적으로 언론에 크게 확대되어 보도됐기 때문에 그 여파나 후유증이 훨씬 더 컸던 것 같다.

학문을 추구하는 교수나 학생들의 표절 행위는 대학가에서 가장 무서운 용서할 수 없는 범죄이며 비윤리적인 행위다. 학생인 경우는 퇴학, 교수의 경우는 파면 조치까지 당해야 마땅하다. 경우에 따라서는 고의적이 아니라 표절에 대한 인식을 올바르게 하지 못한 상태에서 범할 수가 있지만, 표절이 범죄 행위이기 때문에 무지해서 범했다고 해서 면죄부가 될 수는 없다. 강도질이 나쁜 줄을 모르고 범했다고 해서 면죄가 될 수 없는 것과 같다.

표절은 다른 사람의 지적(知的)인 재산을 강탈해 가는 행위이기 때문에 은행을 터는 강도질과 같은 무서운 범죄 행위다. 한국인들이 표절에 대해서 올바른 인식을 못 하고 있는 것이 문제다. 표절의 인식은 문화권에 따라서 큰 차이가 있는 것 같다. 미국과 서구 유럽 국가에서도 표절 의혹이 나오지만, 어린 학생 때부터 비윤리적인 행위라고 교육이 철저히 돼 있기 때문에 한국이나 중동 지역의 나라들, 인도, 중국에 비하면 극히 드물다. 이래서 어려서부터 윤리 도덕 교육이 중요하다는 것을 알 수가 있다.

표절은 학위 논문에만 해당이 되는 것이 아니다. 학생이 다른 학생의 숙제를 베낀 것도 표절이요, 인터넷에서 퍼온 것, 다른 사람의 글을 허가 없이 혹은 출처를 밝히지 않고 사용하거나, 원래 본인 것이 아니고 다른 사람이 한 말이나 글이라는 것을 표시하지 않고 사용하는 것, 대필해 주는 것, 연구 결과 자료나 데이터 조작 등등 그 범위가 상당히 넓다. 회사나 관공서 직원이 보고서를 썼는데, 그 내용 중에서 다른 사람의 생각을 마치 자기 자신이 고안해낸 것처럼 포장해서 작성했다면, 이것도 용서할 수 없는 표절 행위다.

내가 학생 때 미국인 교수 두 분이 앞서 가면서 하신 말을 우연히 듣게 되었는데, 한 교수님이 "한국 학생들이 내 수업에 들어오면 가끔 서로 표절하는 것 같아 무척 신경이 쓰인다."라고 했다. 그 교수의 말을 듣는 순간, 한국 학생인 나는 말할 수 없이 수치스러웠고 속이 많이 상했다. 한두 학생을 두고 한 말일 수도 있지만, 그 많은 외국인 학생들 중 왜 하필이면 한국 학생이었을까 아직까지도 마음이 불편하다.

표절 행위가 한국처럼 교수, 학생, 성직자, 정치인, 공무원, 연예인 등에 이르기까지 사회 곳곳에서 광범위하게 행해지고 있는 나라는 별로 없다. 대한민국은 표절의 왕국이라고 할 수 있다. 인식에도 문제가 있지만, 윤리 도덕적인 문제가 훨씬 더 심각하다. 표절 중에 가장 나쁜 것은 자기 표절이다. 자기 표절은 분명히 본인이 의도적으로 한 표절이기 때문에 죄가 더 크다. 자기 표절은 사기다. 본인이 살고 있는 집을 두 사람에게 팔았다면 틀림없이 사기를 친 것이다. 자기 표절은 같은 집을 다른 두 사람에게 파는 것과 같다. 표절은 범죄이기 때문에 은행 강도를 경찰에 신고하듯, 표절 강도를 목격했을 때는 꼭 신고하는 것이 우리의 의무다. 지난 수년 동안 언론에 널리 알려진 논문 표절 사건을 보면 연예인, 청와대와 정부 고위직 관리, 목회자부터 국회의원, 대학 총장까지 다양하다. 지난 몇 년간 신문, 방송에 널리 보도된 경우가 이 정도인데, 노출이 안 된 경우는 몇 배가 더 될는지 가히 상상도 할 수가 없다. 특히 교육계와 정부 지도층의 파렴치한 표절 범죄 행위는 전 국민들의 지탄을 받아야 마땅하다.

2013년 모 연예인의 논문 표절이 '전체적인 관점에서 표절이 아님'이라고 대학 측이 발표를 했다. 그럼 "일부적인 관점에서는 표절이었다는 말인가? 표절에 전체적인 관점의 표절이 있고, 일부적인 관점의 표절이 따로 있는가? 어느 여성 환자에게 일부적인 관점에서는 임신을 했는데 전체적인 관점에서는 임신이 아니라고 말하는 얼빠진 의사도 있을까? 이런 발언을 한 대학은 전체적인 관점에서는 교육기관이 아니다."라고 한다면 대학 측에서 어떤 반응을 보일지 무척 궁금하다.

돼지 똥을 쌓아둔 채 그냥 놔두면 악취가 덜한데, 쌓아둔 돼지 똥을 파고 휘저으면 참기가 어려울 정도로 독하다. 대학 측의 이런 터무니없는 발언은 국민을 무시하는 썩은 냄새가 쿨쿨 나는 더럽기 짝이 없는 오만한 태도다. 학문의 전당인 대학답게 잘못을 인정한 후 사과를 하고, 앞으로는 표절을 근절하는 데 앞장서겠다고 했더라면 교육적으로도 큰 도움이 됐을 텐데, 젊은 후세들을 교육할 귀중한 기회를 깔아뭉개 버렸다. 잘못을 저질렀을 땐 서슴지 말고 잘못을 뉘우치고 사과를 하는 아름답고 성숙한 모습을 보이는 교육의 기회를 놓친 것이다.

진리(veritas) 추구와 진실(truth)을 밝히는 것이 대학의 가장 기본적인 설립 목적인데, 표절의 진실을 채굴하는 수준이 겨우 이 정도란 말인가? 순수해야 하고, 정직해야 할 교육 기관이 잘못됨을 인정하고 사과하는 태도를 보이기는커녕 말 꼼수나 부리고 변명만 하려 하면 후세들이 뭘 배울 것이며 무슨 발전이 있겠는가? 대학의 체면을 지키기 위한 고의적인 의도였을까? 한국 사회 발전의 발목을 잡는 것이 한두 가지가 아니겠지만, 한국인들의 의식구조에 체면이 또한 큰 문제다.

전 총리 한 분도 1994년 행정학과 박사학위 논문 표절 의혹이 떠오르자 "그때 기준으로 하면 문제가 없다."는 식으로 넘어가려 했다. 지금 현재의 진리와 20년 전의 진리가 다르다는 말인데, 그럼 20년 전에는 1 + 1이 2가 아니고 11이었다는 말일까? 전 총리는 "내가 학문을 전문으로 한 사람이 아니니까……."라는 변명을 했었는데, 조폭이 살인을 하면 살인죄로 걸리고, 국회의원이 살인을 하면 살인죄가 아니라는 말인지 혼란스럽기만 하다.

표절 의혹으로 논란이 됐던 많은 사람들 중에 여배우 김혜수가 그래도 우리에게 마지막 한 가닥 희망을 주는 것 같다. 김혜수는 TV 카메라 앞에 서서 논문 표절을 인정하고 정중한 사과와 함께 학위를 반납하겠다는 약속을 하는 용기를 보여주었다. 어처구니없는 변명만 내놓는 정치인들이나 교수 출신 청와대 비서진들과는 상당히 다른 모습이었다. 김혜수가 학위를 반환하기 전에 대학 측은 김혜수의 학위를 즉각 취소했어야 했다. 매우 드물긴 하지만 다른 나라들도 표절 의혹이 있다.

아네테 샤반(Annete Schavan) 전 독일 교육부 장관이 32년 전인 1980년에 쓴 박사학위 논문에 표절이 있었다는 의혹으로 2013년에 장관직을 물러났다. 그리고 박사학위를 수여했던 대학(Heinrich Heine University)은 즉시 아네테 샤반의 32년 전에 수여된 학위를 취소해 버렸다. 그리고 2012년 헝가리 대통령 슈미트(Schmitt)가 약 25년 전인 1992년에 쓴 박사학위 논문에 표절이 있었다는 사실이 밝혀지면서 대중의 압력으로 대통령직을 사퇴하고 물러났다.

또한, 노벨상 수상자인 볼티모어(David Baltimore) 교수가 표절 의혹으로 1989년 미국 하원 청문회에 출두해 조사를 받았다.

생물학자인 볼티모어는 1975년 37세의 '어린' 나이에 노벨상을 받았는데 함께 연구하고 논문을 쓴 이마니시-케리(Imanish-Kari)라는 다른 교수의 표절 의혹에 휩싸여 1991년도에 뉴욕 록펠러대학(Rockefeller University) 총장직에서 물러났다. 미국 하원에서 청문회까지 하게 된 이유는 미국 정부의 연구 자금을 받고 진행된 연구 결과인 논문이 만약 표절이라면, 미국 정부의 자금을, 결국은 국세를 잘못 사용했다는 혐의였다.

독자들은 여기서 한국과 선진국의 두드러지게 다른 모습을 볼 수 있을 것이라 믿는다. 잘못을 범하고 회개는커녕 당치도 않은 변명만 늘어놓는

초라한 모습의 한국 지도자들! 반면에 잘못을 저지르면 죗값을 꼭 치르는 선진국의 지도자들! 너무도 대조적인 모습이다. 표절의 의혹 때문에 현직 한국 대통령이 사퇴하고 물러난다는 것을 한국에서는 상상도 할 수 없을 것이다. 표절이란 은행을 터는 강도질보다 더 무서운 강도질이다. 당연히 죗값을 치러야 한다.

선진국 대접을 받고 그들과 발맞춰 나가려면 선진국 시민으로서의 기본적인 자세를 먼저 보여주어야만 한다. 이런 자세나 태도를 갖추지 못하고 아무리 영어 공부를 열심히 하고 외국인들과 접촉을 활발하게 한다해도 조롱거리만 된다.

표절에 대해 한국에서 실제 경험한 예를 털어놓겠다. 몇 년 전 한국의 모 대학에서 총장 선거가 있었다. 당선자는 그 대학의 현직 교수였는데, 당선과 동시에 심한 표절 의혹에 휩싸여 교내가 무척 시끄러웠다. 이 대학은 불행히도 임기를 마치고 이임하는 총장 역시 4년 전 당선 직후에 표절로 대학 전체가 심한 고통을 겪었고, 언론에도 보도된 경험이 있었기 때문에 더욱더 총장 당선자의 표절에 대한 반응이 민감했다. 이 대학 일부 교수들은 이렇게 부도덕하고 비윤리적인 사람이 총장이 되어서는 안 된다고 강력히 주장했으며, 대학 측에서는 연구윤리진실성위원회가 당선자의 표절 의혹에 대한 조사를 시작했다. 조사가 끝난 후 위원회는 "XXX 총장 당선자의 연구 논문에는 아무런 윤리적인 문제가 없다."고 공식적으로 발표했다. 하지만 총장 당선자의 논문 몇 편을 신중히 조사한 일부 교수들은 위원회의 조사 결과를 거부했다. 4년 전 이와 유사한 상태에서 정부가 총장 임명을 승인했기 때문에 교수들은 "두 번 다시는 안 돼."라는 완고한 태도를 보였다.

일부 교수들은 교과부에 진정서를 보내기로 하고, 내가 그간 한국 내 몇 개 대학에서 표절에 대해 특강했었던 인연으로 당선자 표절에 대해 제삼자인 나의 견해를 물어왔다. 표절 행위는 법의 심판을 받게 하는 것이 우리 시민 모두의 의무요 책임이기 때문에 나는 쾌히 승낙을 하고 당선자가 지난 7~8년간 발표한 논문 몇 편을 자세히 검토했다. 검토가 끝난 후 나는 머릿속이 아찔했다. "해도 해도 너무했다."는 말이 내 입에서 계속 나왔다.

그중 한 논문은 정부의 연구 자금을 받고 그 결과가 국내 모 학술지에 실리기도 했다. 이 논문의 어떤 페이지는 거의 90퍼센트 정도가 다른 연구자의 논문에서 퍼 온 것이었다.

맨 먼저 머릿속에 떠오른 것은 조사의 책임을 맡았던 위원회였다. 위원회의 윤리가 문제였다는 생각에 온몸에 힘이 쭉 빠졌다. 순수하고 정직해야 할 위원회 위원들에게 표절에 관한 개념이 전무했거나 다른 의도가 있었다고 의심할 수밖에 없었다. 표절에 대한 개념이 부족하다고 느꼈다면, 위원회 임명을 사양하는 것이 올바른 자세가 아니었을까? 이런 위원회를 어찌 '윤리위원회'라 부를 수가 있을까?

정부의 연구 자금을 잘못 썼으니, 미국이라면 국회에서 청문회라도 열어야 했는데, 교과부에 올린 진정서는 아무런 효과를 보지 못하고 결국 당선자는 정부의 승인 아래 '무사히' 총장에 취임했다. 대학교수들이 이 정도 수준인데 교과부 실무자들에게 표절이라는 범죄 행위의 심각성을 조금이라도 이해할 것을 기대하는 것 자체가 무리인 것 같다. 표절 의혹 속에 취임한 총장이 재직 시 교수나 학생의 표절 행위를 어떻게 처리할 수 있을지 의문이다.

노벨상 수상자 볼티모어 교수의 경우처럼 표절의 오물은 사방으로 퍼진다. 학위 논문에 표절이 있는 경우 논문을 쓴 당사자의 잘못과 책임이 가장 크다. 논문지도 교수나 학위 심사 위원 교수들도 책임을 피할 수 없으며, 대학 자체에도 책임이 있다. 또한, 표절 의혹의 논문을 실어 준 학술지도 책임이 있으며, 학술지에 게재 전 논문을 평가한 심사위원들도 책임을 피할 수는 없다. 이 모든 것은 표절 행위가 범죄이기 때문이다. 범인을 체포했을 때 공범자는 물론 범행에 연루된 모든 사람들이 조사 대상이 되고, 경우에 따라서는 법의 심판을 받아야 하는 것과 똑같다.

한때 물의를 일으켰던 모 국회의원은 2007년 제출한 박사학위 논문 표절에 대해 "제대로 검증을 못 해서 죄송하다."라고 사과했다. 제대로 검증을 못 하다니? 누구를 바보로 아나? 자신이 연구를 해서 쓴 논문에 왜 표절의 검증이 필요하죠? 속일 사람이 따로 있고, 속아 넘어가는 사람이 따로 있지. 모든 사람을 다 속일 수는 없다. "제대로 검증을 못해."라는 발언은 표절했기 때문에 나오는 말이다. 이상한 국민들이란 말 대신에 존경받으며 당당하게 국제화를 하려면, 이런 양심 없는 사람들을 교수직이나 국회의원직, 장관직뿐만 아니라, 대통령직에서도 물러나게 할 수 있는 사회적 분위기가 되어야 한다. 하버드 대학에서 매년 몇몇 학생들이 표절로 퇴학당한다. 쫓겨나는 대부분의 학생들이 수치스럽게도 한국 학생들이라고 알려졌다.

표절을 떠나서 나쁜 짓을 하고도 벌을 받거나 감옥에 가는 대신, 오히려 승승장구하는 희귀한 나라, 대한민국! '봐주기'를 하는 사람, '적당히 참고 넘어가 주는' 사람을 비겁한 못된 놈이라고 비난하지 않고 너그럽고 후한 성격이 좋은 아량이 넓은 사람이라 높이 평가하는 괴상망측한 나라가 우리 대한민국이다.

부도덕한 자는 쉽게 남의 부도덕한 행동을 눈감아주고, 준법정신이 빈약한 자는 쉽게 불법행위를 용서해 주며 나쁜 짓을 밥 먹듯이 하는 자에게는 다른 사람의 나쁜 짓이 나쁜 짓으로 보이지 않는 법이다.

○ **학위 위조의 천국**

2007년에 내가 귀국했을 때 한국은 온통 신정아의 박사학위 위조 사건으로 전국이 시끄러웠다. 의사면허증이 없는 사람이 면허증을 허위로 위조해서 환자를 치료하는 것처럼, 학위 위조는 용서할 수 없는 사기행위다. 의사면허증 위조의 경우는 의료법 위반으로 처벌을 받을 수가 있지만, 학위 위조는 처벌할 수가 없는 모양이다. 학위 위조가 우리 사회에 얼마나 널리 퍼져 있는지에 대해서 인터넷에 들어가 조사를 해보니 한숨만 나왔다. 대학교수에서부터, 스님, 목사, 연예인, 디자이너, 만화가, 영화감독, 국회의원 등 각계각층이 망라돼 있다. 언론에 알려진 학위 위조가 이 정도인데 알려지지 않은 학위 위조는 얼마나 될까? 한국이 학위 위조의 천국이라 불리는 것이 근거가 없는 말이 아니다. 바로 한국 사회의 부정직, 비윤리, 부도덕한 면을 잘 드러내고 있다. 한국 사회의 뿌리 깊은 학벌 중심 풍토가 낳은 부산물이라고도 볼 수 있겠지만, 개인적인 관계에서도 부도덕하거나 정직하지 못한 자들을 우리가 피하듯, 국제 무대에서도 마찬가지로 정직성이나 도덕성이 부족한 나라는 경계의 대상이 된다.

전통적으로 국제 무대에서는 외교적인 의도 때문에 겉마음과 속마음이 다를 때가 많다. 한국을 겉으로는 침이 마르도록 칭찬해도 속으로는 '부도덕하고 비정직한 문화권의 당신들은 믿을 수가 없다.'고 생각할 수 있다는 것을 잊지 말아야 한다. 다른 나라 사람들이 신뢰할 수 없는 부도덕한 한국인들이라는 인상을 마음속 깊이 안고 있는 한 국제화 속에서 진지한 자세로 우리를 상대해줄 이유가 없다.

6
이색적인 결혼 문화

○ 북한 문제보다 더 심각한 저출산율

요즘 한국 유행어 중에 '연애 포기, 결혼 포기, 출산 포기'를 뜻하는 '삼포' 시대라는 표현이 있다. 사실 한국 젊은이들의 현실은 삼포가 아니라, 오포, 육포, 십포가 될지도 모르겠다. 세 자녀를 둔 부모로서 그들의 처지가 가슴 아플 정도로 안타깝기만 하다. 삼포 시대가 계속된다면 우리의 미래는 있을 수 없고, 결국 우리 민족은 이 세상에서 자취를 감추게 될 수도 있다. 삼포 중 가장 시급한 것은 출산 포기다. 물론 결혼을 포기하면 출산 포기는 논할 여지도 없다.

정부 발표에 의하면, 지난 몇 년 동안 한국의 출산율은 세계에서 가장 낮은 1.12~1.19 정도를 기록하고 있다. 언젠가 미국 정부에서 사망률과 이민자 수를 고려했을 때 미국의 인구를 현상유지하려면 출산율이 1.72가 되어야 한다고 발표했었다. 출산율 1.72와 1.12는 엄청난 차이다. 미국처럼 출산율이 1.72면 현상유지가 될 수 있지만, 출산율이 1.12인 한국은 약 750년 후 인구가 0명으로 줄어들 수 있다고 예측되며, 우리 민족은 지구 상에서 자취도 없이 영원히 사라질 수도 있다.

한국의 미래를 내다볼 때, 현재 수준의 저출산율은 북한 문제보다 훨씬 더 심각하고 절망적인 문제일 수도 있다. 북한 문제는 남·북한과 세계 정치 판도가 바뀜으로써 획기적인 발전이 있을 수 있고 해결될 가능성도 있지만, 저출산율은 그런 성격의 문제가 아니다. 정부의 지도자들이나 정책 수립자들이 심각성을 충분히 이해하고 있기를 진심으로 바란다. 우리 국민들 역시 그런 시각으로 저출산율 문제를 함께 해결하도록 해야 한다. 출산은 우리 가정과 사회의 축복일 뿐만 아니라 대한민국의 미래다.

○ 결혼인가? 물물교환인가?

이색적인 우리 현대판 결혼 문화를 미국이나 캐나다, 서구 유럽 사람들의 관점에서 짚어보려고 한다. 내 경험으로는 국민들의 의식 수준이 후진성이 농후할수록 혼사가 말이 많고 복잡다단하다. 한국도 몇 개 안 되는 이런 문화권에 속하는 나라다. 이런 문화권 중 경제적으로는 당연히 한국이 다른 나라와는 비교가 안 될 정도로 부유한 나라다.

몇 년 전 미국에서 사회학과 세미나에 참석한 적이 있었다. 주제가 '한국인 1.5세와 2세들의 결혼 현황'이었기 때문에 2세 자녀를 둔 나로서는 상당히 관심이 끌렸다. 내 귀를 의심할 정도로 발표자가 약 70퍼센트가량의 한국인 1.5세와 2세 젊은이들이 비한국인들과 결혼한다고 했을 때

나는 연구자가 실언한 것으로 생각했었다. 그럼 왜 이렇게 비한국인들과의 결혼율이 상상 이상으로 높은지 조사해보니, 많은 경우 한국 젊은이들끼리 처음 만나서 조금 관심이 끌린다 싶으면, "당신 어느 학교 졸업했지? 아빠가 뭐 하는 분이지?"라고 물어보는데, 그 순간 아예 정이 딱 떨어져 버린다는 것이었다. 한국인 부모를 둔 1.5세와 2세들은 부모가 한국인이라는 것 이외에 모든 것은 미국 젊은이들과 다를 바가 전혀 없다. 보고 느끼고 생각하는 것들, 옷차림과 모든 취향이 다른 미국 젊은 층과 똑같다. 어느 학교를 졸업했고, 아빠가 뭘 하는 분인지 자기들에게는 그다지 중요하지 않지만, 한국 부모들이 얼마나 그런 말을 귀가 아플 정도로 했으면 마음속에도 없는 관심을 보였을까?

한국에는 조건부 결혼이라는 말이 있다. 남자의 조건과 여자의 조건을 따지고 맞춰 가며 짝을 찾아 혼인을 맺는다는 의미인 것 같다. 조건에는 외모, 학력, 직업, 부모 직업, 경제적 능력, 사회적 위치, 형제자매에 대한 신상 등이 포함돼 있는데, 자세히 결혼 조건들을 들여다보면, 한결같이 눈에 보이는 속세적이고 물질적인 것들이다. 눈에 보이는 속세적이고 물질적인 것들은 곧 싫증이 나고 권태감을 느끼게 된다. 아무리 비싼 명품 가방도 몇 주가 지나면 그저 그렇게 느껴지는 것이 인간의 심리다.

속세적이고 물질적인 것에 바탕을 둔 조건부 결혼이 행복하게 오래 지속될 확률은 낮을 수밖에 없다. 사랑보다 조건이 앞에 있으니, 약간의 어려움에라도 부딪히면 조건부 결혼은 깨지기 쉽다. 조건에 아무런 구애를 받지 않고 순수한 사랑에 목숨을 걸고 맺어진 결혼은 매일 라면만 끓여 먹고 살아도 일생 행복하게 잘살 수 있지만, 조건부 결혼의 유통 기한은 평균적으로 별로 길지가 않다. 한국의 결혼 문화에는 중매인이라는 직업이 있는데, 혼사가 한 건 성사가 되면 중매인이 챙기는 '수고비'가 웬만한 사람 1년치 봉급이 될 수도 있다니 입이 쩍 벌어지지 않을 수 없다. 만약 결혼 후 신혼부부가 행복하지 못하다면, 그 거액의 일부라도 환불해주는지 궁금하다. 예물이나 혼수를 두고 사돈지간에 벌어지는 어처구니없는 기싸움과 심리전들도 흥미진진하기가 그리스신화를 훨씬 능가하는 수준이고, 기를 잘못 부렸다간 혼사가, 두 젊은 남녀와는 상관없이 파탄 나는 수가 있다니 이런 식의 혼사가 물물교환이 아니고 무엇이겠는가? 어느 일간지 보도에 의하면 결혼한 지 5년 이내에 이혼하는 부부 중 절반 이상이 예단 때문이란다. 한국 부모들은 입으로는 자녀들의 행복을 위해서라고 하지만 교육이나 결혼을 보면 사랑하는 자녀들을 불행의 길로 몰아가고 있는 것만 같다.

○ 증인이 된 축하객들

그동안 한국에서 결혼식에 여러 번 참석했다. 그때마다 절실히 느낀 점은 우리 한국인들이 결혼식의 진지한 의미를 잘 모르고 있으며, 서양식의 예식을 피상적으로만 수입한 것으로 보였다. 자기의 경제력이나 사회적인 위치를 백화점 진열장처럼 과시하는 허세와 허영의 행사가 돼 버린 것 같다. 결혼식은 주로 결혼 예식과 피로연으로 나누어진다. 결혼 예식은 신부와 신랑이 하늘에 "검은 머리가 파뿌리될 때까지" 서로 사랑하며 행복하게 잘살 것을 맹세하는 가장 신성하고 거룩하고 엄숙한 예식으로 주례사까지 포함해서 30분 이내에 끝나며, 곧 피로연으로 이어지는데, 참석한 모든 축하객들이 신혼부부를 축하해 주고 두 사람의 행복한 미래를 기원해 주는 잔치가 3~4시간 계속되지만, 유대인들의 경우 사나흘 동안 축제가 계속되기도 한다.

결혼 예식에서 가장 중요한 부분은 참석한 모든 축하객들은 신부와 신랑이 하늘에 맹세할 때 증인이 되는 것이다. 신부와 신랑은 증인들 앞에서 일심동체 부부의 인연을 맺음을 하늘에 맹세하는 것이다. 결국은 증인의 자격으로 참석한 축하객들은 절대적으로 필요한 예식의 일부가 되는 것이다. 대부분의 한국인들은 신성하고 엄숙한 결혼 예식의 증인이 된다는 개념이 전혀 없는 것 같다. 30분을 못 참고 예식 진행 중 참석한 사람들이 신성해야 할 분위기를 받들어주기는커녕 옆 사람들과 수군거리며 예식을 추하게 망가뜨려 버리는 것을 무수히 목격했다. 몇 년 전 서울 강남의 고급 호텔에서 거행된 결혼식에 참석했는데, 어린아이들 울음소리와 어른들의 시끄러운 소음 때문에 주례사를 한마디도 정확히 알아들을 수가 없었다. 축하객들 중에는 '최고'의 수준이란 사람들도 많았다. 한국인들의 교양은 여기까진가 보다.

결혼식은 두 사람이 하늘 앞에서 맹세하는 신성한 예식이기 때문에 미국에서는 혼인이 법적으로 인정을 받으려면 성직자들이나 현직 혹은 은퇴하신 판사님들만 주례할 수 있도록 되어 있다. 라스베이거스에서 5~10분 이내에 끝내는 결혼도 주례자들이 면허증을 지닌 성직자들이다. 내가 한국에서 참석한 결혼식 중 세 건만 성직자가 주례를 섰고, 나머지는 내 생각엔 결혼하는 두 사람이나 가족들에게 별 의미도 없는데 다만 사회적인 지위를 갖추었다고 인정받을 수 있는 사람들이었다. 이것 또한 한국인들의 정서가 빤히 들여다보이는 허세요, 과시욕이다. 왜 결혼식을 비싼 호텔이나 웨딩홀에 가서 해야 하는지? 교회나 성당, 절 혹은 야외 공원

같은 곳에서 성직자나 혹은 신랑신부와 밀접한 관계가 있는 분을 주례로 모시고 하면 훨씬 더 성스럽고 아름다운 예식이 될 텐데 말이다. 한국 결혼식에서 여자분이 주례를 서는 것을 본 적이 없는데, 주례는 꼭 남자가 맡아야 한다는 관례라도 있는지 모르겠다.

한번은 지인의 아들 결혼식에 참석했다. 주례는 교회 목사님이 섰는데, 신랑과 신부의 이력을 소개하고, 이것도 부족해서 종이에 적어 오신 신랑의 아버지 이력을 읽기 시작했다. "신랑 XXX 군 아버지께서는 XX 대학을 졸업하신 후, 미국 유학을 가셨고, 미국에서 박사학위를 받으신 후……" 결혼 예식이 아니고, 안타깝게도 신랑 아버지 구직 광고 같은 인상을 주는 추한 분위기가 돼 버렸다. 목사님께서 결혼식의 성스러움과 세속적인 것을 혼동하신 것 같았다.

예식 중 노래도 분위기에 맞게 조용하고 엄숙한 곡 하나면 충분하다. 친지 자녀의 결혼식에 참석했는데, 신랑, 신부가 각자 한 곡씩 부르고, 신랑, 신부 친구들이 합창으로 두 곡을 불렀다. 게다가 찬송가 세 곡을 축하객들이 합창했으니, 예식 시간의 반 이상이 노래였다. 무슨 음악회도 아니고, 음악을 좋아하는 나에게도 무척 지루하게 느껴졌다. 신부와 신랑은 서로에게 쓴 편지를 예식 중에 낭독했는데 본인들은 낭만적이라고 생각했을지 모르지만, 신성해야 할 예식을 너무 지루하게 만들 따름이었다. 최근에 미국의 언론이 극히 색다른 한국의 결혼식 일면을 소개한 적이 있다. 입추의 여지 없이 축하객들이 많이 모인 성대한 식이었다는 허세를 부리기 위해 신랑, 신부 측과 아무런 연고도 없는 '축하객'들을 30~40명씩 고용해서 빈 좌석을 채운다는 내용의 보도였다. 체면치레나 허세에 찌든 한국 사람들의 단면을 보여주는 사례라 하겠다.

내 평생 참석했던 결혼식 중 가장 성스럽고 인상 깊었던 결혼식은 축하객이 양쪽 가족을 포함해서 50~60명 정도 모인 펜실베이니아 주 조그마한 마을의 그림처럼 아름다운 오래된 교회에서 열린 것이었다. 신부가 자라면서 이 교회 앞을 지나갈 적마다 결혼식은 꼭 저 교회에서 올려야겠다고 꿈꾸고 있었다고 한다. 이런 낭만적인 순수한 꿈을 가슴에 품고 자란 우리나라 신부들은 몇 명이나 될까? 학교 숙제, 학원 공부, 피아노 과외 등등 일류 대학 입학만 바라보고 이리저리 뛰어만 다니느라 꿈꿀 만한 여유도 없었을 테니 정말 측은하기 짝이 없는 우리의 젊은 세대들이다.

내 친구 아들이 몇 년 전에 결혼했다. 청첩장을 발행하기 전에 그 친구는 아들에게 물었다. "너의 일생에 가장 인상적이고 너에게 잊을 수 없는 좋은 교훈과 영향력을 주신 분이 누구니?" 아들은 중학교 때 담임선생님이라고 답했다. 가족들은 국회의원이나 장관을 주례로 모시려고 하지 않고, 아들의 선생님을 찾아뵙고 주례를 부탁했다. 선생님은 기꺼이 주례를 맡아주셨고, 한국 기준으로 봐서는 참으로 아름답고 경건한 결혼식이었다. 이 같은 생각을 할 수 있는 한국 부모는 별로 많지 않을 것 같다. 그 친구는 80년대에 몇 년간 미국에 살면서 의식구조가 조금 바뀐 것이 분명하다.

미국인들은 예식이 성스럽게 진행될 수 있도록 최대한 배려해주는 것이 몸에 젖어 있다. 미국인들의 결혼식은 성스럽고 아름다운 면에서 몸에 닭살이 돋음을 느끼고, 바그너(Richard Wagner)의 〈결혼행진곡〉과 함께 신부가 입장할 때는 온몸에 전율을 느끼게도 된다. 한국에서는 그런 감정을 느껴본 적이 한 번도 없다. 언젠가 축하객들이 어찌나 떠들던지 목사님께서 주례 사중에 "끝날 때까지만 좀 조용히 해주시길 바랍니다."라고 말씀하셨던 일이 생각난다. 너무도 대조적인 모습이다.

○ **외모에 너무 집착하는 한국 젊은이들**

한국 젊은이들이 외모에 너무 집착하는 나머지 훌륭한 좋은 배우자감을 놓치는 경우가 많다고 안타까워하는 결혼 상담자의 말을 들은 적이 있다. 젊고 예쁘게 보이고 싶은 건 누구나 마찬가지겠지만, 전반적으로 한국 사람들이 외모에 지나치게 집착하는 것은 사실인 것 같다. 성형 수술을 가장 많이 하는 나라가 한국이라고 알려진 지 오래됐다. 한국의 성형 수술에 대해서 미국 전국 TV 뉴스에 보도된 것을 두 번이나 본 적이 있다. 한국인들은 수술도 많이 할 뿐만 아니라 수술 수준이 세계 최고라는 소문이 나서 중국인 성형 수술 관광객이 급격히 늘었다는 내용의 보도가 있었다. 중국성형미용협회의 보고에 따르면 2014년 한 해 동안 한국에서 성형 수술을 한 중국인이 무려 5만 6,000명이나 된다고 한다.

지난해 고등학교 3학년 여고생들을 상대로 "수능시험이 끝나고 가장 하고 싶은 것이 무엇이냐?"라고 물어보니, 놀랍게도 90퍼센트 이상이 성형 수술이라고 대답했다고 한다. 서울 강남구 압구정동에 밀집된 성형외과의 간판들은 세계 어디에서도 찾아볼 수 없는 진풍경이다. 4~5층 건물에 성형외과 간판이 빼곡히 붙어 있다. 오죽하면 여자에게 선자리에 초등학교 때 찍은 사진을 가지고 나오도록 하라는 말이 있을까. 최근에는 50~60대 어머니들이 딸을 동반해 성형외과를 많이 찾아오는데, 이유인즉슨 딸이 곧 시집을 가게 돼 상견례를 해야 하는데 엄마와 딸의 모습이 너무 달라서 의심을 받을까 봐 딸과 비슷하게 성형해 달라고 한다는 것이다. 다른 나라에서는 결코 찾아볼 수 없을 기이한 현상이다.

통계에 의하면, 한국 여성은 3~5명 중 1명, 미국 여성은 20명 중 1명이 성형 수술을 한다. 미국 여성들은 유방 확대나 축소, 지방 성형을 많이 하는 데 반해, 한국 여성들은 주로 코와 쌍꺼풀 수술을 하는 것으로 알려졌다. 결국, 동양 여인의 자연미를 버리고 수술을 통해 서양 여인을 닮아가겠다는 것이다. 미(美)라는 것은, 특히 여성의 미는 주관적이고 시대에 따라 변하기도 한다. 르네상스 시대에 미인은 현재 우리 기준으로는 상상도 할 수 없는 과체중의 여성들이었으나, 빅토리아 시대에는 허리가 가는 여자들이 선망의 대상이었다. 그래서 빅토리아 시대에 허리를 조이기 위해 코르셋(corset)이 등장한 것이다.

한국에서는 청춘 남녀들이 키에도 굉장히 신경을 쓰는 것 같다. 신부의 키가 신랑의 키보다 더 크다는 것은 한국에서는 있을 수가 없는 일이다. 신랑이 신부보다 더 커야 한다는 법이 있나? 미국에 있는 나의 동료와 학생 몇 명은 부인의 키가 더 크지만, 행복하게 잘산다. 할리우드 연예인들 중 부인이 키가 더 큰 부부들이 일곱 쌍이나 된다고 알려졌다.

외모를 가꾸는 것도 중요하겠지만, 남을 배려하고 존중하며 윤리, 도덕과 공공 예의를 지키고, 다른 사람의 정의와 인권을 보호해 주고, 간단한 교통법규도 충실히 지킬 줄 아는 준법정신을 만들어 주는 아름다운 마음을 지닐 수 있도록 내면을 예쁘게 가꾸는 것이 훨씬 더 가치가 있는 삶이라 하겠다. 눈에 보이는 세속적이고 물질적인 것보다는 보이지 않는 마음속이 더 아름답고 따뜻한 배우자를 만나는 것이 행복하고 축복스런 결혼 생활이 될 것이다. 노래 가사처럼 "마음이 아름다워야 정말 여자다." 돈 많은 집안보다는 인성이 착하고, 마음이 따뜻하며, 불쌍한 자를 동정할 줄 알고, 윤리 도덕을 지킬 줄 아는 집안, 권력이 있는 집안보다는 인권을 존중하고 법을 지키며, 사회의 정의를 위해서 자신을 희생할 수 있는 집안과 혼인하는 것이 훨씬 건전하고 아름다운 결혼이 아닐까?

○ **결혼식 비용**

한국 결혼식에서 미국 사람들이 꼭 배워야 할 것이 하나 있다. 결혼식 비용 부담 문제다. 우리 한국 사람들은 양가에서 결혼식 비용을 반반씩 나눠 부담하는 것이 관례인 것 같다. 미주동포들도 거의 다 반반씩 부담한다. 경제적인 여건에 따라 신부 측이나 신랑 측에서 일방적으로 100 퍼센트 부담하는 경우도 드물긴 하지만 가끔 있다. 그렇지만 미국 전통은 모든 결혼식 비용은 100퍼센트 신부 측이 부담하게 돼 있다. 아무리 신부 측이 경제적으로 어렵다 해도 빚을 내서라도 100퍼센트를 신부 측이 부담한다. 누가 봐도 불공평한 것이지만 전통이 그렇다. 전통이란 함부로 쉽게 뒤집을 수가 없다. 나도 딸이 결혼할 때 사돈댁이 미국인들이기 때문에 모든 비용을 부담했다. 신랑, 신부의 들러리들이 결혼식에 와서 각자의 집으로 돌아갈 때까지 필요한 교통비 전액, 의상비, 호텔 투숙 및 식사 비용까지도 신부 측의 책임이다. 그 대신 결혼식의 모든 주도권은 신부 측에 있다. 결혼식 장소에서부터 신랑 측 축하객 수까지 거의 일방적으로 결정하고, 신랑 측에서는 결혼식 날 옷만 차려입고 참석하기만 하면 된다.

결혼식 예행연습을 주례하실 목사님을 모시고 하루나 이틀 전에 하게 되는데, 신랑 측은 예행연습 후 저녁 식사비만 책임진다. 예행연습에는 신랑신부의 들러리들, 양가부모와 형제자매들, 그리고 조부모들이 참석하는데 보통 약 25~30명 정도다. 물론 결혼식 비용 대부분은 피로연에 들어간다. 북미나 유럽 사람들은 예식은 성당이나 교회에서 올리지만, 피로연은 주로 호텔에서 하기 때문에 신부 측의 부담이 만만치 않게 많을 수 있다.

7
물욕에 취해 있는 나라

○ "여러분! 여러분! 부자되세요!"

　나는 어려서부터 흘러간 옛 노래, 즉 전통가요들을 너무도 좋아했다. 만약 10~20대로 다시 되돌아갈 수만 있다면 재능은 좀 부족하지만, 틀림없이 '뽕짝'계로 입문할 것 같다. 내가 뽕짝을 너무도 사랑하고 좋아한다고 해서 내 아내가 나를 '뽕수'라고도 부르고, 친구들 간에도 별명이 '뽕수'다. 그래서 TV에서 〈가요무대〉나 〈전국노래자랑〉을 자주 본다. 어쩌다 놓치면 다시 보기로 꼭 본다. 〈전국노래자랑〉 예선에라도 한 번 통과해 보는 것이 나의 꿈이다.

　전국적으로 알려진 태진아라는 가수는 무대에 오르기만 하면 "여러분! 여러분! 부자되세요!" 하고 목청이 터지라 외친다. 태진아 이외에도 "여러분! 부자되세요!" 하고 외치는 가수들을 몇 명 TV에서 본 적이 있다. 관중들은 환호성을 울리며 대환영의 반응을 보이지만, 나는 그들이 "여러

분! 부자되세요!" 하고 외칠 때마다 마음이 좀 불안하고 걱정이 된다. 내가 미국에서 살고 있는 동네는 모든 면에서 볼 때 중상층에 속하는 꽤 부유하다는 인상을 주는 동네다. 나는 경제적으로는 미국 사회에서 그저 평범한 중산층이지만, 20년 전 이 지역을 개발한 회사 사장이 대학교 시절 한집에서 같이 살았던 친구였기 때문에 이 친구가 나를 이 지역으로 끌어들였다.

나도 몰래 동네 터줏대감이 돼 버렸고 동네 사람들과 가까이 지낼 수 있었다. 가까이 지내면서 중상류층인 그들은 이외로 한국 사람들처럼 가끔 해외여행이라도 즐길 수 있는 경제적 여유가 그렇게 많지 않다는 것을 알게 되었다. 미국의 시사 주간지가 80년대에 한국에 대해서 보도하면서 "경제적인 기적을 이룬 나라, 행복을 잃어버린 나라"라고 요약해서 표현했다. 세계 이곳저곳을 여행해 보면 한국이 물질적으로 부유하고 잘사는 나라라는 것을 상대적으로 금방 느낄 수 있다. 이 자리를 빌려 많은 것을 희생하며 열심히 경제 발전에 기여하신 국민 여러분들께 거듭 깊이 감사를 드린다. 하지만 경제적인 기적은 이뤘지만, 왜 행복을 잃어버렸는지 귀국해서 8년쯤 살다 보니 알 것 같다. 한국인들은 자기가 소유한 것에 만족할 줄 모르고 끊임없이 욕심을 부린다. 남보다 더 넓은 아파트, 더 좋은 고급 차, 더 비싼 명품 가방, 더 좋은 학교, 더 권력 있고 돈 많은 사돈댁, 더 잘나가는 자식들…… 부자건 가난한 자건 자기의 현재 처지에 만족할 줄을 모르는 사람은 절대로 행복할 수가 없다.

개나 고양이 같은 짐승들과는 너무도 대조적인 모습이다. 내가 처음 미국에 갔을 때 약 1년 동안 미국인 가정에서 살았는데, 동물을 지극히 사랑하는 이 가족은 개 두 마리에 고양이 열세 마리를 함께 키우고 있었다. 나도 가끔 개, 고양이들의 밥을 주고 먹는 모습을 지켜보았다. 사람과 달리 동물은 배가 부르면 만족해하고 아무리 더 먹이려고 해도 거부하고, 오히려 짜증을 내며 달아난다는 것을 직접 목격하고 배웠다.

○ **돈이면 모든 것 해결**

　한국인들의 끈질긴 투지력과 강직한 의지력, 가족과 조국의 미래를 위해 아낌없이 바친 희생정신, 상업에 가치가 있는 곳이면 지구촌 어디라도 갈 수 있는 개척정신, 살벌한 경쟁의식이 대한민국을 경제 대국으로 부강하게 만들었다. 하지만 그 와중에 우리는 인생에 가장 중요하고 고귀한 것들을 많이 잃어버렸다. 대부분의 가정은 아버지를 일터로 잃어버렸고, 이웃 간의 정, 마음의 여유, 따뜻한 인간미, 남에 대한 배려, 공중도덕, 공공 예의, 윤리, 도덕, 교양, 사회 정의, 준법정신, 일반상식, 그리고 기본적인 이성이 우리들의 의식구조에서 많이 사라져 버렸다. 물질적인 탐욕에 빠져 허우적거리며 돈의 노예가 된 한국인들의 의식구조에는 "돈이면 무조건 다 해결된다."는 생각이 팽배해 있다.

　"잘살게 해주겠다."고 약속만 하면 정치인들은 거의 당선이 된다. 2008년 국회의원 선거 때 재건축이 필요도 없는데 "아파트 재건축하겠다."고 '약속'을 한 서울 지역 국회의원 후보들은 당선되고, 재건축이 필요 없다고 정직하게 말한 후보 한 명은 낙선됐다. 선거 후 재건축된 아파트가 있다면, 얼마나 되는지 궁금하다. 건축한 지 15~20년밖에 안 되는 건물이 왜 재건축돼야 할까? 서울 강남의 비싼 아파트들이 모두 부실 공사였다는 말인가? 뉴욕에 가면 100년 이상 된 아파트가 수없이 많다. 이러면서도 정직한 정치인을 원한다고? '정직한 정치인'이 무슨 뜻인지나 알까? 정직한 정치인은 정직한 유권자들이 만드는 법이다. 유권자의 수준이 이 정도이니 정치인이나 나라 꼴이 이 모양이 아닐까?

돈이 얼마나 좋으면 터무니없는 약속이라도 돈과 연관된 '약속'만 하면 무조건 당선되는 나라 국민들이 행복할 리 없다. 이명박 전 대통령은 "경제를 살리겠다."는 국민과의 '약속'으로 대통령에 당선됐다. 그 당시 세계적으로 경제가 침체되긴 했으나, 경제학자들은 한국의 경제는 비교적 안전하고 장래가 밝다고 예측했다. "경제를 살리겠다니?" 한국 경제가 언제 죽기라도 했나?

"돈이면 모든 것이 해결된다."는 데 왜 잘사는 우리 한국인의 자살률은 10년째 OECD 국가 중 1위일까? 통계청의 발표에 의하면, 2014년 14,427명이 자살했는데, 이는 10만 명당 28.5명으로 OECD 평균 12.1명의 두 배를 훨씬 넘는다. 65세 이상 노인 자살률도 OECD 국가 중 계속 1위이며 가장 최근 통계에 따르면 10만 명당 80.3명이나 되는 놀라운 숫자다. 제어할 수 없는 탐욕이나 상대적 박탈감이 그 원인이 아닐까? 이유를 불문하고 미국에서도 한인들 자살률은 미국 전체 자살률의 네 배로 나타났다.

○ 오두막집의 캄보디아 가족들

한국 국민들의 행복지수도 2013년 조사 대상 23개국 중 최하위로 나타났다. 캄보디아에 가서 충격 받은 적이 있다. 과거 내전으로 엄청난 수난과 비극을 겪은 나라로서 개발도상국이며 세계 최빈민국에 속하는 캄보디아 사람들의 표정이 우리보다 밝고 편안해 보이는 것이었다. 너무나 대조적이었다. 함께 여행 중이던 한국 관광객들의 표정을 살펴보니 그들처럼 편안하고 밝은 표정을 한 사람들이 별로 없었다. 아마 여행길에 피곤해서일까. 캄보디아에서 10년을 살고 있는 한국인 관광 안내자는 캄보디아 사람들로부터 가장 많이 받는 질문이 "잘사는 부자 나라에서 온 한국 관광객들의 표정이 왜 불행하게만 보이느냐?"였다고 했다.

캄보디아 유적지를 가면 내란 때 부상당한 사람들 5~6명이 앉아 한·중·일 음악을 연주하면서 헌금을 청한다. 40~50미터 거리에서 중국 관광객들이 나타나면 중국 음악, 일본 관광객들에겐 일본 음악, 그리고 한국 관광객이 접근하면 아리랑을 연주한다. 나는 관광 안내인에게 물었다. "어떻게 먼 거리에서 관광객들이 한국인인지, 중국인이나 일본인지를 아느냐?"라고 물었다. 그러자 그가 이렇게 대답했다. "저 사람들은 틀린 적이 없습니다. 시끄럽게 떠들면서 요란스럽게 몰려오는 사람들은 중국인이며, 조용하고 부드러우며 겸손해 보이면 일본인이고, 얼굴이 굳어 있고 화난 차가운 표정의 사람들은 틀림없이 한국인들이라는 것입니다."

미국 사람들도 한국인들의 표정을 차가운 얼굴, 굳어 있는 불친절한 얼굴, 화난 얼굴 등으로 표현한다. 어떤 경우에는 더 듣기 부담스럽고 불쾌한 형용사를 쓰는 사람들도 있다. 이런 표현을 들을 때마다 무척 기분이 상하지만, 사실은 나도 한국인들의 얼굴이 딱딱하게 굳어 있어 남에게 친밀감을 주는 표정은 아니라고 생각한다. 미국 사람들이 느낀 솔직한 심정이기 때문에 우리가 불편하게 생각한다 해도 어찌할 수 없는 문제다. 오직 우리가 해외여행하는 동안만이라도 표정 관리를 잘해서 웃음을 띠고 편한 표정을 보여주는 것이 최선의 방법이다.

국제화를 잘하려면 우선 상대편을 편하게 해주고 우리에게 접근할 때 아무런 불편이나 부담감을 느끼지 않도록 해야 한다. 국제화도 근본적으로는 인간 대 인간의 관계다. 얼굴이 차갑게 굳어 있고 불친절하게 보이는 사람보다는 편하고 밝은 표정의 사람에게 접근하고 싶어 하는 것이 모든 인간의 심리라는 것을 잊지 말아야 하겠다.

캄보디아 중상층 가정을 두 시간쯤 방문한 경험이 있다. 놀랍게도 사는 집이 한국의 오두막집 수준 이하였다. 두 칸짜리 방과 방 사이는 벽이 아니라 천으로만 나누어져 있었고, 70대 조부모부터 서너 살짜리 손자까지 3대가 함께 살고 있었다. 방바닥은 마루가 아니고, 나무만 듬성듬성 걸쳐져 있어 아래를 내려다보니 나무 사이로 땅바닥이 보여 현기증이 날 것 같았다. 자세히 보니 할아버지에서 손자까지 한결같이 행복하고 걱정 없는 즐거운 표정뿐이었다. 물질적인 부와 행복과는 별 관계가 없고, 마음의 자세가 행복을 가져다준다는 것을 거듭 확인할 수 있는 유익한 기회였다.

한국 사람들은 사는 게 힘들고 어렵다고 지붕이 무너질 정도로 한숨을 내쉬는데 알고 보면 해외여행을 한두 번씩은 다녀왔다. 해외여행까지 다녀올 정도로 경제적, 시간적 여유가 있는 사람들이 어찌해서 사는 것이 힘들다고 한숨까지 쉴까. 지구촌 가는 곳마다 이런 여유를 갖은 한국인들을 부러워하는 사람들이 얼마나 많은지 알기나 하려나. 본래 우리들의 성격이 이렇게 부정적이고 비관적이었나.

○ **명품 회사들도 놀란 '된장녀'**

한국인들의 놀라운 사치성과 물욕은 유럽의 명품 회사들이 진작부터 잘 알고 있었다. 프랑스 명품 샤넬부터 독일의 자동차 회사 BMW, 스코틀랜드의 스카치위스키 회사까지 얼빠진 한국인을 완전히 자기들의 봉으로 생각하고 있다. 언론 보도에 따르면, 2010년 7월 강남 신세계백화점 샤넬 매장 첫날, 샤넬은 100년 역사상 하루 매출이 무려 4억 6,000만 원을 돌파한 획기적인 기록을 세웠다. 루이뷔통(Louis Vuitton)이나 구찌(GUCCI) 같은 명품 가방을 한국의 길거리나 지하철에서 몇 분마다 하나씩 볼 수가 있다.

사실 나는 루이뷔통, 구찌, 프라다니 하는 고가 가방들이 존재한다는 것을 한국에 와서 처음으로 알게 되었다. 미국에서 살면서 가까이 지낸 사람들이 모두 검소하고 순박해 대중 백화점만 다니기 때문에 이런 명품들을 접할 기회가 없었던 것이다. 한때는 한국에서 500만 원이 넘는 샤넬 가방이 품절되기도 했다니 상상할 수가 없다.

명품들이 천정부지의 높은 가격에도 날개 달린 듯 팔려 나가는 바람에 유럽의 명품 회사들도 정신 나간 한국인들의 사치성에 깜짝 놀라고 있다고 한다. 이탈리아에서 생산되는 엄청난 고급 자동차 람보르기니(Lamborghini)는 말로만 들었지 로스앤젤레스에서도 구경도 못 했었는데 어느 날 서울 강남에서 처음 보고 내 눈을 의심하지 않을 수 없었다. 이런 명품들이 '부와 사회적 지위'를 상징한다고 하지만, 이게 통하는 사람들한테나 상징이 되지, 통하지 않은 사람들에게는 별 상징도 안 되고 큰 의미도 없다. 명품에 욕심을 부리느니, 차라리 국제화 속에 부끄럽지 않은 '명품 한국인'이 돼 주기를 간절히 바란다.

한국에 온 후 '된장녀'라는 신조어를 배우게 됐다. 자세히 알아보니 된장녀란 "외국 명품이나 문화를 쫓아다니며 사치를 즐기고 허영심이 가득 찬 삶으로 일관하여 겉멋에 치중하는, 한국 여성의 정체성을 잃어버린 어수룩한 여자."라고 한다. 왜 하필이면 '된장녀'라 했을까? 건강에 좋은 우리의 고유한 전통 음식 '된장'에 대한 모독이 아닐까 싶다. 오히려 '버터녀', '피자녀' 또는 '치즈녀'가 더 적절하지 않을까.

500만 원짜리 샤넬 가방을 메고, 3억짜리 외국산 명품 차를 몰고 다니며 갑질이나 하고, 공공 예의와 교양이 따르지 못하면 오히려 더 천하게 보일 뿐이고 조롱거리만 된다. 만 원짜리 가방을 들고, 10년 된 중고차를 몰고 다녀도 교양이나 공공 예의가 최고 수준이고 행실이나 품위가 일류면 명품 인간이 되는 것이다. 조지 부시 대통령 부인 바버라 씨가 남편의 취임식에 약 15달러(약 18,000원)짜리 가짜 진주 목걸이를 걸고 당당히 서 있던 모습이 내 눈에 지금도 선하다.

그러잖아도 물욕에 흠뻑 취해 정신을 잃어버린 한국 관람객들에게 무대에 올라서서 "여러분! 여러분! 부자되세요." 하고 목이 터지라 소리치는 것은 인류 역사상 가장 욕심이 많았다고 알려진 로마제국의 장군이자 정치가였던 마르쿠스 크라수스(Marcus Crassus) 같은 사람이 되자고 하는 것 같아 듣는 내 마음이 씁쓸해지고 눈살이 찌푸려진다. 과한 욕심은 인간에게 가장 나쁜 면을 노출하며, 화를 불러일으키고, 인간을 추하게 만들어 버린다. 물질적인 것에 너무 집착하면 이기적이 되기 마련이며, 이기적인 사람들로 구성된 사회는 브레이크가 고장 난 차가 낭떠러지를 향해 질주하는 것과 같다. "여러분, 부자되세요!"라고 외치는 대신에, "여러분, 매사에 남을 먼저 배려합시다." "여러분, 공중 예의를 지킵시다." "여러분, 우리 서로 양보하면서 대한민국의 교통문화를 선진국 수준으로 올립시다."라고 하면 관객이나 시청자들에게 교육적으로도 좋은 자극이 될 것이며, 공익을 위해도 좋을 것이라고 생각한다.

영국의 경제학자 리처드 레이어드(Richard Layard)는 2006년 출판한 『행복(Happiness: Lessons from a New Science)』이라는 책에서 국민소득이 연 1만 5,000달러가 넘으면 더 이상의 소득 증가가 개인의 행복에 보탬이 되지 않는다는 연구 결과를 발표했다. 레이어드의 연구 결과가 유럽인들에게만 적용될지 모르겠지만, 기본적인 생계유지를 위해서 돈과 물질적인 편의가 어느 정도 필요한 것은 사실인데, 필요 이상 부(富)를 누적하려고 하면, 도리어 물질의 노예가 되어 행복을 놓치게 될 수도 있다. 한국은 국민소득 1만 5,000달러를 초과한 지가 벌써 10년 정도 됐다. 2015년 유엔(UN)이 세계에서 가장 행복한 나라를 발표했는데 상위권 10개국 중 7개국(스위스, 아이슬란드, 덴마크, 노르웨이, 핀란드, 네덜란드, 스웨덴)이 유럽에 있는 국가들이다. 스웨덴과 핀란드 경제는 지난 20년 동안 아무런 새로운 일자리를 창출하지 못하고 있다고 보고됐지만, 국민들은 여전히 행복하기만 하다. 만약 그들도 한국인들처럼 물욕에 빠져 돈, 돈, 돈 하면서 "여러분, 부자되세요!" 하고 외치고 있었다면, 행복은 이미 그들의 곁에서 멀리 떠나가 버렸을 것이다.

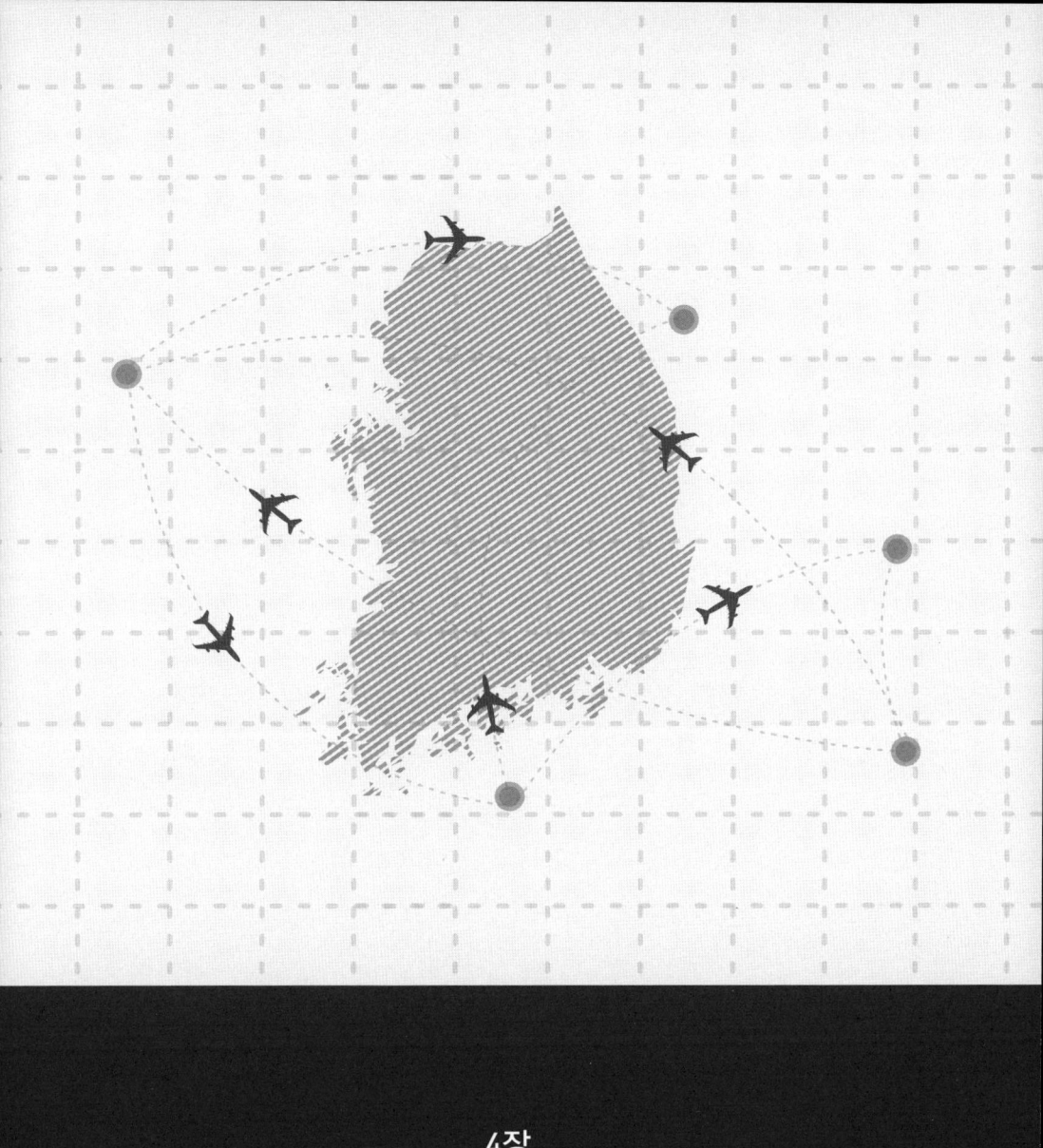

4장

1
흰개미들처럼
한국 사회를 좀먹는 학벌주의

○ **"제발, 학벌 얘기 좀 하지 마세요"**

　흰개미는 목조 건물 밑에서부터 기둥을 파먹고 살기 때문에 내버려뒀다가는 결국 건물이 쓰러질 수도 있다. 미국의 단독 주택들은 대부분 기둥과 뼈대가 나무로 돼 있어 주택을 매매할 때 가장 중점적으로 검사하는 부분이 흰개미들이 주택 기둥 밑에 살고 있나를 조사하는 것이다.

　이 세상 어느 사회에서도 상상할 수 없고 이해하기도 어려운 특이한 의식구조가 바로 한국인들의 학벌주의다. 국제화를 날마다 외치면서 학벌주의 구렁텅이에서 헤매고 있는 한국 사회는 이런 면에서 아직도 후진성을 벗어나지 못하고 있다고 할 것이다. 하버드대학 출신 미국인 동료 교수가 있었다. 미국인들에게서는 볼 수 없는 행동을 이 교수는 자주했다. 자기가 하버드대 출신이라는 것을 기회 있을 때마다 드러내는 것이었다.

하버드대학이라고 적혀 있는 커피잔을 손에 들고 다니고, 하버드라고 새겨진 모자를 쓰고 다니며, 본인이 하버드대학 출신이라는 말도 가끔 입에서 튀어나왔다.

다른 모든 동료 교수들은 학벌에 대해 전혀 관심도 없고, 언급도 하지 않는데, 이 교수만 유난했다. 옆에 있는 교수가 어느 대학 출신이라는 것을 잘 모르는 경우도 있다. 그 정도로 서로 간 학벌에 관심이 없다는 의미다. 왜? 학벌이 별로 중요하지 않기 때문이다. 학벌주의가 뇌 속 깊숙이 굳어버린 한국인들은 이 사실을 이해하지 못한다는 것을 나도 알고 있다. 얼마 되지 않아 교직원들은 이 교수를 '하버드'라는 별명으로 부르기 시작했다. "XXX 교수님, 어디 가셨습니까?"라고 비서에게 물으면, "하버드요? 저는 오늘 하버드를 못 봤는데요."라고 조롱하는 말투로 웃음을 띠면서 대답했다. 학벌을 내세우다가 동료 교수들과 비서들에게도 비웃음의 대상이 돼버렸다.

70대 영국 수녀 한 분이 3년 전 TV에 출연한 것을 본 적이 있다. 수녀님은 20대 초 젊은 나이에 한국에 와서 지난 50년 동안 헌신적으로 열심히 사역하신 분이었다. "50년이란 긴 세월을 한국에서 보냈으니, 우리 한국 사람들에게 하고 싶은 말이 많으실 텐데, 한 가지만 말씀해 주시죠."라는 진행자의 말이 끝나자마자, 기다렸다는 듯 수녀님은 이렇게 말씀하셨다. "제발 학벌 얘기 좀 하지 마세요. 이 사람이 어느 대학 나오고, 저 사람이 어느 대학 나왔다는 말을 영국에서는 좀처럼 들을 수가 없어요." 영국뿐만 아니라 다른 나라에서도 어느 대학 출신이란 말을 듣기가 어렵다.

최근에는 학벌주의가 유치원에까지 흘러내려갔다 하니, 한국인들의 의식이 얼마나 깊고 심하게 병들어 있나를 짐작할 만하다. 약 5년 전 전국적으로 잘 알려진 정치인이 특강을 한다고 해서 찾아갔었다. 특강 주제와는 아무런 상관도 없는 본인의 '학벌 광고'를 첫마디부터 길게 늘어놓았다. 다른 청중들에게는 그의 학벌과 정치계에서의 활약이 큰 감동을 주었을지 모르나, '하버드'라는 별명의 내 옛 동료 교수 생각이 나면서 그 정치인이 초라하기 짝이 없고 가엾게만 보였다. 세계 어딜 가도 볼 수 없는 모습이다.

한국인들이 말하는 학벌은 주로 출신 대학을 의미하는 것 같다. 학벌이 좋다는 것은 단지 좋은 대학, 이른바 4년제 명문 대학을 졸업했다는 말인 것 같은데, 잘 알려진 사실이지만, 한국의 교육은 자고로 점수 교육이다. 필기시험에서 점수만 높으면 누구나가 공부를 잘한다고 인정받고, 웬만하면 일류 대학에 진학하게 된다. 한국의 학벌주의 법칙에 따라 일류 대학만 졸업하면 능력이 있건 없건, 실력이 있건 없건, 잠재력이 있건 없건, 창의력이나 상상력이 있건 없건, 인격이 있건 없건, 윤리, 도덕성이 있건 없건, 정의감이 있건 없건, 준법정신이 있건 없건, 남의 인권을 존중할 줄 알 건 모르건, 남을 배려할 줄 알 건 모르건, 태도가 좋건 나쁘건, 예의가 있건 없건, 모든 특혜를 받으면서 일생 내내 구직, 결혼 및 승진까지 탄탄대로를 달리며 '출세'하게 된다.

빌 게이츠(Bill Gates, 마이크로소프트 창설자), 스티브 잡스(Steve Jobs, 애플 창설자), 마크 저커버그(Mark Zuckerberg, 페이스북 창설자), 잭 도시(Jack Dorsey, 트위터 공동 창설자)가 미국에서 태어나서 망정이지, 한국에서 태어났더라면 아무런 빛을 보지 못했을 것이다. 네 사람 모두 대학을 중퇴했기 때문에 대학 졸업장이 없다. 고등학교를 졸업한 후 대학을 1~2년만 다니고 중퇴한 사람들로서 학력이 좋지 않아 어디 감히 내놓을 수가 없는 인물들이다. 이들은 자기 사업을 창업한 사람들이지만, 만약 한국의 기업체에 구직 이력서를 냈더라면 당장에 탈락됐을 것이라는 것은 보나 마나다. 그렇지만 이들은 오늘날 우리 삶의 모든 것을 하나부터 열까지 바꿔놓았다. 이 책을 읽고 있는 독자들도 예외 없이 일상생활의 모든 면에서 이들의 영향을 받고 있으며, 앞으로도 계속 영향을 크게 받으면서 살아가게 될 것이다.

불행히도 우리 한국에서는 18~19살 어린 나이에 고등학교를 졸업하고 대학에 진학하면서 인생의 앞길이 거의 결정나버린다. 마라톤 경주의 거리가 42.195킬로미터인데, 10킬로미터 지점을 맨 먼저 통과한 자가, 나머지 32.195킬로미터의 성적이 10등이건 50등이건 달리는 도중에 기권하건 상관없이 1등 인정과 대우를 받고 온갖 특혜를 일생 내내 누리게 되는 것과 유사하다. 실로 어처구니없는 의식구조와 한국인의 썩어 빠진 사고방식이라 하겠다.

그뿐만 아니라 평소에 대화 도중 아무런 연관도 없는 사람의 일류 대학 학벌이 갑자기 튀어나와 나를 무척이나 어리둥절하고 혼란스럽게 하기도 한다. "내가 추진하려는 사업 관계로 어제 김 사장을 만나 식사를 했지. 그런데 김 사장 조카 말이야, XX대학 출신이야." 이젠 학벌 얘기를 8년이나 듣고 나니 짜증이 날 뿐만 아니라, 온몸이 움츠러들 지경이다. 아무런 연관이 없는 사람의 학벌이 대화 중에 불쑥 아무렇지도 않게 튀어나온다는 것은 학벌주의가 한국인들의 머릿속에 깊이 뿌리를 박고 있다는 증거일 것이다. 이런 면에서도 한국은 세계에 유례없는 독특한 나라임이 틀림없다. 영국에서 오신 수녀님이 오죽했으면 "제발 학벌 얘기 좀 하지 마세요."가 한국인들에게 가장 하고 싶은 말이었다는 게 충분히 이해할 만하다.

○ **"학원을 모두 폭파해버리고 싶어요"**

    한국에서 인생이 쉽게 풀리려면 오로지 명문대학에 들어가야만 한다. 이런 의식구조 때문에 대한민국의 어린이들이나 중·고교 학생들은 아침에는 학교, 방과 후엔 학원에서 시달려야 하니, 잠잘 시간은 물론 숨 쉴 틈도 없을 정도로 바쁜 생활을 한다. 영어, 수학뿐만 아니라 피아노 학원까지 가야 한다. 두세 개 이상의 학원들에 다녀야 하는 어린이들도 많다. 미국에서 이렇게 자녀들을 못살게 혹사했다가는 부모들이 아동학대로 처벌받게 될지도 모른다. 오후 2:30~3:00 사이에 수업이 끝나고, 그 후 5시까지 본인이 선호하는 운동을 마음껏 즐기는 미국의 학생들과는 너무도 대조적이다. 미국은 대부분 고등학교를 졸업할 때까지 체육이 필수다.

    귀국 후 어느 모임에서 중학교 1학년생을 만나 몇 마디 주고받으면서 가볍게 별생각 없이 물었다.

"네가 지금 제일 하고 싶은 것이 뭐냐?"

그 학생은 나를 한번 쳐다보고, 고개를 떨어뜨리며 이렇게 대답했다.

"이 세상에 있는 모든 학원들을 다 폭파해 버리고 싶어요."

나는 예기치 못한 어린아이의 반응에 가슴이 철렁 내려앉았다.

"너만 그렇게 생각하니? 아니면, 다른 친구들도 그런 생각을 하니?"

"내 친구들 모두 학원을 폭파해 버리고 싶어 해요."

    공부보다는 한창 친구들과 뛰놀며 어울려 다녀야 할 나이에 학원을 다니는 것이 얼마나 싫었으면 그런 생각을 할까. 자유롭게 노는 것도 어린이들에게는 매우 중요한 교육이다. 한국 사람들 가운데 자유롭게 어린이들끼리 모여 노는 것이 좋은 교육이라고 생각하는 사람은 그리 많지 않은 것 같다. 오히려 훌륭한 교육은 교실 밖에서 이루어질 때가 많다. 축구, 농구, 야구 등 단체 운동을 통해서 학생들은 인간으로서뿐만 아니라, 우리 사회의 귀중한 구성원의 한 사람으로서 반드시 갖추어야 할 훌륭한 교훈을 많이 배우게 된다.

- 정정당당하고 공명정대한 행동에 대해서 배우며('페어플레이'의 개념),
- 규칙을 어기고 반칙을 하거나 경기 중 잔머리를 굴리고 비겁한 행동을 하면 즉시 응분의 벌을 받고(준법정신과 정직성),
- 열심히 연습하지 않으면 이길 수가 없고(성공하려면 열심히 노력해야 한다),
- 각자가 잘되려면 서로 도우면서 맡은 바 책임을 충실히 수행해야 하며(개인의 책임과 단체정신의 개념),
- 상대 선수들을 얕잡아 봤다간 거의 틀림없이 경기에 패하게 되며(교만함은 실패를 불러온다),
- 경기에 졌을 때 승자를 진심으로 축하해주고, 상대의 실력을 인정하고 존중할 줄 아는 것을 배우고(신사도 정신),
- 승리했을 때 즐기되, 패자의 마음을 상하게 하는 언행을 삼가는 자제력을 배우고(남에 대한 배려와 예의),
- 선수들끼리 믿음이 없으면 경기에서 결코 이길 수 없다는 것을 배우고(동료 간의 믿음),
- 경기를 잘하려면 서로가 도와야 하며 선수 개개인이 절대로 필요한 존재라는 것을 인식하고(공동체 정신과 유대감), 건강한 신체에서 자신감이 나온다는 것을 배우게 된다.

유대인들의 격언이다. "평생을 가르치려면 어릴 때 마음껏 놀게 하라."

미 동부 지역에 살면서 약 12~13년간 초등학생과 중학생들의 야구 코치를 했었다. 어린아이들은 연습이나 경기를 통해 체력을 연마하면서 훌륭한 인격을 운동장에서 쌓게 된다는 것을 실제 경험했다.

나의 세 자녀들도 초·중·고를 다니면서 대학 입학 때까지 운동을 열심히 했었다. 큰아들은 고등학교 축구와 야구 대표선수로, 둘째는 농구와 테니스, 딸은 라크로스(lacrosse) 대표선수로 활약했다. 큰아들은 야구에 꽤 재능이 많아 몇몇 대학에서 야구 선수로 와달라고 했으며, 대학 2년 동안 선수 생활을 하다가 불행히도 정신질환(우울증)이 심해서 그만두게 되었다.

특히, 우리 딸은 그 지역 인구의 45퍼센트가 유대인이고 동양계 인구가 7~8퍼센트나 되는 좀 특이한 곳에서 중·고등학교를 다녔다. 따라서 미국 기준으로는 좀 심하다 할 정도로 학부형들과 학생들이 공부에 총력을 다하는 분위기였고, 딸 친구들이 모두 유대인, 한국, 중국, 인도 계통의 학생들뿐이었다. 모든 부모들이 운동 같은 것은 하지 말고 A만 받아서 좋은 대학에 입학하라고 자녀들에게 압력을 가하고 있었다.

딸의 절친한 친구 중 캐시라는 한국 2세가 있었는데 부모님들이 그렇게도 하고 싶어 하는 운동을 못 하게 하고, 공부만 하라고 강요해서 가끔 울면서 등교한다는 것이었다. 물론 캐시의 아빠는 한국에서 명문대학을 졸업하신 분이다. 나는 딸에게 다음과 같이 몇 번 강조했다. "과외 활동이나 운동을 하지 않고 A를 받기보다는, 실컷 운동도 하고 과외활동도 하면서 C 정도를 받는 것이 훨씬 더 알차고 보람된 고교 생활이 될 거야."

나에 대한 이런 소문이 퍼지면서 내 딸은 친구들 간에 부러움의 대상이 되었고, 친구들은 믿을 수 없다는 듯 여러 번 "야, 너의 엄마, 아빠가 진짜 한국에서 온 한국 사람들이니?" 하고 물어본다는 것이었다. 딸은 대학에 입학한 얼마 후 진지하게 고마움을 표시했다. "엄마, 아빠, 내가 중·고등학교 때 학교생활을 너무도 마음 편히 즐겁게 할 수 있도록 해주셔서 정말 고마워요." 딸의 이 몇 마디가 내 가슴을 뭉클하게 했으며, 공부만 하라는 정신적 압력을 조금도 주지 않았던 것이 천만다행이라는 생각이 들었다.

OECD 국가 중 학교에 가는 것이 즐겁지 않다고 답한 학생들의 비율이 가장 높은 나라가 한국이다. 초등학생들이 학교가 끝나면 학원으로 뛰어가서 과외수업을 하고 매일 밤 12시까지 시험공부를 하는 나라는 이 세상에 대한민국 이외는 찾아볼 수 없다. 벌들처럼 바쁘게 날아만 다닌다고 해서 반드시 꿀을 모으는 것이 아닌 것처럼, 학교로, 학원으로 쉴 틈 없이 뛰어만 다닌다고 해서 좋은 교육이 이루어지는 것은 결코 아니다. 대한민국 어린아이들이 자라면서 가장 자주 듣는 단어는 틀림없이 '공부'일 것이다. 한창 친구들과 뛰어놀고 싶어하는 나이에 공부에만 매달려야 하며, 학교 성적으로 모든 것을 평가하는 사회를 탈출해서 멀리 떠나가 버리고 싶어 하는 청소년들의 심정을 충분히 이해할 만하다.

○ "소름 끼치게 하는 나의 경쟁자들"

1987년 여름 방학 동안 약 2주일 귀국했었다. 친척 집에 머물면서 대낮에 TV를 켰을 때 대학 진학에 관한 좌담회가 있었다. 방청석은 어머니들로 가득 찼고, 진행자 외에 고등학교 교감 선생님 한 분과 학원 원장님 한 분이 나오셨다. 방송국 기자가 어느 여자 고등학교에 나가서 학생들과 대학 입시에 관해 대화하며, 진행자와 연결해서 질문을 주고받는 형식이었다. 취재하던 기자가 한 여학생에게 물었다. "학생은 밤 12시쯤 공부해야 할 게 많은데 졸음이 쏟아진다면 어떻게 합니까?" 나는 방송국 기자의 질문에 찬물로 세수하거나 커피를 한 잔 마신다고 대답할 것이라 예상했다. 학생은 큰소리로 대답했다. "경쟁 상대인 다른 학생들을 생각하면 소름이 끼쳐 잠이 깹니다." 순간 나는 등골이 오싹해지며 맥이 확 풀렸다. 순진해야 할 18~19세의 고3 여학생에게 같은 반 학생들이 소름 끼치게 할 정도의 경쟁 상대로만 보인다면 한국은 미래가 없다는 생각이 들었다.

그 학생 또래의 고3 학생들은 지금 46~47세로 초·중·고등학생의 학부형일 뿐만 아니라 각 분야에서 피땀 흘리며 열심히 일하고 있을 텐데, 동료가 소름이 돋는 경쟁자로 보인다면, 우선 동료의식이 있을 수 없고, 일터에서 제일 중요한 협동 정신이 무너지고, 혁신적이고 창의적인 일을 할 수 없으니 큰 발전을 기대하기가 어렵게 된다. 어느 정도의 경쟁의식은 동기 유발에도 도움이 되지만, 극단적인 경우엔 소극적이고 이기적인, 신뢰가 없는 병든 사회가 되어 버리기가 쉽다.

○ **출신 대학보다는 실력과 능력과 잠재력**

10대 청소년, 소녀들에게는 중·고등학교를 다니는 동안 정서적으로나 육체적으로 많은 변화가 온다. 가정이나 주위 환경, 학교, 친구들로부터 다양한 면에서 큰 영향을 받고, 자신의 정체성을 놓고 심각한 고민을 하게도 된다. 머리가 좋고 능력이 있는 학생들도 정신 집중이 잘 안 되어 공부를 등한시하는 경우도 있고, 가정 환경상 학원에 갈 수 없어 수능 점수가 낮아 좋은 대학에 입학하지 못하는 학생들도 많다. 반대로 타고난 능력은 조금 부족하지만, 열심히 노력하고 부지런히 학원에 다닌 결과 수능 점수가 올라가 일류 대학에 합격하는 학생들도 많다.

전자의 경우 대학 생활을 하면서 정신을 차리고 학업에 전심전력을 다해 우수한 성적으로 대학을 졸업한 후, 미국 대학원에서 원래 타고난 재능을 바탕으로, 두각을 드러내고 학위를 받는 유학생들이 상당수가 있었다. 명문대학을 졸업한 후자의 경우 대학원 과정을 우수하게 끝낸 사람들도 많지만, 그렇지 못한 경우도 드물지 않다.

미국에서 명문대 출신이건 비명문대 출신이건 대학원 성과 면에서 별 차이가 없다는 것을 느끼긴 했지만 뚜렷한 근거가 없었기에 그동안 무어라 말문을 열 수가 없었다.

지난 8년 동안 한국에서 전문대학원생들에게 통계학 강의를 하면서 약 420명 학생들의 성적을 갖고 출신 대학과 학부에서의 전공 분야를 기준으로 6개 '명문대' 출신 학생들의 성적과 나머지 비명문대 출신 학생들의 성적을 자세히 비교해보았다. 명문대와 비명문대 출신 학생 수 비율은 거의 50 대 50이었으며, 비명문대학 중에는 내가 들어본 적도 없는 대학들도 있었다. 고질적인 한국인들의 의식구조로는 명문대 출신들의 성적이 항상 100점 만점에 80~90점대이며, 지방대 출신 학생들의 성적은 80점대 이하일 것이라고 생각하겠지만, 절대 그렇지 않았다. 내가 미국에서 생각했던 것처럼 전문대학원 수준에서 볼 때 명문대건 비명문대건 출신 대학과 학업 성과는 별 연관성이 없다는 것이다.

몇 년 전 한 학기 성적이 98점으로 가장 높은 전문대학원생이 있었다. 이 학생은 어느 지방 사립대에서 생물학을 전공했다. 같은 과목 수업에는 명문대 출신들이 약 40명 정도 있었으며, 이들 40명의 성적은 90점대에서 최하 20점까지 골고루 분포돼 있었다. 학벌의식에 깊이 젖어 있는 한국인들은 이해하기도 어렵고, 믿지도 못할지 모르겠지만, 80~90점대에 비명문대 출신 학생들이 좀 더 많았고, 20점대 4명 중 2명이 명문대 출신이었다. 이와 같은 성적 분포는 다른 학기, 다른 과목들에서도 거의 마찬가지였다.

만약 98점의 우수한 성적을 낸 지방대 출신과 20점을 받은 명문대 출신이 똑같이 기업체에 취업 이력서를 제출했다면 결과가 어떠했을까? 한국인들의 얼빠진 학벌주의 사고방식으로는 틀림없이 20점 명문대 출신은 채용되고, 98점 지방대 출신은 탈락이 됐을 것이다.

이런 식의 어처구니없는 편견과 의식구조를 가지고 국제화를 하겠다고? 잘못된 편견이나 썩어빠진 괴상망측한 사고방식을 지닌 집단은 국제화에 발붙이기가 어렵다. 98점짜리 지방대 출신의 억울함은 말할 수도 없지만, 능력과 실력을 갖춘 후보자를 버리고, 비뚤어진 사고방식 때문에 낙제생을 고용한 기업체의 미래는 밝을 수가 없다. 정부건, 사업체건 상하 직위를 막론하고 가장 중요한 자산은 인력이다. 인적자원의 질이 조직체 미래의 요체가 된다는 것은 두말할 나위도 없을 것이다. 고질적인 지-학-혈이라는 암과 학벌주의 의식으로는 국제화 시대에 생존하기가 어려울 것이다.

국가대표 축구 선수들을 선발하는데 학벌주의 법칙으로 선수들을 뽑

앉다가는 단 한 경기도 이기질 못하고 낭패만 당하게 될 것이다. 축구를 좋아하는 독자들이라면 이런 감독을 절대로 용서하지 않을 것이며, 당장 해임하라고 주장했을 것이다. 그런데 왜 한국 사회의 다른 면에서는 학벌주의가 지배적인지 이해할 수가 없다. 학벌주의 법칙을 적용해서 국가대표를 선발한 축구감독은 해임하라고 흥분해서 소리치는 사람들조차도 축구를 떠나서 다른 분야에서는 맹목적으로 학벌주의에 순응하고 있다. 이는 한국인들이 본질적으로 편견이 심하고, 이성적이지 못하며 합리적으로나 논리적으로 생각할 수 있는 능력이 부족하다는 증거다.

최근에 발표된 미국의 한 연구 결과도 내가 한국이나 미국에서 실제로 경험한 것을 뒷받침해주고 있다. 2014년 퍼듀대학(Purdue University)에서 대학 졸업생 3만 명을 대상으로 한 연구 결과를 갤럽-퍼듀 보고서(Gallup-Purdue Index Report)로 발표했다. 인생의 성공은 "명문대학을 졸업했느냐가 아니고, 대학 생활을 얼마나 충실히 잘했느냐."에 달렸다는 결론을 내리고 있다. 이런 연구 결과를 앞에 두고, 아직도 학벌주의에 매달릴 건가?

미래의 대한민국이 국제 무대에서 존경과 신임을 받으며 활약하려면 학벌주의라는 오물을 한국인들의 머릿속에서 깨끗이 씻어버려야 한다. 아직도 학벌주의에 사로잡혀 있는 한국인들에게 다시 한 번 강조하고 싶다.

인천공항에서 비행기가 이륙하는 순간 세계인들은 아무도 동부 대학 출신이건, 서부 대학 출신이건 전혀 관심이 없다. 학벌주의에 대한 나의 의견이나 비판에 독자들의 오해가 없길 바란다. 명문대 출신 중에 물론 우수한 사람들이 많지만, 비명문대 출신 중에도 그에 못지않게 우수한 사람들이 많다는 것을 알리고, 한국인들의 잘못된 학벌에 대한 의식을 바로잡는 데 도움이 됐으면 하는 의도에서 실제로 내가 경험한 사실들을 기술한 것일 뿐이다. 대학을 중퇴한 학생들이나 비명문대 출신들 중, 빌 게이츠나 스티브 잡스처럼 유능한 인물들이 있을 수도 있는데, 한국의 학벌주의는 이들에게 너무도 잔인하다. 우리 사회에 학벌주의 의식이 극심하지 않았다면, 빌 게이츠나 스티브 잡스보다 더 훌륭한 인물들이 한국에서 나왔을는지도 모르겠다.

○ **세계 최고의 대학진학률**

학벌주의가 의식구조에 깊숙이 뿌리 박혀 있는 대한민국에서 너 나 할 것 없이 모두 대학에 가려고 하는 것은 당연한 이치라 하겠다. 대학 졸업장이 없는 고등학교 졸업생들은 일생을 두고두고 찬밥 신세다. 아무리 능력이 좋아도 사회가 자기 능력을 발휘할 기회조차 주지 않는다. 이런 환경에서 대학진학률이 다른 어느 나라도 추종이 불가능한 83퍼센트나 된다는 것은 매우 놀랄 만한 일이 아니다. 미국 고교 졸업생들의 2012년 4년제 대학 진학이 37.5퍼센트였으니, 미국의 두 배가 훨씬 넘는다는 얘기다. 다른 나라에서는 상상조차 할 수 없는 83퍼센트의 대학진학률은 학벌 중심주의에 매달린 한국인의 독특한 의식의 부산물이다.

이건 분명히 무언가 한국 사회가 잘못돼 있다는 증거다. 대학 교육이 일체 무료인 덴마크도 고교 졸업생의 대학진학률은 35퍼센트를 조금 밑도는 것으로 알려졌다. 대학 교육을 받은 덴마크의 인구 비율이 우리보다 훨씬 낮지만, 국민소득은 한국의 두 배인 6만 달러 정도이며 국민들의 행복도는 세계 3위다. 스웨덴, 노르웨이, 핀란드, 및 서구 유럽 국가들도 거의 마찬가지다. 국민소득과 행복도만 높은 게 아니다. 국민들의 전반적인 인간의 질(質)이나 교양, 공공 예의, 사회적인 의무와 책임, 준법정신, 사회의 정의, 인권, 정치 등 여러 면에서 그들의 민도는 우리가 따라갈 수 없을 정도로 높은 선진국들이다.

2
주입식 점수 교육은 이제 그만

○ **국제학생능력평가**

　천편일률적 주입식 교육은 초등학교 1학년에서부터 대학까지 우리 교육의 부인할 수 없는 전통이었다. 지난 반세기 동안 한국인들은 교육에 대한 불타는 열정과 조국을 위한 아낌없는 희생정신으로 경제적인 기적을 이룩했다. 하지만 미국의 교육학자 용 자오(Yong Zhao) 같은 전문가들은 주입식 교육 체제에서는 여기까지가 한계일 거라는 우려를 표하고 있다. 역사적으로 주입식 점수 교육이 한국 교육의 중추를 이루고 있었으며, 모든 교육은 대학 입학을 위해 존재한다고 할 정도의 대학 입시에만 이끌려온 입시 교육이었다. 원래 교육은 밖에 있는 사실들을 안으로 주입하기보다는 안에 지니고 있는 것을 밖으로 꺼내 개발시켜 주는 것이다. 주입식 교육이 다 나쁘다는 말은 아니다. 주입식 교육도 교육이며 주입식 교육이 필요한 면도 있다는 것을 분명히 해두고 싶다.

대학 입시를 위해서 초·중·고등학교 인성교육에 필수적인 음악, 미술 등 예능교육과 윤리, 도덕, 체육교육을 무자비하게 희생시켰으며, 대한민국의 후세들을 원만하고 아름다운 인간으로 만드는 교육보다는 국민 전체가 일류대학 입학에만 초점을 둔 교육이었다. 입시 교육의 희생물 중 하나가 불행하게도 음악교육이었다. 역사적으로, 유럽에서는 체계적인 학교 교육에 철학, 종교학, 물리학, 수학, 천문학과 더불어 음악이 포함됐다.

그 이유가 있다. 국악이건, 서양 음악이건, 성악이건, 기악이건, 음악은 성장하는 학생들의 언어와 추리력을 발달시키는데 관계가 깊은 우리 뇌를 자극하는 데 중요한 역할을 한다고 알려졌다. 특히 음악은 우리 뇌의 왼쪽 부분을 발달시킨다. 즉, 좌뇌는 언어 기능과 예술적이고 창의력인 부분을 담당하는 부분이다. 음악은 우리에게 영감을 주고, 동기 유발에도 도움이 되며, 일에 능률을 올려주고, 우리 감정을 부드럽고 따뜻하고 아름답게 꾸며준다.

교육을 통해서 교양 있는 명품 인간을 길러내야 한다기보다는 '잘살아보세'가 지난 50년간 대한민국의 구호요 강령이었다. 우리 한국 사회는 지금 이런 교육문화의 부작용으로 인해 멍들고, 심각한 후유증에 시달리고 있다.

국제협력개발기구가 2000년부터 약 70개 국가의 15세 학생들을 대상으로 학생능력평가를 하고 있다. 국제학업성취도평가(Program for International Student Assessment, PISA)라 불리는 이 프로그램은 독해력과 수학, 자연 과학 세 분야에 학생들의 능력을 3년마다 평가해왔다. 항상 상위권에 속해 있는 한국 학생들의 우수한 성적은 우리에게 자랑거리일 뿐만 아니라 세계 언론에 널리 보도돼 부러움의 대상이 되기도 한다.

2012년 PISA 평가에서 한국 학생들은 수학 5위, 자연 과학 7위, 독해력 5위라는 좋은 성적을 기록했다.

이처럼 PISA 평가가 우수하기 때문에 현재의 주입식 교육에 대만족하고 한국 교육의 대폭적인 개혁에 저항하는 세력이 나올까 두렵다. 하지만 창의력과 상상력, 비판적인 사고력에 초점을 둔 교육의 필요성을 외치는 절절한 목소리가 최근 점점 크게 들리기 시작하는 것은 천만다행이라 생각한다. 전공 분야를 불문하고 교육의 핵심에서 인성교육이 빠질 수가 없는데, 우리는 지난 50년 동안 너무도 인성교육에 인색하고, 인성교육을 거의 버리다시피 했었다. 최근 교육계 전문가들이나 학부모, 사회 지도자들이 함께 뜻을 모아 인성교육의 중요성을 부각시키고 있어 기쁜 일이지만, 더 늦기 전에 빨리 실행돼야겠다.

그러나 지금 당장 실행한다 해도 큰 문제점이 하나 있다. 한창 일선에서 인성교육을 가르쳐야 할 30~50대 교육자들이 그럴 만한 인성교육을 받지도 못했으며, 인성교육 분위기 속에서 성장할 기회가 없었으니 어떻게 적절한 인성교육을 시킬 수 있을지 의문스럽고, 수천 명의 자격을 갖춘 교사들을 양성하려면 상당한 시간이 걸릴 테니, 이 또한 보통 큰 국가적인 과제가 아닐 수 없다.

인도의 지도자 마하트마 간디는 '인격 없는 교육'이 나라가 멸망할 때 나타나는 일곱 가지 사회악 중 하나라고 외쳤다. 불행히도 대한민국은 인성과 인격이 없는 교육을 2세대 이상 실행해 왔기 때문에 그 후유증이 개개인뿐 아니라 사회 구석구석에 깊이 스며들어 우리를 아프게 하고 있으며, 앞으로도 계속 우리의 양심과 대한민국이라는 사회를 괴롭히게 될 것이다.

놀라운 것은 악의 후유증이 정신적, 육체적으로 우리를 옭아매고 괴롭히고 있다는 사실을 대부분 한국 사람들은 의식하지 못하고 있다는 것이다. 인격과 인성이 실종된 교육은 저질의 인간들만 길러낼 뿐이다. 이런 이유에서 간디는 인격 없는 교육은 사회의 악이라고 했으며, 사회의 악이 바로 인격 없는 교육을 받은 우리 자신들이라는 것을 깨달아야 하겠다.

주입식 교육이 최근까지 한국 경제를 발전시키고 이끌어온 것은 사실이지만, 미래를 위해서는 이런 식의 교육에서 벗어나야 한다는 것이 용자오 교수 같은 전문가들의 의견이다. 박근혜 정부는 창조성을 경제의 핵심가치로 두는 '창조경제'를 새 정부의 주제로 내걸고 2015년 5월 현재 17개 창조경제혁신센터를 전국 각지에 개설하고 사업을 추진 중이다. 점수에만 치중하는 주입식 교육은 창조경제 발전을 위해 필요한 창의적이고 상상력이 풍부하며 비판적인 사고능력을 지닌 고급 인력을 길러내는 원동력이 될 수가 없다. 그동안 주입식 교육은 점수 상으로 대학 입학 전까지 우수한 학생들을 많이 배출해 냈다. 아무리 훌륭한 최첨단의 혁신센터를 개설해도 창조경제를 이룩할 실력 있는 인력이 없으면 말짱 헛것이 되는 것은 자명한 사실이다.

워런 버핏(Warren Buffett)에 못지않게 독일 증권시장 투자가로 유명했던 헝가리 출신 앙드레 코스톨라니(Andre Kostolany, 1906~1999)는 젊었을 때 꿈이 예술평론가가 되는 것이었다. 코스톨라니는 사람들에게 "만약 내게 아들이 넷 있다면, 첫아들에게는 음악가, 둘째는 화가, 셋째는 언론인, 그리고 넷째에게는 세 형들을 경제적으로 도와야 하니 투자가가 되라고 했을 것"이라고 했다. 그는 항상 "인생의 삶의 향기는 문화 예술에서 나오지만 이를 누리기 위해서는 경제적인 뒷받침이 필요하다."고 주장했던 사람이다. 대학 입시를 위해 음악, 미술, 체육 시간을 빼앗겨버린 우리의 후세들은 인생을 살면서 삶의 향기를 즐길 수 있는 특권도 함께 빼앗겨 버렸다.

○ **미래를 향한 교육**

 뒤돌아보면 세상은 숨 쉴 틈도 없이 너무 빨리 변했고, 앞으로는 더 많은 변화가 더 빨리 오리라는 것을 부인할 사람은 없을 것이다. 오늘 존재하는 직업이나 기술이나 지식이 대학 4년을 졸업하고 난 후엔 사라져 버리거나 필요 없게 될지도 모른다.

 한 발자국 앞에 다가선 미래는 지금 현재의 기술이나 지식을 한순간에 무용지물로 만들어버릴 수도 있다. 대학 재학 중에 배운 기술이 졸업하자마자 별로 필요가 없게 되고, 미래의 사회나 기업이 어떤 형태로 변해서 정확히 어떤 기술과 지식이 필요할지 모르는 상황이다. 미래의 학생들을 교육하기란 결코 쉬운 일이 아니며, 모든 대학들에 오늘날 당면한 가장 큰 어려움이요, 도전이다.

 약 20년 전에 한 조사 결과에 의하면 미국 대학 졸업자들의 3분의 1가량이 대학 졸업 10년 후 전공 분야와 아무런 관계가 없는 분야에서 일하고 있었다는 것이다. 20년 전에도 벌써 세상은 숨 가쁘게 빨리 변하고 있었다. 내가 처음으로 인터넷을 쓰기 시작한 것은 1995년쯤이었는데, 그때만 해도 인터넷을 사용하고 이메일을 교환하는 사람들이 내 주변에 별로 많지 않았다. 불과 20년 후인 지금, 인터넷을 사용하지 않은 사람은 없을 것이며, 인터넷 없이는 불편해서 일상생활을 할 수가 없는 세상이 돼 버렸다. 20년 전에 우리가 사는 세상이 이렇게 변하리라 내다보고 있었던 사람들이 얼마나 될까? 앞으로 20년 후에는 1990년대에 유행했던 무선호출기 '삐삐'처럼 인터넷이 필요 없게 될지도 모른다.

대한민국 미래의 운명은 우리가 미래를 어떻게 준비하느냐에 따라 결정된다. 미래의 준비는 교육이다. 주입식 교육이나 점수를 올리기 위해 자녀들을 학원에나 보냈다가는 대한민국의 미래는 없다. 밤잠을 못 자고 주입식 교육과 '학원교육'을 통해서 이미 알려진 사실들을 외워 담아 머릿속에 집어넣고, 기계적으로 문제를 귀신처럼 잘 풀어헤치는 기술을 연마한 한국 학생들이 국제학술대회에서 두각을 나타내는 것은 자랑스러운 일일 수도 있지만, 이런 식의 교육은 대학 입학까지가 한계다.

이 같은 교육이 50년 이상 지속해왔고, 정부에서도 막대한 예산을 오랫동안 교육에 투자했지만, 아직까지 노벨평화상 이외는 노벨상 수상자가 나오질 않고 있다. 이 안타까운 사실은 이미 50년 전 조순탁 박사가 예언했다. 조 박사는 한국과학기술원(KAIST) 원장을 역임한 분이다. 대한민국 주입식 교육을 비판하는 그의 말을 기억하고 있는 독자들도 있을지 모르겠다.

"한국의 주입식 교육 환경 속에서 자란 우리 후세들 중에서는 절대로 노벨상 수상자가 나오지 않을 것이다. 만약 한국인이 노벨상을 받게 된다면, 그 사람은 분명히 어렸을 때 이민 간 부모를 따라 미국이나 서구 유럽에서 교육을 받고 자랐거나 거기서 태어난 2세일 것이다."

비슷한 능력의 두 선수가 훈련 방법에 따라 한 선수는 국가대표 예선에서 탈락돼 올림픽 경기에 출전도 못 하지만, 다른 선수는 올림픽 경기에서 우승을 하고 금메달을 획득할 수 있는 것처럼, 교육도 방법에 따라 엄청난 차이를 불러올 수가 있다. 지금까지의 한국 교육은 우수한 국가대표급을 길러냈을 뿐 올림픽 금메달 급으로 노벨상을 받을 만한 인재는 길러내지 못했다.

5,000만이 넘는 인구에 그간 교육에 투자한 정부예산과 사교육비를 고려했을 때 노벨상 수상자가 20명쯤은 충분히 나왔어야 한다. 몇 나라 예를 들어보겠다. 호주 인구가 우리의 절반이 조금 못 되는 2,400만인데 노벨상 수상자는 2014년 현재 13명이며, 캐나다 인구가 3,600만 명에 그간 23명의 수상자가 배출됐다. 경제적으로 한국과는 비교도 되지 않고 인구 950만 명에 불과한 벨라루스(Belarus)도 경제학과 물리학에 각각 한 명씩 수상자를 냈다. 이웃 나라 일본은 2016년 현재 노벨상 수상자가 공동수상자 3명을 포함해서 25명이다.

우리는 아직도 50년 전 조순탁 교수의 경고를 심각하게 받아들이지 못하고 있다. 원래 비판을 잘 들으려고 하지도 않고, 소화할 줄도 모르며, 비판하는 사람을 싫어하고, 감정적으로만 대응하려는 한국 사람들의 성향에 조 박사의 비판이 쉽게 흡수됐을 리 없다. 불행히도 그 예언은 지금까지 틀림이 없다. 이미 잃어버린 아까운 50년의 세월이 돼버렸다.

이미 알려진 사실들을 머릿속에 외워 담고 있는 사람은 굉장히 우수한 사람으로 보이기 쉽고 물론 우수할 수도 있다. 이제는 이런 사람들이 별 필요 없고 주목을 받을 수도 없다. 구글(Google)을 치면 더 자세한 정보를 곧 쉽고 정확하게 얻을 수 있기 때문이다. 미래에 어떤 기술이나 지식이 필요할지 모르는 현황에서 우선 인성교육을 회복시키고 강화해야 하며, 시대에 뒤진 명문대학 사고방식을 버리고, 품격 높은 명품 인간을 만드는 교육에 총력을 기울여야 한다.

주입식 교육을 버리고 창의력과 상상력을 배양하고 논리적 사고력을 키우는 비판적인 사고력을 중심으로 한 교육이 급속도로 변해가는 미래를 준비하는 올바른 교육이라 할 수 있겠다. 대학 교육을 받고 시대의 변화에 맞춰 다른 분야로 옮겨 갈 수 있는 능력을 길러주는 가장 중요한 기본적인 요소는 위에 언급한 창의력과 상상력이요, 그리고 논리적, 비판적인 사고력이다.

사회나 기업이 필요로 하는 학생들을 교육하는 것이 대학의 중요한 임무지만, 멀리 미래를 내다보면서 사회와 기업 개혁의 불쏘시개가 되는 것이 더 중요한 역할이라 하겠다. 한국의 교육제도에 융통성이 전혀 없다는 것은 누구나 아는 사실이다. 교과서에 적힌 대로 따라서 하려고만 하는 교육 체제에서는 미래의 대한민국이 필요로 하는 창의적인 인재를 길러낼 수가 없다. 한국처럼 지난 수십 년 실시해온 지식 중심의 주입식 교육은 모방은 가능하지만, 새로운 것을 획기적으로 창조할 수 있는 인재를 길러내기에는 한계가 있다.

불행히도 우리 교육은 다음 세대가 명품 인간이 되건 천박한 인간이 되건 상관없이, 사회적으로 출세하고 남보다 더 잘살기 위한 수단과 방법에 초점을 맞추고 있다. 순수하고 숭고한 교육의 목적은 잘 먹고 잘사는 데에 있지 않다. 사회적이고 물질적인 것은 교육의 부산물로 자연스럽게 따라올 뿐이다. 한국의 교육은 삐뚤어진 교육이다. 미국 교육학자 용 자오의 말처럼 여기까지가 한계다. 창조경제를 뒷받침해줄 인력을 이런 교육 환경에서 대량으로 배출하기는 매우 어렵다.

대한민국의 교육제도 일체를 혁신적으로 개혁해서 창의적인 인재를 길러낼 수 있는 교육 체제를 먼저 확보하고 난 다음, 창조경제혁신센터를 전국 각지에 개설하는 것이 순서일 것 같은데, 수레를 말 앞에 달아놓은 격이 아닌가 우려가 된다. 창조경제혁신센터 개설은 정부의 훌륭한 사업이긴 하지만, 절실히 필요한 교육제도 혁신은 별로 신경 쓰지 않고 있으니, 매사에 시간을 충분히 두고 심사숙고하는 정신이 부족하고 밀어붙이기를 좋아하는 우리의 의식구조가 여기에서도 약간 보이는 것 같다. 신발을 신기 전에 양말을 먼저 신어야 한다는 것은 어린아이들도 알고 있는 기본적인 상식이다.

이제까지는 열심히 공부해서 잘 외우고, 기계적으로 잘 풀면 높은 점수를 얻어 명문대학에 입학할 수가 있었으며, 졸업 후 좋은 직장이 거의 보장이 됐다. 이런 교육제도나 학벌 중심 의식구조를 갖는 한 우리에게 밝은 미래는 없다. 우리가 모두 바라는 미래를 보장하기 위해서는 학벌 중심 의식구조를 하루빨리 타파해야 한다. 창의적이고 상상력이 풍부하며, 논리적이고 비판적인 사고 능력을 지닌 명품인격 세대를 양성할 수 있는 교육제도를 도입해야 한다.

"원석으로 태어난 어린아이를 보석으로 만드는 것이 바로 교육의 역할이다." 한 현인의 말대로 올바른 교육만이 보석을 양산할 수 있는 길이다. 인성교육이 빠진 대학 입시를 위한 주입식 교육으로는 아무도 보석으로 만들 수가 없다.

○ **"유대인보다 더 우수한 민족이에요"**

공부건 막일이건 이 세상에서 한국인들처럼 자기가 하는 일을 열심히 하는 사람들은 찾아보기 어렵다. 이민 1세들과 그 자녀들의 타의 추종을 불허하는 끈질긴 근면성을 지켜보고 미국 언론이 감탄하고 극찬을 한 것은 너무도 당연하다 하겠다. 200여 개 국가로부터 몰려온 미국 내 이민자들 가운데 가장 최단시간에 경제적으로 자립하는 사람들이 바로 우리 한국 이민자들이라는 것은 이미 알려진 사실이다. 이런 근면성의 뒷받침으로 여러 분야에 우수한 한국인들이 상당수 배출됐으며, 인정을 받으면서 각계에서 크게 공헌하고 있다는 것은 우리 모두에게 큰 자랑거리라 하겠다. 다른 나라 사람들이 감탄하는 우리들의 근면성과 투지력은 조상님들로부터 물려받은 전통에서 비롯되었다고 할 수 있을 것이다.

그런데 우리가 주의해야 할 것은 너무 심한 자화자찬을 절제해야 한다는 것이다. 그래야만 세계인들의 눈에 한국인들이 겸손하게 보이고, 한국에 대한 믿음이 더 쌓이게 된다. 나에 대한 칭찬은 항상 다른 사람이 했을 때 진짜 의미가 있는 것이다. 우리 한국인들은 가끔 좀 과하게 우리 민족의 우수성을 평가하고 만구칭송한다는 인상을 줄 때가 있다. "우리 한국 사람들은 다른 나라 사람들보다 머리가 무척 좋아서……"라고 말하는 것을 자주 듣게 된다. 물론 대한민국 국민 중에 머리가 좋은 사람도 많지만, 그에 못지않게 좋지 않은 사람도 많다. "머리가 좋다."는 것을 IQ 점수로 나타낸다면, 인구가 약 6.6배나 많은 미국은 우수한 사람들이 우리보다 6.6배가량 더 많고, 중국은 우리보다 무려 30배가 더 많다고 볼 수 있다. 머리가 좋지 않은 사람들도 미국은 우리보다 6.6배 그리고 중국은 약 30배가 더 많다는 것이다.

전국적으로 널리 알려진 어느 교수님이 특강 중에 "우리 한국 사람들은 이 세상에서 가장 머리가 좋고, 유대인들보다 더 우수한 민족이에요."

라고 말씀하셨다. 근거가 있건 없건, 한국 사람이면 누구나 이런 말을 들었을 때 귀가 즐겁고 흐뭇함을 느낄 것이다. 칭찬을 싫어하는 사람은 아무도 없다. 그 교수님은 어디에 근거를 두고 하신 말씀인지 모르나, 아직까지는 어느 민족이 다른 민족에 비해서 더 우수하다는 입증된 과학적인 근거는 발표된 적이 없다.

학문적인 공헌이나 업적을 보면 유대인을 능가하는 민족이 이 세상에 없다. 2015년 현재까지 194명의 노벨상 수상자들이 최소한 50퍼센트의 유대인의 피를 지닌 사람들이라 밝혀졌다. 이는 총 수상자의 22퍼센트나 된다. 지구 상에 존재하는 유대인 인구 수는 남한 인구의 3분의 1이 조금 못 되는 1,600만 명으로 추산되고 있는 것을 보면 상상하기 어려운 엄청난 비율이다. 지금까지 41퍼센트의 노벨경제학상, 28퍼센트의 노벨의학상, 26퍼센트의 노벨물리학상을 유대인들이 휩쓸었다. 인구 5,100만 명인 한국인은 평화상 이외는 아직도 노벨상 하나를 얻지 못하고 있는데 "유대인들보다 더 우수한 민족이에요."라고 주장한다는 것은 국제 무대에서는 완전히 조롱거리가 되고, 우물 안 개구리 같은 교만하기 짝이 없는 민족이란 낙인이 찍혀 국가의 신임도를 크게 떨어뜨리게 된다는 것을 잊지 말자. 유대인들 입장에서는 더욱더 비웃음을 살 만한 언사라 하겠다. 노벨상 급이 아니더라도 여러 분야에서 유대인들의 공헌은 다른 어느 민족과는 비교할 수 없을 정도라는 사실을 인정해야 한다.

영국에 있는 대학평가기관(Times Higher Education)이 2016년 세계 대학 순위를 발표했다. 우리가 그토록 자랑스럽게 생각하는 명문대학들의 순위는 서울대 72위, 카이스트 89위, 포스텍 104위, 성균관대 137위, 연세대와 고려대는 200위 밖으로 평가됐다. 서울대보다 더 우수하다고 국제

기관이 평가한 대학이 지구 상에 무려 71개나 된다. 평가 기준과 특정 기준에 얼마나 무게를 주느냐에 따라 등급이 달라질 수도 있다. 지난 수십 년 동안 세계 곳곳에 있는 1,000개 대학의 평가를 하는 기관이 하나 더 있다. 『유에스뉴스앤드월드리포트(U.S. News & World Report)』의 최근(2016년) 발표에 의하면, 서울대 119위, 카이스트 187위, 성균관대 236위, 포스텍 261위, 고려대 278위, 연세대 289, 한양대 467위로 평가됐다. 이것을 보더라도 현실을 알고 실질적이며 겸손한 태도로 국제화에 임할 필요가 있다.

국제 무대에서는 근거 없는 자화자찬이나 과대망상보다는 겸손하고 진솔한 태도를 보여야 신임을 얻는다. "우리 민족이 유대인들보다 더 우수한 민족이다."라고 말하는 사람들은 이 세상에 한국인들 이외는 없을 것 같다. 많은 한국 사람들은 상상도 못 하겠지만, 국제 무대에서 이처럼 경박한 상황은 없다. 세계 속의 현실을 정확하게 파악하지 못하면 이런 터무니없는 말을 하게 된다는 것을 잊지 말아야 하겠다.

지금 현재 지구 상 여러 곳에서 우리의 경제력을 과시하고 여러 분야에서 두각을 나타내고 있는 것은 자랑스러운 일이지만, 국제화에서는 우리의 처지를 정확하고 객관적으로 잘 알고 파악해서 언행을 해야만 낭패를 피할 수 있고 우리에 대한 믿음과 신임을 얻을 수 있다. 모든 인간관계처럼 성공적인 국제화에서 가장 중요한 요소는 세계인들의 대한민국에 대한 믿음과 신뢰이다.

유대인들의 학문적인 성공의 원인은 어디에 있나? 한국인들에 못지않은 근면성과 어려서부터 가정교육, 그리고 주입식 암기 교육이 아닌 비판적인 사고와 분석 그리고 창의력을 중점으로 하는 학교 교육 환경이라고 전문가들은 말하고 있다. 유대인들의 모든 성공에는 유대인 엄마(Jewish mother)라는 무서운 힘이 숨어 있다. 한국의 엄마들이 하루빨리 의식구조를 획기적으로 바꿔서 유대인 엄마보다 더 훌륭한 '한국인 엄마(Korean mother)'로 변해야 한다. 그런 노력으로 학벌주의 의식과 학교 교육이 대학 입시 교육의 틀에서 완전히 벗어나면, 언젠가는 우리 한국인들이 유대인들보다 더 많은 노벨상을 획득할 수 있을 것이며, 그날이 오면 "유대인들보다 더 우수한 민족이에요."라고 당당히 주장할 수 있을 것이다.

○ 미 명문대학 한국 학생들의 참혹한 중도 탈락

미국의 대학들은 학생의 성적이 기대치 이하로 뒤처지면 경고를 하고 정학, 유급 또는 퇴학 조치까지 취한다. 최근 "아이비리그 등 최상위 대학 진학 한국 학생 44퍼센트 중도 탈락"이라는 주제의 미 컬럼비아대학 김승기 씨의 박사학위 논문이 관심을 끌고 있다. 그의 논문에 의하면 한국 학생들의 중도 탈락률은 44퍼센트, 중국 학생 25퍼센트, 인도 학생 21퍼센트, 그리고 미국 학생 34퍼센트다. 한국 학생의 탈락률은 같은 동양인 학생인 중국 학생들보다 놀랍게도 거의 20퍼센트나 더 높고 인도 학생들의 두 배 이상이다. 3분의 1 정도 미국 대학생들이 중도 탈락한다는 것은 지난 30~40년 동안 큰 변동이 없다.

1970년 이후 매년 평균 약 3만 5,000명의 한국인이 미국에 이민을 왔다. 한국인들의 미국 이민 역사가 본격적으로 시작하면서부터 이민자들의 자녀들은 학교 성적 면에서 두각을 나타내기 시작했고, 쉬지 않고 주야장천 일만 하는 이민 1세대들은 기록적으로 빠른 기간 내에 경제적인 자립을 이룰 수가 있었다. 미국 언론들은 80년대와 90년대에 누차 한국 이민자들에 대해 '가장 모범적인 이민'이라고 극찬했다. 피눈물 나도록 열심히 일만 하는 한국 이민자들의 모습을 보며 '이 세상에서 가장 생존력이 강한 민족'이라고까지 했다.

미국 전체 인구의 0.5퍼센트도 못 되는 교포들의 자녀들은 한국 인구에 비해 엄청난 높은 비율로 미국의 명문대학에 입학하기 시작했다. 한국의 어느 의대나 치대에 못지않게 입학하기가 어려운 로스앤젤레스 동쪽에 있는 로마린다대학의 치대와 의대 입학생들 15퍼센트 이상이 교포들의 자녀들이다.

하지만 겉으로 보이는 자랑스럽고 영광스런 명문대, 의대, 치대의 높고 높은 진학률과 미국 언론의 극찬 뒤에는 가슴 아픈 진실이 숨어 있다. 미국 대학들에서 과거에 볼 수도 없었고, 상상할 수 없었던 한국 학생들의 높은 중도 탈락률이 바로 그것이다. 쉽게 말해서 대학 교육 실패율이다. 미국 대학에서 강의하고 있는 대부분의 한국인 교수들은 이미 80년대부터 이 사실을 알고 있었으며, 단지 전체적인 자료수집이나 체계적인 분석이 돼 있지 않았을 뿐이다.

미국 어느 명문대학에 근무하고 계신 나의 선배 교수께서 1985년경에 들려주신 말씀이 생각난다. "대학 수업을 따라가지 못해 중도 탈락하는 많은 한국 학생들을 수년 동안 접하다 보니, 고등학생인 두 아들에게 열심히 공부해서 좋은 대학에 가라는 말을 한 번도 할 수가 없었다."

미국 학생들은 자기 능력에 맞춰 대학을 선택한다. 반면에 한국 학생들은 부모들까지 온갖 기를 쓰고 SAT 학원까지 다니면서 성적을 올려 한국식 사고방식대로 명문대학에 입학하려고 온갖 발버둥을 친다. 노력하고 학원까지 다니면서 높은 성적을 올리는 것은 고등학교 수준에서는 얼마든지 가능하다. 열심히 하는 것이 나쁘다는 말이 결코 아니다. 이렇게 해서 성적을 높이 올리는 것이 웬만한 학생들에게는 그다지 어렵지 않다는 것을 말하는 것뿐이다. 미래교육연구소장 이강렬 박사는 이처럼 부풀려진 성적을 '다른 사람에 의해 만들어진 실력'이라고 부른다.

다른 사람에 의해 만들어진 실력도 실력이라고 볼 수도 있겠지만, 문제는 우리의 고등학교 공부와 미국 대학 공부는 차원이 다르다는 것이다. 물론 대학 공부와 대학원 공부는 차원이 또 다르다. 참고로 내가 대학교 때 사회학 한 과목을 수강했었는데, 한 학기에 읽어야 할 책이 무려 23권이었다. 주입식 암기 위주의 교육에 익숙한 한국 학생들이 이런 과목을 무사히 잘 소화하는 것은 보통 어려운 일이 아니다. 암기하고 싶어도 암기할 것도, 암기할 수도 없다. 수업 내내 토론하고, 학생들의 생각과 비판을 써서 제출해야 한다.

부모의 강요 때문에 전공 분야를 타의로 결정하는 것도 높은 탈락률의 중요한 원인이 된다. 1995년쯤에 있었던 일이다. 이 무렵 한국 및 중국계 이민자들은 자녀들이 백인들보다 훨씬 성적이 우수함에도 불구하고 백인 학생들은 명문대학에 입학되는 데 반해 동양인 학생들은 불합격되는 것에 대한 불평의 목소리를 높이기 시작했었다. 이에 대해 브라운대학(Brown University) 입학조정위원장의 솔직한 답변은 다음과 같다. "세 가지 이유가 있다. 첫째, 동양인 학생들의 고등학교 성적이 브라운대학에서 성공적으로 공부할 수 있는 능력이 갖추어져 있다는 증거가 못 된다. 한국 학생들의 중도 탈락률이 너무 높다. 둘째, 많은 동양인 학생들은 의사가 되는 것이 인생의 목표라고 한다. 우리 대학은 미래의 의사만을 길러내는 곳이 아니다. 그리고 동양인 학생들은 졸업 후 모교에 기부금을 내지 않는다. 우리는 사립대학이다. 동창생들의 기부금이 없으면 재정적으로 곤란을 겪게 된다."

한국 부모들과 학생들은 브라운대학 입학조정위원장의 솔직한 답변을 고맙게 생각해야지, 불평만 할 게 아니다. 먼저 깊이 반성해야 한다. 로마린다대학 의대, 치대에서는 매 학기가 끝나면 학생들의 성적을 철저히 검토하고 학생 개개인에 대해 교수들이 관심과 의견을 교환한다. 부실한 성적 때문에 교수들에게 걱정을 끼치고 골치를 아프게 하는 학생들이 항상 5~10명 정도는 꼭 있다. 우수한 한국 학생들도 있지만, 성적이 부족한 학생들의 대부분은 한국 학생들이며, 어떤 학기에는 100퍼센트가 한국 학생들이다. 언젠가 옆에 앉아 있던 교수 한 분이 나에게 귓속말로 속삭이는 것이었다. "왜 학기마다 성적이 형편없는 학생들 대다수가 한국 학생들일까요?" 부모들의 강요 때문에 힘든 의대, 치대에 들어왔지만, 아무리 능력이 좋다고 해도, 적성에 맞지 않는 분야 공부를 어떻게 잘할 수가 있겠는가? 부모들의 욕심과 허영 때문에 고통스러워하는 이런 한국인 학생들을 볼 때마다 너무 가슴이 아팠다.

최근까지 미국이나 한국 언론은 고등학교 졸업 성적이나 명문대학에 입학한 우수한 학생들만 보도했지, 대학이나 대학원 공부가 벅차 실패하고 중도 탈락하는 한국 학생들에 대한 보도는 전혀 없었다. 2014년 한 해 동안 중국 학생들 미국 대학에서 낙제하거나, 표절 등 부정한 행위로 퇴학당한 숫자가 약 8,000명이라고 보도됐는데, 이 중 80퍼센트는 성적 탓이었다. 한국 학생들에 대한 통계는 아직 보고된 것이 없지만, 이와 거의 비슷하지 않을까 생각한다.

약 15년 전 일이다. 내 의학 통계학 수업을 수강했던 한국 1.5세 학생 한 명이 치대 졸업식 후 인사차 나를 찾아왔다. 졸업 후 계획이 뭐냐고 물었다. "치의학은 이것으로 끝이에요. 이제부터는 제가 하고 싶은 것을 할 겁니다. 할리우드로 가서 몇 년간 영화 제작 공부를 하고 싶어요." 뜻하지 않은 말에 놀란 나는 "그럼 그 많은 학비와 시간을 완전히 낭비한 게 되잖아요." 하고 말하자, 학생은 "괜찮아요. 저는 부모님을 기쁘게 해 드리기 위해 대학 4년 동안 열심히 공부해서 치대에 들어왔어요."라고 답했다. 자세한 내막을 듣고 보니, 1980년 중반 11세 때 부모를 따라 미국에 이민 와서 샌프란시스코 부근에 정착하고, 버클리대학을 졸업한 후 로마린다대학 치대에 들어왔던 것이다.

아버지는 매일 하루 종일 페인트칠을 하러 다니고, 어머니는 청소부로 일하는 어렵고 힘든 이민 생활을 하면서, 부모님들의 소원은 아들이 치과의사가 되는 것이었다. 나도 학생 때 페인트칠을 한 적이 있는데, 손목은 퉁퉁 붓고, 시리고 아프며, 사다리에 올라서서 높은 곳까지 팔을 뻗치고 페인트칠을 하다 보면 발가락 끝에서 목까지 온몸이 아프지 않은 부위가 없었다. 독자들 중 페인트칠을 해보신 분들은 충분히 이해할 것이다. 말도 잘 통하지 않는 이국땅에서 고생만 하시는 부모님을 어려서부터 보고 자란 이 학생은 단 한 번이라도 부모님을 기쁘게 해드려야겠다는 의무감을 갖고 치대를 온 것이었다. 나는 지금도 가끔 이 학생을 떠올리며, 그때마다 가슴속이 찌릿해짐을 참을 수가 없다.

○ **질문이 없고, 수업 중에 조는 학생들**

한국에서 강의하는 동안 수업 분위기를 내 경험을 바탕으로 비교해 보면 미국 학생들과 한국 학생들의 두드러지게 다른 점이 두 가지가 있다.

첫째, 한국 학생들은 질문하지 않는다. 학기가 다 지나갈 때까지 질문 하나 없는 경우도 있다. 반면에 미국 학생들은 강의 진도에 지장이 있을 만큼 질문이 많다. 강의 시간마다 나는 한국 학생들에게 배움에서 질문의 중요성을 설명하고, 시간을 주면서 질문할 것을 몇 번이고 호소한다. 그래도 질문이 없다. 마음 편하게 질문하도록 격려하기 위해 "이 세상에 바보 같은 질문은 절대로 없다."라고 강조한다. "질문하는 학생은 나를 포함해서 이 수업에 참석한 모든 학생들에게 큰 도움을 준다. 질문은 우리 모두를 더 깊게 생각하게 하며, 나의 설명이 부족했던 부분을 깊게 자세히 설명할 기회를 주기 때문에 너무도 고마운 일"이라고 해도 질문은 없다. 한국 학생들은 주입식 교육 환경 탓에 질문이나 토론하는 분위기에 익숙하지 않은 것 같다. 학문을 추구하는 면에서 제일 중요한 것은 질문이다. 모든 것은 질문에서 시작한다.

둘째, 수업 중 졸고 있는 학생이 많아 처음 한국에 와서 당황했던 적이 많았다. 다른 교수들께 물어보니, 역시 그분들의 강의 중에도 조는 학생들이 많다고 한다. 지금까지 내 기록으로는 36명 중 34명이 수업 중 졸고 있었다. 하도 기가 막혀서 다음 수업부터는 꼭 베개를 하나씩 가지고 오라고 농담조로 말했던 적도 있었다.

학기가 끝나고 미국에 잠깐 들렀을 때, 옛 동료 교수 한 분을 만나 수업 중 졸고 있는 한국 학생들에 대한 나의 경험담을 나누면서, 한때는

36명 중에 34명이 졸고 있었다고 하자, 그는 "4명이 졸고 있었는데 34명이라고 실언하는 것이 아니냐?"고 반문하는 것이었다. 사실 미국에서 나의 경험으로는 4명도 무척 많은 편이다. 50명 학생 중 조는 학생은 이따금 두세 명 있을 정도다.

미국이건 한국이건 학생들은 전반적으로 통계학이 어렵고 지루한 분야라고 생각하기 때문에 강의하는 사람에게도 그만큼 부담이 커진다. 전공도 아닌 힘든 과목을 필수과목이란 이유로 꼭 이수해야 하는 학생들의 고통도 이해를 못 할 바는 아니지만, 어렵고 지루하다고 생각하는 것은 미국 학생들도 마찬가지다. 한국 학생들처럼 많지는 않지만, 수업 중에 조는 미국 학생들도 가끔 있다. 이들 중 어떤 학생들은 수업 후에 나를 찾아와 몸이 불편해서 머리를 책상 위에 내려놓고 있었는데, 수업 태도가 좋지 않았던 것에 대해서 사과한다. 하지만 지난 8년 동안 이처럼 사과하는 한국 학생은 한 명도 없었다.

왜 수업 중에 졸고 있는 한국 학생들이 이렇게 많을까? 오늘 다른 과목 시험이 있었느냐고 수업 중 여러 번 물어보면 없었다고 한다. 아마도 대학 입학하기 전, 학원 가서 공부해야지, 밤새우면서 입시 준비하느라 지칠 대로 지친 몸을 끌고 낮에 학교에 와서는 수업 중 잠자던 버릇이 대학까지 이어진 모양이다. 한국의 현실을 충분히 이해한다. 이해한다고 해서 현재의 교육제도나 대한민국의 꿈이요 미래인 다음 세대들이 자라는 환경을 지지하고 칭송하는 것은 절대 아니다. 강의가 지루한 탓도 있겠지만, 충분히 흡수할 만큼 미리 적절한 준비가 돼 있다면, 지루해서 듣지 못할 강의는 별로 없다.

한국 학생들이 낮에 학교에 와서 조는 것은 미국 내에서도 잘 알려진 사실이다. 몇 년 전 미국 학생 한 명이 강의실에서 졸고, 도서관에서 잠자는 학생들 대부분이 한국 학생들임을 알고 풍자적인 글을 써서 인터넷에 올려 널리 퍼졌다. "한국 학생들은 학교에 잠자러 온다. 잠은 밤에 자기 집에서 자고, 학교는 공부하러 오는 곳이다. 비싼 등록금 내고 잠만 자려면 학교에 뭐하러 오느냐?"라고 한국 학생들을 나무라는 내용이 있었다. 그러자 한국 학생들의 댓글이 수없이 달렸다. 눈에 보이는 뻔한 사실을 무작정 부인하려고만 하는 경향도 한국인들에겐 미국인들보다 좀 더 강한 것 같다. 뻔한 사실은 솔직히 인정했을 때 믿음이 가며, 정직하고 성숙한 모습으로 비칠 수 있다. 끝까지 변명하면서 부인만 한다면 그 사람은 더욱더 초라하게 되어 버리는 법이다.

미국 학생의 인터넷 글은 김병현이라는 야구선수 때문에 더욱 미국인들의 관심을 끌었던 것 같다. 핵잠수함이란 별명을 가진 김병현 선수는 특이한 투구 자세 때문에 야구를 좋아하는 미국 사람들의 대화에 자주 오르내렸었다. 투구 자세뿐만이 아니라, 그의 수면 습관을 여러 스포츠 기자들이 약간 포장을 해서 신문과 잡지에 올렸었다. 나도 김병현 수면 습관에 관한 기사를 몇 편 읽었다. 김병현은 한번 잠이 들면 보통 20시간을 자며, 버스, 비행기, 경기 중 더그아웃에서도 엉덩이만 내려놓으면 몇 초 내에 코를 골며 자기 시작한다는 것이었다. 과장일 거라는 생각을 하면서도, 비행기를 타면 잠을 한숨도 못 자는 나는 김병현이를 무척 부러워하기도 했었다.

○ G20 회담에서 대한민국을 망신시킨 한국 기자들

　2010년 11월에 우리나라에서 역사적인 G20 회담이 열렸었다. 오바마 미국 대통령은 G20 수뇌 회의가 끝난 후 기자회견을 열었다. 예의상, 기자회견의 마지막 시간을 주최국인 한국 기자들에게 주는 큰 호의까지 베풀고, 질문할 것을 요청했다. 필요하면 통역까지 할 거라고 친절하게 웃으며 말했다. 이 순간 지구 상 어느 나라 기자들이라도 손을 들고 서로 먼저 질문하려고 야단법석이었을 텐데, 1분이 가고, 2분이 지나도 질문하는 한국 기자는 한 명도 없었다. TV 앞에 앉아 이 상황을 보고 있던 나는 불안하고 초조해서 참을 수가 없었다.

　오바마 대통령의 기자회견을 시청한 독자들은 기억하겠지만, 질문이 나오지 않자, 오바마 대통령도 어처구니없다는 표정이었으며, 또다시 한국 기자들에게 질문해 주기를 요청했으나 한국 기자들은 계속 침묵을 유지했다. 그때 한 중국 기자가 일어서서 자기가 아시아 기자들을 대표해서 질문하겠다고 하자, 오바마 대통령은 한국 기자들의 체면을 지켜주기 위해 한국 기자의 질문만을 받겠다고 했다. 여전히 그 많은 한국 기자들은 벙어리처럼 입을 다물고 앉아만 있었다. 나는 너무도 황당한 상황을 보고 흥분을 가라앉힐 수가 없었던 기억이 새롭다.

　이런 국제적인 망신이 또 있을까? 이 모습을 보고 있던 세계인들은 한국의 기자들과 한국 언론의 수준을 얼마나 깔보고 비웃었을까? 자기가 대신 질문하겠다고 일어선 중국 CCTV 루이청강 기자는 한국 기자들의 수준을 어떻게 평할까? 이 정도면 한국 언론의 수준이 삼류도 못 되는 사류, 오류라 해도 할 말이 있겠는가? 정치 수준만도 못한 언론을 누가 얼마나 신임할 수 있을까? 깊이 있고 날카로운 질문을 하지 못하거나, 상대방을 곤혹 속에 처하게 하는 칼날 같은 질문을 할 능력이 없는 기자가 어찌 진실을 파헤칠 수 있겠는가? 질문할 줄 모르는 기자는 악보를 읽을 줄 모르는 음악가와 마찬가지다.

오바마 대통령의 G20 기자회견은 한국 사회에 존재하는 문제점을 역력히 드러내 보여줬다. G20 회담은 경제대국 20개 나라 수뇌들이 모인 회담으로 이보다 더 중요하고 큰 국제 회담은 근래 찾기가 어렵다. 기자회견에 파견된 한국 기자들은 자기 언론사를 대표하는 유능한 기자들이었을 것이다. 수많은 소위 일류급 한국 기자들이, 최상의 국제 행사에서 더군다나 주최국 기자들이, 오바마 대통령이 기회를 주고 또 주었는데도 질문 하나 못했다는 것은 세계 언론사에 가장 수치스러운 일일 텐데, 이런 국가적 망신을 놓고 한국의 신문과 TV에서 비판하고 토론하는 것을 볼 수 없었던 것도 큰 실망을 주었다. 서로 불편하다고 생각되는 부분은 살짝 눈감고 적당히 넘어가는 것을 미덕이라 생각하는 한국인들의 이해 못할 의식구조 탓이었을까.

내 수업 중에 질문이 없는 학생들이나 한국 기자들이 성장해온 배경이 거의 비슷할 테니, 오바마 기자회견에서 질문 하나 나오지 못한 것을 이해할 수도 있겠다. 기자 회견에 참석했던 대부분의 기자들은 학생 때 공부 잘하는 학생으로 인정받고 명문대학을 졸업한 사람들도 많았을 것이다. 질문 하나도 못하는 명문대학 출신 기자가 무슨 소용이 있을까? 이것이 바로 주입식 교육이 가져온 부인할 수 없는 서글프고도 씁쓸한 결과가 아닐지. 언론사 기자들도 다른 직장과 별다를 바 없이, 지-학-혈 암에 걸려 허덕이는 얼빠진 한국인들에 의해 실력보다는, 지역 출신, 학별 관계를 우선으로 채용된 경우였을까? 오바마 기자회견은 한국 언론의 일면을 보여주는 비극이었다.

　루이청강 중국 기자는 지금도 그때를 회상하면서 한국 기자들을 조롱하고 있을지도 모른다. 만약 미국에서 이런 사태가 발생했다면 언론계가 발칵 뒤집혔을 것이며, 질문할 줄 아는 이상적인 기자를 어떻게 길러내야겠느냐는 주제로 심각하게 연구하고 토론했을 것이다. 그래서 미국 언론은 지속적으로 발전하겠지만, 이런 사건의 심각성을 인식하지 못하고 있는 한국 언론은 제자리걸음만 하고 있을 게 뻔하다. "세상에 저럴 수가……" 하는 생각이 오바마 기자회견 동안 내내 머릿속을 가득 채웠다.

3
자식을 망치는 극성스런 엄마들

○ **자식이 뭐길래**

　자기 자식을 사랑하지 않는 사람은 이 세상에 아무도 없다. 하지만 한국 부모들의 자식 사랑은 그 도나 차원이 다르다. 한국에 온 이후 자식의 대학 수강 등록까지 해주는 어머니들이 있다는 말을 듣고 믿을 수가 없었다. 요즘 유행어로 '헬리콥터 맘(helicopter mom)'이라고 부른다고 한다. 미국에서도 자식을 조금이라도 과잉보호하려는 부모를 '헬리콥터 부모(helicopter parents)'라고 심리학자들이 부르고 있지만, 자식의 대학 수강 등록까지 해주는 어머니들이 있다는 말은 들어본 적이 없다. 내가 봤을 때 헬리콥터 부모라 불리는 미국 부모들은 사실 한국 기준으로 보면 아무것도 아니다.

　재미교포들 중에도 한국 엄마들 못지않게 극성스런 엄마들이 있다. 대학 재학 중인 자식이 중간고사나 학기말고사 주간이 오면, 대학까지 원정을 가서 같이 살며, 아파트 청소와 밥까지 해주면서 온갖 뒷바라지를 다해준다. 가끔은 할머니까지 뒤따라가는 경우가 있다고 한다. 몇 년 전 어느 캘리포니아주립대학에서 이런 희귀한(?) 모습을 가까이서 본 미국 학생이 한국 학생들과 엄마들을 신랄하게 비난하고 조롱하는 글을 인터넷에 올려 재미동포들을 흥분시킨 적이 있었다.

미국 부모들은 대학 재학 중인 자녀들에게 고작 간식을 우편으로 보내는 정도이며, 게다가 이런 정성을 보이는 부모들도 극소수에 불과하다. 엄마는 물론 할머니까지 같이 와서 극성을 부리는 것을 미국 학생들이 이해하지 못하는 것은 당연하다. 미국인들의 눈에는 이런 정성이 정상적인 부모의 사랑이 아니라 삐뚤어진 잘못된 사랑으로만 보인다. 부모에게 의지하려고만 하는 무능한 자식을 만든다는 것이다.

오바마 대통령이 몇 년 전 한국 교육을 높이 평가하는 발언을 한 후 세계의 관심이 한국 교육에 쏠린 적이 있었으며, 한국 국민 모두가 자부심을 느낄 수 있는 순간이었다. 교육부 장관도 "오바마 미 대통령께서 한국 교육을 칭송하셨다."라고 기뻐했다. 오바마 대통령의 의도는 한국교육의 질보다는 학생들을 가르치는 선생님들의 헌신 정신, 불철주야로 공부하는 학생들의 태도, 그리고 부모들의 자식 교육에 대한 열정적인 관심과 희생을 두고 한 언급이었다. 자식 교육에 대한 한국 엄마들의 열정은 도를 지나 광적이라고도 할 정도다. 한국의 교육 분위기를 알고 있는 미국의 전문가들은 엄마들의 극성을 병적이라고까지 표현하며, 엄마들이 자식을 다 망친다고 우려한다.

다른 나라에서는 찾아볼 수 없는 한국에만 존재하는 특이한 몇 가지가 있다. 그중에 하나가 '기러기 가족', '기러기 엄마, 아빠'다. 내가 살고 있는 로스앤젤레스 부근 남가주에 기러기 가족이 집중적으로 모여 있는데, 짧게는 보통 3년, 길게는 10년 이상 기러기 가족 생활을 한다. 필리핀, 영국, 캐나다, 뉴질랜드, 호주에도 기러기 가족이 있다고 한다. 30세에 결혼해서 60세에 은퇴를 한다면 10년간의 기러기 부부생활은 아름다운 부부 인생의 3분의 1을 생이별해 살아야 하는 셈이다. 주위를 보면 40대 기러기 부부가 압도적으로 많다. 40대면 모든 면에서 인생의 황금기다. 자식이 뭐라고 부부들이 생이별해서 살다니? 자녀를 위해서 모든 것을 희생하는 것이 인생의 목적이요, 영광이요, 기쁨이라면 뭐라 할 말은 없다. 하지만 한국 사람인 나도 이해가 되지 않은데, 어찌 미국인들이 이해할 수 있겠는가?

대체로 한국 사람들은 개성이 부족하고 주위의 분위기나 유행에 쉽게 휩쓸려가는 것 같다. 기러기 부부나 자녀들의 조기 유학도 벗 따라 강남 가는 식이다. 특히 줏대 없는 한국 엄마들이 옆집 아줌마에게 질세라 기를 쓰고 자식을 외국으로 보내고, 자식을 따라가야 하니 기러기 가족 신세가 되는 것이다. 한국에 혼자 남은 아빠는 가족들에게 보낼 생활비를 마련하기 위해 등골이 빠지라고 일만 해야 하는 처량한 신세가 된다. 이런 희귀한 가족 형태는 한국 사회에만 존재하는 진풍경이다.

○ **자식을 위한 어머니의 눈물**

프랑스혁명에 가장 큰 영향을 준 사상가로 알려진 스위스 태생 프랑스 철학자요 오페라를 일곱 곡이나 쓴 작곡가이며, 유럽의 현대정치철학과 교육학 발달에 큰 공을 세운 장-자크 루소(Jean-Jacques Rousseau)는 다음과 같은 유명한 말을 남겼다. "이 세상에서 가장 훌륭한 교사는 어머니요, 자녀를 바로잡는 교재는 어머니의 눈물이다."

루소가 말하는 어머니의 눈물은 자녀를 키우면서 힘들고 고통스러워서 흘리는 눈물이 아니라, 어머니의 가슴속 깊은 곳에서 자녀를 위해 흘러나오는 기도의 눈물이다. 자식을 위해서 기도하지 않는 부모는 드물겠지만, 어머니의 간절한 눈물 젖은 기도는 주님께서도 감동하신다.

법륜 스님은 부모의 자식 사랑에 대해서 이렇게 말씀하셨다. "어릴 때는 따뜻하게 품 안에 안아주는 게 사랑이고, 사춘기 때는 가까이서 지켜봐 주는 게 사랑이고, 스무 살이 넘으면 냉정하게 정을 끊어 홀로 설 수 있도록 하는 게 사랑이다." 법륜 스님께서 미국의 부모들을 관찰해보고 하신 말씀인지 모르지만, 미국 부모들의 자식 사랑이 거의 이런 식이다. 한국 엄마들의 자식에 대한 헌신적 사랑은 세계 최고인데 반해 지켜봐 주는 사랑과 냉정한 사랑은 세계에서 제일 꼴찌다. 법률 스님 말씀대로 지켜봐 주는 사랑과 냉정한 사랑이 없으니 자녀 교육이 실패로 끝나는 경우가 많다.

집에서는 부모에게서 압력을 받고, 학교에서는 선생님들로부터, 사회에 나오면 더 극심한 압력을 쉴 틈 없이 받고 살아온 분노에 가득 찬 젊은 세대들이 어찌 감히 결혼해서 아이들을 낳고 원만한 가정을 꾸려나가겠다는 꿈을 가질 수가 있겠는가. 여태까지 받아온 온갖 압력과 압박감은 이들의 결혼이나 자녀에 대한 가치관을 바꿔버렸다. 분노에 찬 요즘 세대들은 꿈도, 희망도, 미래도 없다고 생각한다. 상태가 이런데 자신의 행복을 어디서 찾을 수 있을까. 조국을 짊어질 젊은 세대에게 희망과 미래가 없다는 것은 대한민국의 미래가 없다는 이야기가 된다. 이는 보통 심각한 문제가 아니다. 정부 차원에서는 하루빨리 적극적으로 대처해야 하겠다.

교육은 학교에서만 이루어지는 것이 아니다. 교실에서 이루어지는 교육은 전체 교육의 일부에 불과하다. 좋은 인격 형성은 거의 다 교실 밖에서 교과서로부터 멀리 떨어진 곳에서 이루어진다. 다른 사람에게 환영받는 향기로운 아름다운 인격은 오히려 엄마의 극성이 없는 곳에서 형성된다. 학생들이 운동장에서 서로 뛰놀고 운동을 하면서 너무도 좋은 교훈을 스스로 배우게 된다는 것을 나는 미국에서 10여 년 야구 코치를 하면서 체험했다.

대한민국의 엄마들이여! 제발 자녀들의 미래뿐만 아니라 우리 조국의 미래를 위해서도 자녀들을 학원으로만 끌고 가지 말고, 산과 들과 물과 운동장으로 데려가 자연을 즐기며 친구들과 실컷 뛰놀 기회를 만들어 주길 간절히 바란다. 학교에서 100점을 받아오는 자식이 자랑스럽겠지만, 약한 자나 도움이 필요한 자들에게 따뜻한 손길을 거침없이 내밀고, 버스나 전철에서 어른들께 자리를 양보하는 자식을 더 자랑스럽게 여기는 엄마가 돼주길 바란다. 인성이 빵점인 100점짜리 자식은 커서 미움만 받는 사람이 되지만, 남을 돕고 양보하는 정신이 투철한 자식은 만인으로부터 사랑을 받고, 국제 무대에서도 조국에 명예와 영광을 가져올 사람이다.

○ **자녀들에게 김치 담그는 법을 가르쳐라**

지금은 미국 내 웬만한 도시에서는 쉽게 김치를 구할 수 있고 김치를 취급하는 미국 식료품 가게도 곳곳에 있지만, 1975년 이전의 한국 유학생들은 김치가 먹고 싶어 김치 타령에 김치 꿈을 꿀 정도였다. 1년 내내 한국인의 하루 세끼 식탁에 빠지지 않고 올라오는 우리나라의 음식 문화를 대표하는 김치는 이제 세계가 알아주는 음식이 되었다. 1,000여 년의 역사를 지니고 있으며, 발효음식에 대한 관심도 날로 커져 김치의 인기는 점점 높아지는 추세다.

내 아들이 수학과 경제학 전공으로 대학을 졸업한 후, 요리에 관심이 많아 프랑스와 이탈리아 요리학교를 2년간 수료했었다. 학기 중 김치가 소개됐는데 그 종류가 100가지가 넘는 것으로 배웠다고 말해준 기억이 있다. 김치 전문가에 의하면 200가지가 넘는다고 한다. 서양 요리학교에서 학생들에게 한국의 김치를 소개할 정도로 김치는 이미 세계적인 음식이 된 것 같다.

한국에 온 후 또 한 가지 매우 놀란 것이 있다. 대학생들과 대학원생들에게 김치를 한 번이라도 담가본 경험이 있는 사람은 손을 들어보라고 했더니, 고작 2퍼센트에 불과했다. 귀국하기 전 수년 동안 집에서 김치를 담가왔던 나로서는 보통 놀라운 사실이 아니었다. 한국 할머니로부터 김치 담그는 법을 배워 젓갈만 빼고 다 넣고 담갔다. 로스앤젤레스 부근에 살았기 때문에 김치에 들어갈 모든 재료들을 쉽게 구할 수 있었다.

남자임에도 김치를 손수 담가왔던 사람으로서 충격이 무척 컸다. 우리에게 너무도 고귀한 김치문화 자산이 사라지는 것이 아닐까 하는 우려가 앞섰다. 극성스런 한국 어머니들, 결혼해서 가정을 꾸려나갈 따님들에게, 공부가 아무리 중요하더라도 김치 담그는 법은 꼭 가르쳐야 하지 않을까요? 책만 보게 하는 것이 교육의 전부가 아니다. 김치 담그는 법을 배우는 것도 교육의 중요한 부분이다. 책만 들여다보고 높은 점수를 따서 바라는 대학에 입학하는 것이 교육의 전부라고 생각하는 것은 빗나간 교육이다. 자녀들이 빗나간 교육을 받기를 원하는 부모는 한 명도 없을 것이다.

학벌이 좋거나 부유한 집 딸을 며느리로 맞이하길 바라기보다는 김치라도 제대로 담글 줄 아는 며느리를 선호하는 시어머니가 훨씬 이상적이고 자랑스러운 어머니라 생각한다. 대체로 한국 사람들은 고유한 문화자산을 잘 보존해 후세에게 올바르게 가르치고 전해주려는 정신이 미국 사람들에 비하면 무척 부족한 것 같다.

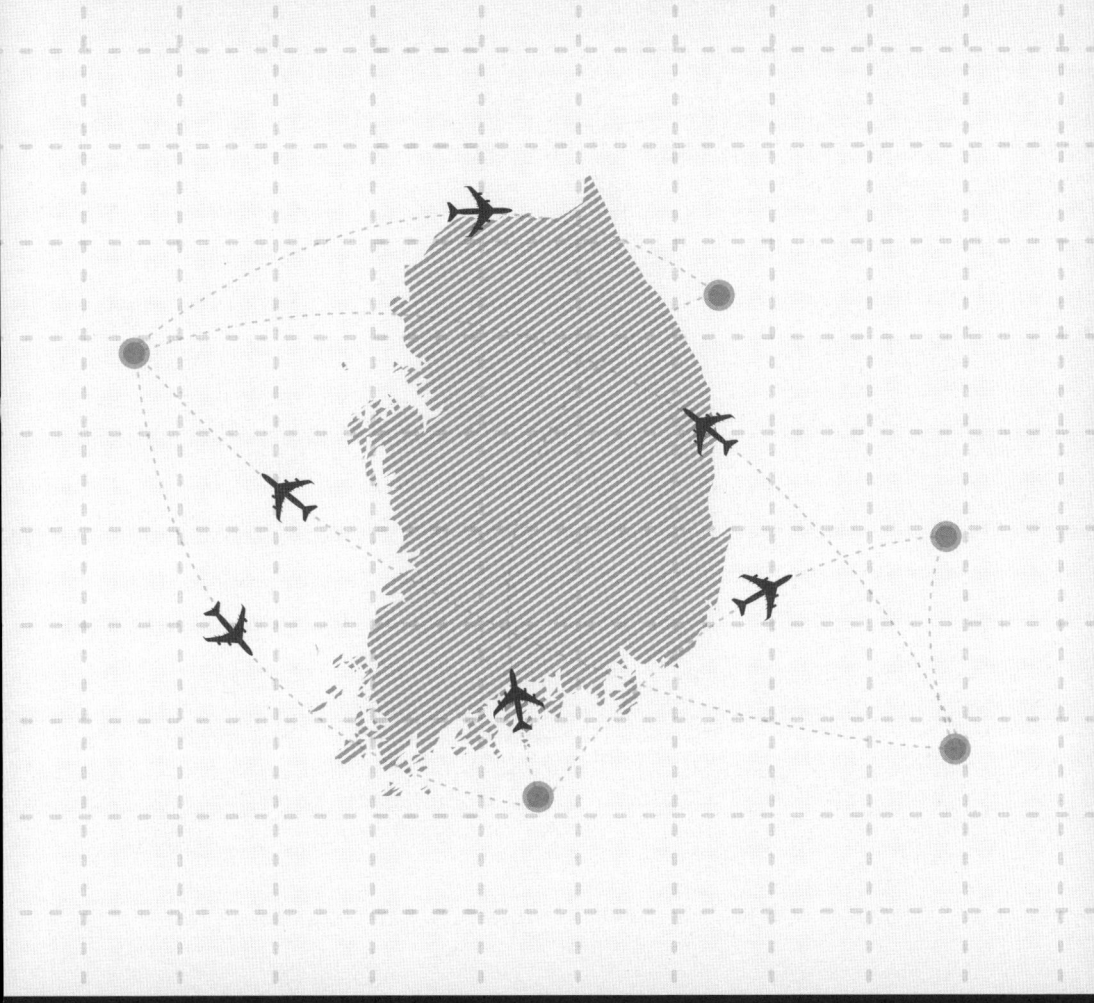

5장

잃어버린 동방예의지국

1

편견을 가슴에 품고 사는 장애인들

○ **편견과 차별의 상처**

　1971년 가을이었던 것 같다. 나는 그때 대만에서 미국으로 유학 온, 비신리라는 학생에게 자동차 운전을 가르쳐 주고 있었다. 당시 미국은 흑백 인종 문제와 월남전쟁으로 심각한 혼돈과 진통을 겪고 있었다. 우리 동양인 학생들은 소수민족으로서 미국 사회 흑인들의 처지를 깊이 동정하고 그들의 인권과 사회적 평등을 적극적으로 옹호하지 않을 수 없었다. 중국 학생에게 운전을 가르치면서 중국 교회 목사님 한 분을 알게 됐다. 목사님은 미국에서 약 15년 동안 중국 화교들을 위해 목회를 하고 계셨다. 미국으로 오기 전 일본과 한국 화교들을 상대로 25년간 목회를 하셨으며, 부산에서 20년을 사셨던 분으로 경상도 말을 아주 매력 있고 맛깔나게 잘하시는 분이었기 때문에 한국인들 간에 인기도 높았다. 하루는 목사님이 계신 자리에서 한국 학생들 몇 명이 모여 백인들, 특히 미 남부 백인들의 인종차별에 대해 신랄하게 비난하자, 듣고 계시던 목사님이 정색하고 말씀을 하셨다.

"나와 중국 화교들의 입장에서 봤을 때 이 세상에서 가장 편견이 심하고 남에 대한 차별이 많은 사람이 한국 사람이란 걸 아십니까?"

목사님은 일본에서 약 5년, 한국에서 20년, 미국에서 15년을 화교들과 더불어 사셨으니 화교들의 경험을 통해서 충분히 이런 결론을 내릴 수 있는 분 같았다. 나는 20대 젊은 나이에 순진하고 무지했던 탓으로 우리 한국 사람들은 비교적 편견과 차별을 모르는 정이 많은 아름다운 사람들이라고만 믿고 있었다. 이게 바로 사회학자들이 말하는 '자기 민족 중심적인(ethnocentric)' 태도다. 나도 모르는 사이에 나 자신이 지니고 있었던 그릇된 사고방식이었다. 목사님께서는 중국인들이 한국에 살면서 하루에도 몇 번씩 당해야 하는 굴욕과 수모를 말씀해 주셨는데, 우리는 차마 부끄러워서 고개를 들 수가 없을 정도였다. 그 순간부터 백인들의 흑인 차별을 비난할 수가 없게 돼버렸다. 목사님의 말씀은 나에게는 귀중한 교훈이 되었으며, 나는 지금도 그분을 생각하면서 고마움을 표한다.

이로부터 약 7~8년 후, 1970년대 말쯤에 한국에서 평화봉사단원으로 일했던 30대 미국 여성을 만난 적이 있었다. 그녀는 대학 졸업 후 평화봉사단에 지원해 한국에서 2년 동안 중·고등학교에서 영어를 가르쳤다고 했다. 만나자마자 "아~~, 미개국에서 오셨군요."라고 한국말로 대하는 것이었다. 물론 농담일 것으로 생각했는데 진담이었다. 한국에 있는 동안 밖에 나가는 것이 두려울 정도로 놀림을 받고, 성적인 농락까지 당해서 그 충격에 한국이라면 지금도 치가 떨린다고 했다. "여보이소, 미국 아가씨, 나하고 아이 러브 좀 하입시더." 출퇴근길에서 힐끗힐끗 쳐다보며

놀렸던 한국 남자들을 생각하면 지금도 구역질이 난다고 흥분하는 것이었다. 얼마나 많이 들었으면 지금까지 기억하고 한국말로 그대로 전해주는 것일까? 그러면서 한국 사람들을 야만인들이라고 조롱하는 것이었다. 이런 비슷한 일이 국내 다른 지역에서도 충분히 있었을 것이다. 물론 한국에 대해서 좋은 인상을 받고 돌아온 평화봉사단원들도 많고, 그때 인연으로 한국인과 결혼까지 한 사람들도 적지는 않다.

나는 그녀를 충분히 이해한다. 45년 전 샌프란시스코 길거리를 걸어가고 있는데, 미국 젊은이 네 명이 차를 타고 내 옆을 지나면서, 나를 중국인으로 오해하고 '칭크(Chink)'라고 부르는 것이었다. 칭크는 미국인들이 중국 사람들을 모욕적으로 부르는 말이다. 이런 일이 나에게 꼭 한번 있었고, 내가 중국 사람은 아니었지만, 그때 느낀 불쾌감은 지금까지 잊을 수가 없다. 그때 그 순간 대학교 친구들이었던 흑인 학생들이 생각났다. 그들이 나에게 들려준 백인들로부터의 비인간적인 인종차별이 머릿속에 떠올랐다. 미국 사회는 인종 문제에서 획기적인 큰 발전을 했으며, 이제는 남에 대한 편견이나 차별이 불법이며, 법으로 처벌받게 돼 있다.

○ **흑인 대통령을 선출한 미국**

미국은 합리적인 사회다. 60~70년대 흑백인종 문제로 대혼란 속에서 큰 고통을 겪었던 나라가 불과 40년 후 흑인 대통령을 선출할 정도로 놀라운 나라다. 언젠가는 여성 대통령이 나올 것으로 예상했지만, 내 일생에 흑인이 미국 대통령에 당선되리라고는 상상할 수가 없었던 일이었다. 백인이 절대다수인 미국에서 흑인 대통령이 태어난 것이다. 과반수 이상

백인들의 지지가 없는 상태에서는 불가능하므로 흑백 인종 문제가 크게 발전했다는 증거이며, 더 이상 유색인은 미국 대통령이 될 수 없다는 말을 할 수가 없게 됐다. 미국이 이처럼 세계를 지배하는 강대국으로 성장할 수 있었던 가장 큰 요인은 피부색이나 문화, 종교를 초월해서 능력 있는 자를 환영하고 미국이라는 나라를 위해 일할 기회를 보장해주는 데에 있다고 하겠다.

대한민국의 아름다운 미래를 위해 미국으로부터 이런 정신과 태도를 배워야 할 것이다. 미국의 무서운 힘은 나라를 이끌어갈 수 있는 능력과 실력이 있다고 판단되면 흑인이라도 서슴지 않고 대통령 직위에 올려놓는다. 지금 같은 인터넷 시대에 아직도 정신을 못 차리고 지-학-혈 암에 걸려 지역, 학교, 혈연에 매달리는 불쌍하고 어리석기 짝이 없는 많은 한국인들이 과연 아프리카에서 온 이민 2세를 대한민국 대통령으로 선출할 수 있는 용기와 판단력이 있을까?

2015년 현재 미국에는 인도 계통의 주지사가 두 명이나 있다. 45년 전 루이지애나(Louisiana) 주에서 태어난 바비 진달(Bobby Jindal)과 44년 전 사우스캐롤라이나 주에서 태어난 니키 헤일리(Nikki Haley)이다. 루이지애나 주와 사우스캐롤라이나 주는 미 남부에 속하는 주로서 역사적으로 인종차별이 심했으며, 특히 사우스캐롤라이나 주 수도인 찰스턴(Charleston) 시는 흑인 노예시장의 중심지였다. 진달은 하원의원을 지낸 다음 2008년에 루이지애나 주 지사에 당선되어 재선을 거쳐 지금까지 주지사로 활동하고 있으며, 헤일리도 2014년도 사우스캐롤라이나 주지사에 재선됐다.

30여 년 전 헤일리 주지사가 10살쯤 됐을 때 부모들과 함께 운전하고 가는 길에 찰스턴 시 부근 도로변 과일가게에 아버지가 차를 세우자 가게 주인은 곧 경찰을 불렀고, 얼마 후 사우스캐롤라이나 주 경찰관 두 명이 나타나 부모들의 신분을 조사하며 협박하는 인종차별을 당했던 상처의 아픔이 지금까지 가슴속 깊이 남아 있다고 최근에 밝혔다.

차별과 편견은 상상할 수 없는 깊은 상처를 한 인간에게 남겨 놓는다. 지난 수십 년 동안 지-학-혈이 가져온 차별과 편견은 수많은 한국인들에게 엄청난 상처를 남겼을 것이라고 생각한다. 한국인들이 과연 인도 2세는 고사하고 경상도 사람들이 전라도 사람을 도지사로 선출하고, 전라도 유권자들이 경상도 사람을 도지사로 선출할 수 있는 미래를 보는 시야나 통찰력 및 동족끼리 서로를 포용하는 합리적인 사고방식을 지니고 있을까? 진달과 헤일리를 인터넷에서 검색하면 '인도계 미국 정치인'이라 나오지 않고, 그냥 '미국 정치인(American politician)'이라고 나온다. 물론 더 자세히 검색하면, 두 사람의 부모들이 인도에서 이민을 왔다는 것을 알 수 있다. 안철수 의원에 대해서 토론하면서 안 의원은 부산 출신이며 부인은 여수 출신이고 안 의원의 부모들이 북한에서 왔다는 것을 밝혀야 한다고 생각하는, 시대에 뒤진 시사평론가나 언론인들도 한심하지만, 국민 전체가 이런 의식구조에서 벗어나지 못하면 성공적인 국제화는 기대하기 어렵다는 것을 우리는 알아야 한다. 우리는 다 같은 대한민국 사람들이 아닌가.

내가 40여 년 동안 미국에 사는 한국 동포들을 가까이 접해보고, 귀국 후 한국에서 8년간 살면서 한국 사회를 들여다보니, 우리 한국인들처럼 편견과 차별이 심한 민족이 또 어디 있을까 싶다. 대학생 시절 내가 그러했듯 많은 한국인들은 '자기 민족 중심적인' 사고방식을 지니고 있기 때문에, 편견을 가지고 차별하면서도 그걸 전혀 의식하지 못하는 것 같다. 미국까지 이민 와서 살면서 주님을 믿는다는 사람들까지도 출신 지역을 따지며 편견을 갖고 있다.

편견과 차별의 시궁창에 빠져 허덕이는 한국인들을 가장 쉽게 구제할 수 있는 방법은 외국에 보내 편견의 아픔과 차별의 굴욕을 직접 체험해 보도록 하는 것이다. 내가 아는 한국인이 30여 년 전 캐나다의 어느 도시에서 신문광고를 보고 아파트를 찾고 있었다. 관리인에게 전화했더니 빈 아파트가 있으니 보러 오라고 했단다. 약 10분 후 아파트 관리사무실에 도착하니, "미안합니다. 방금 다른 분이 그 아파트로 곧 입주하기로 했기 때문에 빈 아파트가 없습니다."라고 했다는 것이다. 전화상으로는 동양인인 줄 몰랐다가 이를 알고 거절했음이 뻔하다. 이 분은 화를 참을 수가 없어서 돌아와 다시 관리인에게 전화를 걸어 싫건 욕을 퍼부어 주었다고 했다. 이 한국분은 이런 경험을 한 후로는 편견과 차별로 다른 사람에게 상처나 해를 절대 주지 않았을 것이라 믿는다.

편견을 갖게 되면, 시야가 흐려지게 된다. 시야가 흐려지면 판단력도 흐려진다. 헬렌 켈러(Helen Keller)는 "인간에게 가장 큰 장애는 시력을 잃어버리는 것"이라고 했다. 편견을 가진 사람은 시력을 잃어버린 장애인이다. 우리나라에는 편견 때문에 시력을 잃어버린 불쌍한 장애인들이 너무도 많다. 편견과 차별의 독을 가슴에 품고 있는 한 국제화를 정상적으로 할 수 없다. 이래서 이 사람은 싫고, 저래서 저 지역 사람은 싫고, 그러니까 그 나라 사람은 싫어 등등. 이 같은 마음가짐은 어처구니도 없고 비합리적이며, 비논리적이고, 이성과 상식을 초월한 실로 원시적인 것이다. 이런 사람들이 많이 모여 있는 한국을 아마도 평화봉사단 미국 여성은 미개인들이라고 조롱했던 것 같다.

　같은 동족끼리 편견으로 차별하는 얼빠진 사람들이 다른 나라 사람들과는 편견을 버리고 국제화를 한다는 것은 언어도단이다. 이런 국제화는 형식적이고 오래 지탱될 수 없으며, 결국 나라 얼굴에 오물만 뿌리게 될 것이다. 2012년 여성가족부의 조사 결과에 의하면 국민 중 3분의 1 남짓만 다양한 인종과 문화가 공존하는 것이 좋다고 응답했다. 유럽 선진국 국민들의 평균 찬성률은 74퍼센트이니 한국의 두 배를 훨씬 웃돈다. 이처럼 다른 인종과 문화에 대해 배타적인 국민은 진정한 국제화를 성공적으로 이루어 나갈 수 없다.

○ **종업원을 하대하는 한국 식당 주인들**

　7년 전 우리 부부는 동유럽 여행 중 하루는 점심식사를 하기 위해 한국 식당에 들렀다. 점심시간 훨씬 전이었기 때문에 식당은 한가했고 손님은 우리밖에 없었다. 30대와 40대로 보이는 현지인 여종업원 두 사람이 분주히 일하고 있었고, 주인은 40대 남자분이었다. 아이들의 교육을 위해 동유럽까지 이주했다는 것이었다. 가끔 종업원들과도 대화하는데 한국말로 했으며, 그녀들의 한국말 수준은 간단한 대화를 할 수 있는 정도였다. 신기해서 물어보니, 현지 언어를 배우는 게 너무 어려워 포기하고, 차라리 종업원들에게 한국말을 가르치는 것이 쉽겠다 싶어서 가르치기 시작했는데 제법 잘한다는 것이었다. 그런데 식당주인은 종업원들에게 우리가 듣기에 민망할 정도로 반말을 했다. 존댓말을 가르치는 것이 어려워 그러나 보다 했는데, 나중에 종업원들은 우리에게 깍듯이 존댓말을 하는 것이 아닌가.

　미국 로스앤젤레스에는 한국 식당들이 부지기수로 많다. 대부분 식당 내에서 가장 힘든 접시 닦기나 손님들이 식사가 끝난 후 접시를 주방으로 나르고 식탁을 깨끗이 닦는 일은 멕시코인들이 한다. 나도 유학 시절 접시 닦기, 공사장 노동까지 막일꾼 노릇을 많이 했는데, 그중 가장 힘든 일은 접시 닦기였다. 한국 식당에 가보면 거의 항상 주인은 멕시코 종업원들에게 나이를 불문하고 반말을 한다. 가끔은 다른 한국인 종업원들까지도 멕시코 종업원들에게 반말하는 것을 볼 수 있다. 너무도 민망하고 불편한 모습이 아닐 수 없다.

　"말은 곧 그 사람이다." "말은 마음의 거울이다." "말은 인격이다."라고 한다. 나는 반말하는 것에 익숙하지 못해서 그런지 지금까지 대학 1학년생에게도 존댓말을 쓴다. 한국인들은 대체로 자신보다 못한 처지에 있는 사람들을 약간 멸시하는 성향을 지니고 있다는 것을 대부분 인정할 것이라고 생각한다. 멀리 볼 필요도 없다. 동남아 출신 이주민들을 대하는 태도가 백인들을 대하는 태도와 다르다는 것을 보고 쉽게 느낄 수가 있다.

　국제 무대에서는 세계 각국의 사람들과 접촉하고 교류해야 하는데 이런 태도로 남을 무시하거나 '반말'을 했다간 망신만 당한다는 것을 잊지 말아야겠다. 국제사회는 불손한 태도를 절대로 용납하지 않는다. 편견과 차별이 마음속에 조금이라도 있다면 결코 우리가 바라는 성공적인 국제화는 쉽지 않을 것이다.

○ **차별과 편견이 가져온 LA흑인폭동**

1992년 4월 29일은 남가주에 살고 있는 우리 동포들에게는 잊으려야 잊을 수가 없는 날이다. 6일 동안 계속된 흑인폭동은 미국에서 두 번째로 인구가 많고, 미주 한인들이 가장 많이 거주하고 있는 로스앤젤레스 시를 공포의 도가니 속으로 몰아넣었으며, 63명이 숨지고 2,000여 명의 부상자를 낸 후 가까스로 진압됐지만, 한인 동포들이 입은 인명과 재산, 정신적인 피해는 LA 한인 사회에 지울 수 없는 큰 상처를 남겼다. 극심한 정신적 충격으로 750명의 교민이 정신과 치료를 받아야 했으며, 폭동 후 한인들의 40퍼센트 이상이 LA를 떠나려고 결심했다는 조사 결과도 나왔었다.

LA폭동은 로드니 킹(Rodney King) 폭동으로도 불리는데, 로드니 킹이라는 흑인 남성이 교통법규 위반으로 체포되는 과정에 백인 경찰관들로부터 잔인하게 구타당하는 장면이 방송되면서 시작됐다. 백인 사회의 차별과 편견에 시달릴 대로 시달린 흑인들은 모두 로드니 킹 구타가 마치 자신들이 백인들의 손에 비참하게 당하고 있는 것으로 느끼며 분노를 참을 수가 없었던 것이다. 흑인 사회의 강력한 압력으로 킹을 구타했던 백인 경찰들은 월권행위, 인권침해 등의 혐의로 구속되어, 재판에 넘겨졌으나, 무죄판결을 받고 풀려나오자, 흑인들의 일생 동안 쌓였던 분노와 백인들에 대한 증오가 한순간에 화산처럼 폭발했고, 화산의 뜨거운 불길과 용암은 LA 지역, 특히 한인들 상가에까지 걷잡을 수 없이 퍼져 버린 것이다.

그동안 흑인들은 자신들의 지역에 들어와 상가를 열고, 백인들 못지않게 자기들을 무시하고 차별하며, 돈만 벌어가는 한국 이민자들에게도 분노와 박탈감을 느껴왔던 것이다. 가슴속에 쌓여 이글거리는 그들의 적개심은 한인상가 지역을 약탈과 방화의 무법천지로 만들어버렸다. 참혹한 피해와 고통을 당한 수많은 한국 교민들에게는 무어라 적절한 위로의 말을 해야 할지 모르겠지만, 우리에게도 일부 책임은 있다고 본다. 억척스럽게 일만 하는 부지런하고 성실한 '모범 이민자들'의 이면에는 돈에만 집착하는 '돈벌레 같은 민족', '남을 배려할 줄 모르는 더러운, 몹쓸 인간들'이라는 불명예스러운 인상이, 타당성이 있건 없건 간에, 흑인들의 가슴속에 깊숙이 박혀 있었기 때문은 아니겠는가.

한편 LA폭동은 교민들에게 흑인 사회를 이해하며, 가깝게 접근하고 '돈만 벌게 해주는 기계'가 아니라, 같은 인간으로 존중하고 소통하면서, 같은 사회 속에서 평화롭게 형제자매로 공존해야 한다는 지혜를 깨닫게 해준 아주 좋은 기회였다. 나는 친하게 지냈던 흑인 대학 동창생들이나 직장 동료들, 이웃에 사는 흑인들을 접할 기회가 많았다. 사귀고 보면 그들도 누구에게 비할 바 없이 순수하고 정이 있고 좋은 사람들이다. 문화가 다른 민족뿐만이 아니라 학문조차도 자기가 잘 모르는 것에 대해서는 편견을 갖기 쉽다. 다문화 가정이 많이 늘어난 한국에서 요즘 자주 하는 '더불어 사는 지혜'의 필요성을 한국 교민들은 LA폭동을 통해 뼈아프게 체험한 셈이다.

머지않아 인력을 두고 세계 각 나라가 서로 경쟁하는 시대가 올 것이다. 이미 동남아 지역의 노동자들이 한국에 와서 우리의 부족한 노동력을 채워주고 있다. 지금까지는 이런 노동력 확보를 위한 국가 간 경쟁은 없다. 미래에는 값싼 노동력은 물론이요, 고급 인력까지 끌어들이기 위해 국가 간 치열한 경쟁을 해야 할 때가 바로 눈앞에 다가오고 있다. 세계의 인력은 편견과 차별로 멍들어 있는 나라보다는, 편견이 없이 서로를 포용하고, 서로 간의 인격을 존중해주는 더불어 사는 지혜가 많은 평화로운 나라로 쏠리는 것은 당연지사다. 대한민국의 미래를 위해 우리는 하루빨리 이런 사회를 만들고 세계 사람들에게 한국은 편견이나 차별이 없고, 더불어 사는 평화스러운 나라라는 확신을 주어야 한다. 이것이 바로 성공적인 국제화의 첩경이다.

5,000년 역사와 문화를 함께 지닌 동족끼리도 더불어 살지 못하면서, 독일인 안톤 숄츠를 깜짝 놀라게 하고 어리둥절하게 할 정도의 편견을 가진 사람들이, 말도 잘 통하지 않는 다른 사람들과 어울려 국제화를 한다는 것은 어불성설이다. 이런 의미에서 국제화는 국제 무대에서뿐만 아니라, 국내에서도 얼마든지 훌륭하게 잘 이루어질 수 있다는 것을 기억해야 한다. 역사가들은 이렇게 말한다. 과거는 현재를 만들었고, 현재는 미래를 만들어 간다. 대한민국의 후세들에게 물려줄 밝은 미래를 만들기 위해 우리는 이제부터 편견과 차별을 타도하고, 인종이나 출신 지역, 피부 색깔을 넘어, 서로 포용하고 평화로운 분위기 속에서 더불어 살도록 최대한 노력해야만 한다.

2
한국인의 음주 문화

○ 술에 절어 있는 사회

  2011년 미국 CNBC TV 방송국이 연평균 1인당 술 소비량을 나라별로 발표한 적이 있었다. 1위 몰도바(Moldova), 2위 체코(Czech Republic), 3위 헝가리(Hungary), 4위 러시아(Russia), 한국은 11위였다. 한국 사람들이 술을 좋아하고, 술을 많이 마신다는 것은 이미 세계적으로 널리 알려진 사실이다.

  세계보건기구(World Health Organization)가 2011년 발표한 자료에 따르면 188개 회원국 중 알코올 도수가 높은 증류주의 1인당 소비량에서, 소주의 소비량이 많은 한국이 세계 1위를 차지했다. 한국주류산업협회에 의하면 소주가 2011년에 무려 33억 병이 소비됐다. 영국의 국제주류시장연구소(International Wines and Spirits Record)가 밝힌 2011년 고급 위스키 판매에서도 인구 5,100만인 한국은 출고량 69만 8,000상자로 세계 1위를 기록했고, 인구가 3억 3,000만인 미국이 2위로 출고량 47만 8,000상자, 인구 13억인 중국은 23만 4,000상자로 3위를 기록했다. 한국, 미국, 중국 세 나라의 위스키 출고량을 더 정확하게 비교해 보기 위해 인구 10만 명당으로 계산해보면, 한국은 10만 명당 1,368.6상자, 미국은 144.8상자, 중국은 18상자다. 사실상 한국인들의 위스키 소비량은 미국인들의 9.5배, 중국인들보다는 무려 76배에 달하는 엄청난 수치다. 스코틀랜드 위스키 회사를 한국 사람들이 먹여 살린다는 말이 나올 수밖에 없다.

미국의 『비즈니스 인사이더(Business Insider)』지의 2014년 조사 결과, 맥주나 포도주를 제외한 도수 높은 술 평균 소비 순위는 한국 1위(주 평균 11.2잔), 2위 러시아(주 평균 5.0 잔), 3위 태국(주 평균 4.8잔), 4위 폴란드(주 평균 4.0잔), 5위 일본(주 평균 3.6잔)이다. 한국인들의 도수 높은 술 소비량이 2위인 러시아인들의 두 배, 일본인들의 세 배, 미국인들의 네 배가 된다는 것이다. 러시아인들이 추운 날씨를 이겨내기 위해 술을 많이 마신다는 얘기는 오랫동안 세계적으로 알려져 왔는데, 오히려 우리 한국인들이 그들보다 두 배나 더 많이 마신다는 사실에 실로 놀라지 않을 수가 없다. 한국의 폭탄주가 일부 미국 사람들에게 전설적인 이야기가 된 지 꽤 오래됐다.

약 6~7년 전 친분이 있는 미국 교수분이 한국을 10일 동안 방문한 적이 있었다. 호텔에 투숙하면서 하루 세 끼를 호텔 부근의 식당에 가서 드셨는데, 2~3일 후부터 한국인들의 밥상을 유심히 보니, 점심과 저녁은 물론 아침 식사 때도 조그마한 초록색 병을 밥상에 올려놓고 마시는 것을 보고, 호기심이 나서 물어보니, '소주'라고 설명해 주었다는 것이다. 소주 한 병을 주문해서 마셔본 그는 맥주보다 훨씬 독한 술이라는 것을 알게 됐다. 저녁이면 모를까 어떻게 아침부터 소주를 마실 수 있느냐고 의아해하며 "한국에 술중독자들이 많아 사회적으로 심각한 문제가 되지 않느냐?"고 물었다. 한국의 술중독자 비율이 세계 평균 두 배며, 국민의 절반이 그 피해자라는 현실이 충분히 이해된다.

2005년도였다. 미국의 수도 워싱턴에 살고 계시는 내 대학원 스승님의 부인을 스승님이 세상을 떠나신 지 몇 개월 후 캘리포니아 주에 있는 우리 집으로 초대해서 일주일 동안 함께 지낸 적이 있었다. 그분은 그때 연세가 80대 초였으며, 평생 술중독으로 고생하신 분이었다. 어느 날 나에게 술중독으로 고생한 얘기를 들려주셨다. 15살쯤부터 마시기 시작한 술에 중독되어 40대 초까지 하루도 빠짐없이 술을 마셨으며, 다행히 여러 사람들의 도움으로 지난 40년 동안 한 번도 술을 입에 대지 않았다고 하셨다. 하지만 지금도 가끔 술을 마시고 싶은 참을 수 없는 강한 충동을 느끼신다고 하셨다. 견딜 수 없는 충동을 느낄 때면 즉시 냉장고에서 얼음을 꺼내 입에 넣고 의자에 앉아 얼음을 씹으면서 양쪽 허벅지를 술이 당기는 충동이 사라질 때까지 두 손으로 꼬집는다고 하셨다. 그러면 양쪽 허벅지가 시퍼렇게 멍이 든다고 눈물을 글썽이며 말씀하셨다.

약 15년 전 의대 세미나에 참석했던 적이 있다. 세미나는 '마약, 담배, 술, 도박 중독'에 관한 것이었다. 의학적으로는 모든 중독이 일종의 정신질환이며, 중독 중에서 가장 무서운 중독이 술과 도박 중독이라고 연사는 강조했다. 오죽하면 "도박 중독자는 양손을 잘라 버려도 도박을 한다."는 말이 있겠는가.

○ **열일곱 번 등장하는 연속극의 음주 장면**

　음주 문화가 한국인들 생활 속에 얼마나 깊이 뿌리박고 있느냐는 연속극을 보면 금방 알 수 있다. 미국에 살면서 한국 연속극을 볼 때마다 술 마시는 장면이 너무 지나치게 자주 등장해서 시청자들, 특히 청소년들에게 악영향을 끼치지 않을까 하는 불안감을 감출 수 없었다. 나도 모르게 작가들과 방송국에 대한 비난이 저절로 튀어나왔다. 저 상황에서 꼭 술 마시는 장면이 나와야만 할까 하는 생각을 무척 많이 하게 됐다. 회사 일이 힘들 때나 여자 친구와 조금 말다툼을 하면 여지없이 다음 장면은 포장마차다. 부부간에 약간의 불화만 생기면 다음 장면엔 틀림없이 소주나 위스키병이 등장한다. 포장마차 대신 조용한 공원을 거닐거나 아름다운 강변에 앉아 마음을 가다듬고 생각하는 장면을 보여주면 연속극의 품격도 올라가고 얼마나 좋을까. 연속극의 전개에 음주 장면이 꼭 나와야 한다고 생각한다면 이는 시청자들에 대한 모욕이다.

　1990년대 말 때쯤이었다. 로스앤젤레스 한국 방송국을 통해서 방영된 연속극에 과하다 할 정도로 자주 나왔던 음주 장면이 나를 무척 불쾌하게 했다. 참다못해 매회 방영되는 연속극에 음주 장면이 몇 번이나 등장하는지 며칠 동안만이라도 정확히 세워보기로 하고 연속극이 시작할 무렵에 종이와 연필을 준비하고 TV 앞에 앉았다. 음주 장면이 나올 때마다 획을 그으면서 '바를 정(正)' 자를 쓰면서 세기 시작했다. 어느 저녁에 무려 '바를 정' 자가 세 개에 획이 두 개(正正正丅)였다. 1시간짜리 연속극이 미국에서는 광고 때문에 약 50분 정도 방영이 된다. 50분 연속극에 술 마시는 장면이 열일곱 번이나 등장하는 것이었다. 3분마다 한 번씩 음주 장면이 등장한 셈이다. 이 연속극은 음주에 관한 연속극이 아니었다. 어이가 없었다. 이런 경우 일반 시청자가 할 수 있는 최선의 길은 당장 연속극 시청을 거부하는 것이다. 나는 그날 이후 이 연속극을 시청하지 않았다. 어린 학생들이나 청소년들에게 끼치는 악영향을 고려해 술 광고를 금하고, 영화나 연속극에 음주 장면이 나오지 못하도록 하는 규제 조치가 빨리 이루어지기를 간절히 바란다.

○ 술은 사탄의 피

한국인들이 술을 지나치게 좋아하고, 많이 마시다 보니 취객들의 불미스런 언행이 사회 곳곳에서 자주 눈에 띤다. 경찰서에 잡혀 온 취객이 기물을 부수고 난동을 피우는 불상사도 가끔 일어난다. 잔인하게 느껴지겠지만, 파출소 내에서 난동을 부렸다간 미국 경찰은 즉석에서 총으로 쏴 죽여 버렸을지도 모른다.

오죽했으면 충북경찰청이 '만취 상태에서 선량한 시민들에게 폭력과 협박을 가하거나 관공서와 지구대까지 찾아와 행패를 부리는 사람들'을 '주폭(酒暴)'이라는 신어로 규정했겠는가. 술이 '사탄의 피'라는 것은 한국의 음주 문화를 보면 알 수 있다. 내가 여기서 말하는 '술 마시는 것'은 사교적인 모임에서 맥주나 포도주를 한두 잔 하는 것을 말하는 것이 아니다. 음주가 과한 상태에서 주위 사람들에게 불편을 주거나 행패를 부리는 것을 의미한다.

나는 미국에서 사는 동안, 술을 마실 기회도, 배울 기회도 없었기에 40세가 될 때까지 술을 가까이해 본 적이 없었다. 술 냄새만 맡아도 취해 버릴 지경이었다. 40이 된 무렵 뉴잉글랜드(New England)에서 살면서 남자들 나이가 비슷비슷한 열 가정이 한 달에 한 번씩 친목 모임을 한 적이 있었다. 전 가족이 함께하는 모임이었으므로 자녀들까지 포함해서 약 40여 명이 모였다. 남자들은 남자들대로 미국 사회에서 살면서 힘든 일들을 털어놓고, 유익한 정보를 교환하기도 했으며, 여자들은 외롭고 힘든 외국 생활에 서로 의지하며 깊은 친분을 쌓아가게 됐고, 아이들은 서로 친해지는 아주 좋은 모임이었다. 돌아가면서 각 가정에서 한 달에 한 번씩 모였는데, 모일 때마다 음식을 한 접시씩 해왔기 때문에 모이는 집에 별 부담은 없었다. 이런 모임을 미국에서는 포트럭 디너(potluck dinner)라고 부른다.

  모임은 항상 〈고향의 봄〉 합창으로 시작했다. 약 35년 전 뉴잉글랜드 지역에는 한인 인구가 그다지 많지 않았다. 〈고향의 봄〉을 부르면서 깊은 향수에 젖어 눈물을 흘리곤 했다. 어떤 회원은 흐르는 눈물을 닦느라 제대로 노래를 끝내지 못하기도 했다. 지금도 나는 〈고향의 봄〉을 들을 때마다 그 시절의 추억에 젖어 나오는 눈물을 몰래 삼키곤 한다. 이따금 〈동백 아가씨〉를 합창하기도 했다. 나는 이 모임에서 처음으로 맥주 맛을 보기 시작했고 처음엔 한두 모금 정도 마시다가 몇 년 후에는 거뜬히 한두 잔을 비울 수 있게 되었다. 약 10년 동안 이 모임에 꾸준히 참석한 후 다른 주로 이사했고, 8년 전 한국에 올 때까지는 술을 마실 기회가 전혀 없었다.

  한국에서는 사람들이 모이면 거의 항상 소주나 맥주가 등장한다. 미국에서는 정말 보기 어려운 풍경이다. 귀국 후 8년 동안 한 모금 두 모금하다 보니 주량이 늘어 지금은 소맥은 물론 양주도 몇 잔씩 마실 수가 있게 됐다. 하지만 내 주량은 아직 다른 한국인들에 비하면 약소한 편이다. 한국에 온 후 처음으로 스카치위스키에 시바스 리갈(Chivas Regal)이나 밸런타인(Ballantines)이 있다는 것도 알게 되었다. 어느 날 부부들 모임에 참석했었다. 주거니 받거니 하면서 나도 모르게 일생 처음으로 이기지 못할 정도로 마시게 돼버렸다.

내가 술을 마시고, 술이 나를 마신 격이 돼버렸다. 잠깐 머릿속이 마비된 상태에서 한 분에게 씻을 수 없는 험한 말을 해버렸다. 며칠 후 진심으로 사과하긴 했지만, 나는 지금도 어떻게 그분께 속죄해야 할지 모르겠다. 만취 상태가 돼버려 무슨 말을 했는지 아무것도 기억할 수가 없는데 나중에 내 아내가 말을 해줘서 알게 됐다.

나는 이 경험을 통해 술이 사탄의 피라는 것을 직접 체험했다. 평소 상상조차 할 수 없는 막말이 내 입 밖으로 튀어나온 것이다. 그분에 대해서 항상 호감만 있었기에 더욱 나 자신을 용서할 수 없다. 이 부끄러운 경험을 통해서 취중진담이 사실일 수도 있겠지만, 전혀 근거가 없을 수도 있다는 것을 실제 알게 되었다.

모임에 참석했던 다른 분들께도 큰 해를 끼쳤으니, 어찌 감히 얼굴을 내비쳐야 할지 모르겠다. 한 번의 실수로 나 자신이 짐승만도 못한 사람이 돼버린 것 같았다.

○ **대학 교정에 차려진 술상**

귀국 후 첫해 어느 가을날 대학 교정을 걸어가는데, 온통 축제 분위기였다. 몇 학생들에게 물어보니 축제하는 날이라고 했다. 발을 멈추고 학생들의 움직임을 관찰했다. 여러 학생들이 상자를 운반하는데, 자세히 보니 소주와 맥주 상자들이었다. 그리고 잠시 후 교정에서 당당히 술상을 차리기 시작하는 것이었다. 미국에서는 상상도 할 수 없는 너무도 이색적인 모습에 나는 깜짝 놀랐다. 미국 대학생들이 교정에 술상을 차려 놓고 술을 마신다면, 당장 학교 경찰에 체포되고, 정학 혹은 퇴학을 당하게 될 것이다.

미국 대학의 규정은 학교 교정이나 기숙사 방에서 음주할 수 없으며, 발각되면 처벌받게 되어 있다. 그래서 기숙사 생활을 하는 학생들은 교정 밖에 나가서 술을 마신다. 미국의 술집들은 법적인 규제가 많아 손님이 원하는 대로 술을 팔지 못한다. 어느 정도 취했다고 판단되면 그 손님에게는 더 이상 술을 팔지 않고 집으로 보내 버린다. 만약에 사고라도 나면 법적 책임을 술집이 지게 되며, 손님과 손님 가족들까지 술집을 상대로 고소할 수 있게 돼 있다. 여러 주에서는 같은 손님에게 한 종류의 술만 팔 수 있게 돼 있기 때문에, 맥주와 위스키를 한꺼번에 같은 손님에게 팔 수 없으니, 미국 사람들은 폭탄주를 마시고 싶어도 술집에서는 마실 수가 없다.

술을 좋아하고 많이 마시는 사람은 언젠가는 실수를 하게 마련이라는 인식 때문에 미국을 비롯한 선진국에서는 이런 사람은 옆으로 밀리거나 앞길이 가로막힌다. 이에 반해 한국은 출세하려면 사람들과 어울려 밤새도록 술을 잘 마셔야 하는 무척 독특한 나라다. '도수 높은 술 소비량 세계 1위'나 '위스키 출고량 세계 1위'는 우리에게는 국제적인 면에서 볼 때 치명적인 불명예가 아닐 수 없다.

술을 마시는 것은 한국인들에게 이미 일상생활이 돼버린 것 같다. 건강을 위해 산행을 즐기는 인구가 약 1,800만 명이라고 추산되고 있다. 이는 전 국민의 35퍼센트나 된다. 나도 가끔 주말에 산행을 즐기는데, 등산 중 휴식을 취하면서 술을 마시는 등산객들을 예외 없이 만나게 된다. 미국인들이 산행 중 음주를 한다는 것은 상상도 할 수 없다. 개인과 사회에 대한 안전의식이 한국 사람들처럼 부족한 나라는 선진국이라 인정받기 어렵다. 대부분의 미국 국립공원에서는 술을 소지하는 것이 불법이며, 몇 군데 공원들이 캠핑 장소나 지정된 장소에서만 다른 사람들에게 피해가 가지 않을 정도로 술을 마시는 것이 허락된다.

국제 무대에서 부인할 수 없는 큰 자산은 한국에 대한 호의적 인상 여부인데, 술을 제일 많이 마시는 나라 한국을 신뢰하고, 한국에 대해 호감을 느낀다는 것은 쉬운 일이 아닐 것이다. 입장을 바꿔서 생각해보자. 국제화를 꿈꾸는 어느 나라가 세계에서 술을 가장 많이 마시는 나라로 알려졌다면, 우리들은 그 나라 사람들에 대해 어떤 선입견을 갖고 대하게 되겠는가? 다른 나라 대학생들이 교정 이곳저곳에 술상을 차려놓고 축제를 한다면, 우리는 분명히 그 나라는 미래가 암담한 나라라고 비웃을지도 모른다.

○ 술이 원수야

태국의 피피섬(Phi Phi Islands)은 관광지로 널리 알려진 곳이다. 2000년 〈해변가(The Beach)〉라는 영화 촬영지로 사용된 후 많은 관광객들이 몰려들기 시작했다. 불행히도 2004년 12월 26일 발생한 쓰나미로 엄청난 피해를 입어 더 유명해진 곳이다. 당시 피피섬에는 약 1만 명의 인구가 있었으며, 그중 850명이 귀한 생명을 잃고 1,200명이 행방불명이라는 최종의 발표가 나왔었다. 사실상 2,000여 명이 아까운 생명을 졸지에 잃어버린 것이다.

2012년 가을, 처제 부부와 함께 한국 관광단체를 따라 말로만 듣던 피피섬을 찾아갔다. 아름다운 해변을 즐긴 후 점심시간이 되어 우리 일행은 안내자를 따라 수백 명을 수용할 수 있는 대형 식당으로 이동했다. 지정된 자리에 앉아 식사를 기다리는 동안 나는 화장실을 향해 발길을 옮겼다. 가는 길에 식당 건물 기둥에 한국어로 쓰인 경고문이 붙어 있는 것을 보고 순간적으로 "여기가 태국인데 왜 경고문이 한국어로 쓰여 있지?" 하고 조금 의아해했다. 걸음을 멈추고 자세히 경고문을 읽어보았다. "음주하지 마세요. 적발 시에는 벌금 1,000달러를 부과합니다."라고 분명히 한국어로 쓰여 있었다. 식당 내에서 음주하다 걸리면 한화로 100만 원 이상의 벌금을 부과한다는 경고였다. 화장실까지 약 25m가량을 걸어가면서 세 군데 똑같은 경고문이 붙어 있는 것을 보았다. 아무리 들여다봐도 경고문은 한국어로만 쓰여 있는 것이었다. 이건 분명히 한국 관광객들만이 아름다운 피피섬 식당에서까지 술판을 벌인다는 말이 되겠다. 여행 중에 조용히 호텔 방에서 몇 잔 하는 거라면 누가 뭐라 하겠나? 꼴뚜기가 어물전을 망신시킨다는 말처럼, 일부 얼빠진 한국인들이 대한민국을 망신시키는 것이다.

세계 여기저기 관광을 다니며 한국인에 대한 좋은 인상을 남기는 것은 우리 자손이나 조국의 미래를 위해 개개인이 쉽게 할 수 있는 최고의 국제화 활동이라 볼 수 있다. 따라서 피피섬의 한국어 경고문은 최악의 경우다. 외국 관광지 식당이 마치 한국의 골목길 술집인 양 술을 마시고 추태를 부리는 한국인들을 다른 나라 관광객들이 보고 어떤 흉을 볼지 충분히 짐작할 만하다. 이쯤이면 한국 사람들에겐 술이 원수 같은 존재라 할 수 있겠다.

가끔 한국 정치인들이 여성들을 성추행해 언론에 떠오르면 항상 "술을 과하게 마셔서 아무것도 기억할 수 없다."라고 변명한다. 그러면 모든 것이 쉽게 용서되는 것이 한국 사회인 것 같다. 만약 미국 정치인이 이런 불법적인 추한 행위를 했다면 당장 정치 생명이 끝이 났을 것이며, 재판까지 받아야 했을 텐데 우리 한국은 너무도 관대하다.

술과는 무관하지만 피피섬 식당의 경고문과 비슷한 경우가 또 있다. 유럽에 가면 주로 학생들이나 젊은 사람들이 많이 투숙하는 유스 호스텔(Youth Hostel)이 곳곳에 있다. 흔하진 않지만, 성인들도 투숙할 수 있다. 유스 호스텔은 거의 어디를 가든 조식이 숙박비에 포함돼 있기 때문에 청소년들에게 인기가 많다. 유럽의 유스 호스텔에서 투숙하고 다음 날 아침식사를 하러 식당에 들어갔더니 "음식을 싸가지 마세요."라는 경고문이 한국어로만 쓰여 있었다. 이건 분명히 피피섬에서처럼 한국 젊은이들만 아침을 먹은 후 점심까지 챙기려고 듬뿍 싸들고 간다는 뜻이겠다. 일본이나 미국에서 여행 온 젊은이들이 이런 짓을 한다는 것은 상상도 할 수 없다. 사과나 바나나 한 개쯤 조식 후에 들고나오는 것은 유스 호스텔 측에서도 기꺼이 허락한다.

세계 각국에서 청소년들이 모여드는 유스 호스텔에서 왜 유난히도 한국 젊은이들만 이런 짓을 할까? 경제적으로 못 살아서가 아니다. 유스 호스텔에는 인도나 남미 학생들도 많이 투숙한다. 이건 절대적으로 자기만 생각하는 이기적인 행동이다. 이기적인 부모와 학교에서, 그리고 이기적인 사회 속에서 나만 알고 자라온 탓으로 다른 사람에 대한 배려의 개념이 전혀 없으니 이런 행동이 자연스럽게 나올 수밖에 없다. 특히 국제 무대에서는 좋은 인상은 한순간에 무너질 수 있지만, 나쁜 인상을 좋은 인상으로 바꾸는 데는 엄청난 노력과 시간이 필요하게 된다.

3
다른 나라에선 안 통하는 빨리빨리 문화

○ 빨리빨리~, 빨리빨리~

 동유럽 몇 군데 명승지에서는 한국 관광객을 태운 버스가 도착하면 자기들끼리 "빨리빨리 부대가 왔다."고들 한다고 알려졌다. 한국 관광회사를 통해 해외 단체여행을 하게 되면 관광 안내자로부터 엄청난 시달림을 받을 때가 많다. 버스가 관광지에 멈추면 안내자는 큰 소리로 외친다. "자~, 어서 빨리빨리 내리세요. 저쪽으로 가셔서 빨리빨리들 사진 찍으시고요. 기념품 가게는 이쪽이니까, 기념품을 사실 분들은 빨리빨리 가서 사세요. 15분 여유를 드릴 테니까, 빨리 화장실 다녀오시는 것 잊지 마시고, 빨리들 버스에 탑승해주시길 바랍니다."

 관광버스가 한번 멈출 때마다 안내자는 '빨리'란 말을 적어도 칠팔 번을 한다. 이것이 다가 아니다. 15분 후쯤 안내자는 버스 문 앞에 서서 손님들을 기다린다. 손님들이 빠른 걸음으로 버스를 향해 오고 있는 것을 보면서 "빨리빨리 오세요!"라고 또 외친다. 결국 '빨리'란 말을 열 번 이상 하는 셈이다. 외국으로 단체관광을 다녀온 독자들은 예외 없이 비슷한 경험을 했을 것이다. 단체관광을 통해서 한국인들의 취향이나 성격을 그대로 들여다볼 수 있다. 한국인들은 질보다는 양을 더 중요시하는 것 같다. 한 곳을 깊이 보는 것보다는 수박 겉핥기식으로 대충 많이 구경하는 것을 선호한다.

언젠가 우리가 미국 여행사를 따라 프랑스 파리 몽마르트르 관광을 갔을 때다. 그곳의 젊은 화가 한 명이 계속 나와 내 아들을 따라오면서, 우리가 한국 사람이란 걸 어떻게 알았는지, 한국어로 "빨리빨리~, 빨리빨리~"라고 하면서 손짓으로 초상화를 그려주겠다는 것이었다. 50미터 정도를 뒤따라오면서, '빨리빨리'란 말을 서른 번쯤은 했던 것 같다. 얼마나 한국 관광객들이 '빨리빨리'란 말을 많이 했으면 그럴까 싶었다. 초상화를 열심히 그리고 있는 화가에게 빨리빨리 그려달라고 시종일관 독촉했을 테니 '빨리빨리'란 한국 단어가 그 젊은 화가의 귀에 못이 박이지 않을 수 없었을 것 같다. 한국의 빨리빨리 문화를 당할 사람은 이 세상에 아무도 없다.

○ **천천히 오라고 당부하는 미국 관광 안내인**

상대적으로 미국 여행사를 통해 유럽 관광을 미국인들과 함께했을 경우, 우선 관광 범위가 한국 여행사 상품에 비해 훨씬 좁다. 똑같은 7박 8일 관광 일정일 경우, 미국 여행사의 관광 범위는 한국의 절반 정도쯤 되는 것 같다. 한곳을 구경한다 해도 미국인들의 취향에 맞게 여유를 가지고, 자세히 깊이 본다는 말이 되겠다. 두드러지게 다른 점은 미국인들과 관광을 하면 '천천히~'란 말은 들어도, '빨리~ 빨리~'란 말은 들어볼 수가 없다. 안내인이 관광객들에게 '빨리~ 빨리~'란 단어를 사용하는 것을 들어본 기억이 없다.

기다리고 있는 버스를 향한 관광객의 걸음걸이가 빨라지면 안내인은 오히려 '천천히' 오라고 당부한다. "만약 넘어져 다친다면, 즐거운 여행을 할 수가 없잖아요. 천천히 오세요. 우리 버스는 여러분들이 모두 승차하기 전에는 절대로 떠나지 않습니다." 단체관광을 통해서 미국인들과 한국인들의 근본적인 차이를 뚜렷이 느낄 수 있다.

이제는 익숙해졌지만, 몇 년 전까지도 해도 손님들이 식당에 들어서면서 앉기도 전에 "여기, 빨리~ 빨리~ 좀 해주세요."라는 말이 무척 거슬리기도 하고, 이색적으로 느껴졌다. 라면 한 그릇을 끓이는데도 최소한 5분이 걸릴 텐데, 어찌 은대구찌개를 5분 이내에 만들어낼 수가 있단 말인가? 만약 미국에서 식당에 들어서자마자 "빨리~ 빨리~ 좀 해주세요."라고 요청한다면 식당 주인이 점잖게 "저쪽 맥도날드로 가시죠."라고 안내할 것이다.

나는 미국 유학 시절 식당에서 접시 닦기에서부터 웨이터까지 여러 가지 일을 해본 적이 있었다. 일류 식당의 요리사들이 부엌에서 음식을 준비하는 모습을 보면 조각가나 화가들처럼 예술품을 창조하고 있다는 인상을 받게 된다. 그래서 요리하는 것을 영어로는 'culinary art(요리법)'라고 한다. 우리 한국어로는 '요리법'이라고 하므로 언어적으로는 예술이라는 느낌을 가질 수가 없지만, 미국, 캐나다, 남미, 유럽 등지에서는 당당한 예술로 인정받고 있다. 정신을 집중하고 창의력과 상상력, 머릿속에 떠오르는 영감을 바탕으로 조각하고 있는 조각가에게 "빨리 좀 끝내세요."라고 했다면 어떤 반응이 나올까? 독촉하는 것은 창의적인 자극이 될 수가 없을 것이다. 주방에서 정성껏 음식을 준비하고 있는 요리사들에게 "빨리빨리 해달라!"고 재촉하면 어떻게 좋은 음식을 만들 수 있겠는가?

한국인들의 '빨리빨리' 문화는 이미 우리들의 몸과 마음속까지 깊숙이 배어 단단히 굳어져 버렸다. 비행기가 활주로에 착륙하고 완전히 멈추기도 전에 안전대를 풀고 일어서서 짐을 챙기려고 하는 승객들의 거의 대부분이 한국인 아니면 중국인들이다. 비행기 출입문이 열리기 전까지는 한 발자국도 앞으로 나갈 수 없는데, 빨리빨리 문화와 극심한 경쟁의식이 한국인들을 무슨 일이건 남보다 먼저 하지 않으면 불안해하는 성격의 소유자들로 전락시켜 버린 것 같다. 매표소나 인천공항 출입국 관리소 앞에서 줄을 서서 기다릴 때도 마찬가지다. 줄이 빨리 움직이지 않으면 안절부절못하기 시작하고, 앞에 서 있는 사람의 몸을 부딪칠 정도로 가까이 서서 기다린다.

서양 사람들이 가장 불쾌하게 생각하는 것 중 하나가 줄 서서 기다릴 때 뒷사람이 바짝 가까이 붙어 서 있는 것이다. 그들의 사고방식은 자기들이 서 있을 때 자기 몸 주위 어느 정도 공간이 자기만의 영역이라고 생각한다. 뒷사람이 바짝 붙어 서 있는 것은 자기 공간을 침범하는 행동이라고 보기 때문에 자연히 불쾌하게 느낀다. 더 가까이 다가서서 기다린다고 줄이 빨리 움직이는 것도 아닐진대 국제 사회에서 환영받는 한국인이 되려면 여유 있게 줄 서는 모습부터 보여줄 필요가 있다.

○ 감탄할 정도로 침착한 알래스카 항공기 승객들

　시애틀(Seattle)에 살고 있는 딸 가족을 방문하기 위해 약 4년 전 로스앤젤레스 부근 온타리오(Ontario)공항에서 알래스카항공(Alaska Airlines)을 탄 적이 있었다. 승객들이 모두 착석하고 비행기의 출입문이 닫혀 곧 이륙할 무렵 "비행기 점검이 끝나지 않아 이륙이 약간 지연된다."라는 기내 방송이 나왔다. 승객들은 아무 불평 없이 기내에 앉아 지루한 한 시간을 보내야 했다. 한 시간 후에 또 기내 방송이 나왔다. 조종사가 정중히 사과하면서 부속품 하나가 쉽게 도착할 것 같지 않아 이륙할 수 없으니 승객들은 다른 비행기를 갈아타야 한다는 것이었다. 이건 승객들에게 보통 큰 불편이 아니다. 특히 시애틀에서 환승해 타 도시로 가야 할 승객들에겐 엄청난 고통거리가 발생한 것이다. 하지만 200여 명 승객 중 단 한 사람도 불만을 표시하거나 목소리를 크게 내지 않고, 순서대로 일어서서 짐을 챙겨 비행기에서 내리는 것이었다.

　비행기에서 내린 승객들은 항공사 직원의 안내대로 두 줄로 서서 다른 항공사 비행기 좌석을 배정받기 시작했다. 나는 내 차례가 올 때까지 무려 두 시간을 줄 서서 기다려야 했다. 내 뒤 승객들은 물론 두 시간 이상을 줄에 서서 기다려야만 했을 것이다. 나는 두 시간을 기다리면서 이런 상황에서 미국인들이 어떤 행동을 취하나 자세히 관찰했다. 이처럼 불편하고 지루한 환경 속에서도 불미스러운 언행을 보이는 사람은 한 명도 없었으며, 앞 뒷사람들과 농담까지 하면서 친교하는 모습이 아름답게만 보였다. 좌석을 배정해주는 항공사 직원과도 농담하면서 웃는 승객들도 있었다. 성숙한 선진국 시민들의 모습이라는 것을 아낌없이 보여주는 장면이었다.

　순간 나는 만약 이와 비슷한 일이 한국에서 발생했다면, 한국 승객들은 어떤 반응을 보였을까 상상해 봤다. 거세게 항의하고, 손해 배상뿐만 아니라 항공회사 고위 간부까지 나와서 사과하라고 소란을 피우지 않았을까? 그날 나는 오리건 주 포틀랜드에서 비행기를 갈아타고, 보통 2시간 45분 걸리는 시애틀에 약 14시간 만에 도착했다. 며칠 후 알래스카 항공사는 불편을 끼쳐 미안하다는 정중한 사과 편지와 함께 75달러짜리 할인권을 보내왔었다. 지금 이 순간에도 당시의 성숙한 미국 승객들을 생각하면서 감탄을 한다.

　그간 여러 나라 비행기를 타고 여행을 했다. 나의 경험으로는 대한항공과 아시아나항공처럼 승무원들이 친절하고 기내 서비스가 좋은 항공사도 드물 것 같다. 비교적 짧은 역사를 지닌 두 항공사의 눈부신 발전은 우리 조국의 자랑거리라 할 수 있겠다. 특히 미국 동료와 지인들로부터 대한항공과 아시아나항공을 칭찬하는 말을 들을 때마다 흐뭇한 기분을 감출 수 없었다.

4
한국인들의 특이한 배려심과 변명

○ **교양 없는 미개인들**

  2013년 여름, 비워두고 온 미국 우리 집에 약 한 달간 가 있었다. 어느 날 평소에 알고 지냈던 70대 미국인 부부를 오랜만에 만났다. 두 분은 얼마 전 3주 동안 유럽 여행을 다녀오셨다. 이분들은 내가 한국인이라는 것을 알고 계신다. 나를 만나자마자 중국인들에 대한 온갖 흉과 비난을 퍼붓기 시작했다. 첫마디가 "3주 유럽 여행을 교양 없는 중국 미개인들 때문에 망쳤다."며 흥분하는 것이었다. 가는 곳마다 중국 관광객들을 피할 수가 없었는데, 아침을 먹으러 호텔 방을 나오는 순간부터 소란을 피우는 중국인들 때문에 하루의 시작이 불쾌했고, 호텔 식당에서는 툭 치고도 미안하다는 사과도 없이 지나치며, 큰 소리로 떠들어대는 무례한 중국 관광객들 때문에 고통스러운 여행이었다고 하면서, 다음에는 중국인들이 없는 곳으로 여행을 가야겠다고 덧붙였다. 나는 미국인 부부를 충분히 이해한다. 나도 해외여행 중 중국인들에게 불쾌감을 느낀 적이 한두 번이 아니었기 때문이다. 15여 년 전 오스트리아 빈(Wien) 호텔 식당에서 아침을 먹고 있는데, 주위에 앉아 있던 중국인들이 어찌나 큰 소리로 떠드는지 참다못해 일어나서 자리를 옮긴 적도 있었다.

그동안 중국 관광객들이 여러 나라를 여행 다니면서, 세계인들에게 불쾌한 인상만을 심어놨기 때문에 좋은 인상으로 바꾸는 데는 상상 외로 오랜 시간과 노력이 필요할 것이다. 여러 나라 사람들이 불쾌감을 느끼고 중국인들을 피하고 싶다고 할 정도면, 이건 중국의 국제화 면에서 볼 때 보통 큰 문제가 아니다.

세계 어디를 가든 목소리가 큰 사람을 환영하는 곳은 없다. 불필요하게 큰 소리로 말하는 것은 옆사람들에게 실례가 되며 공공 예의가 아니다. 우리나라 사람들은 중국인들의 목소리가 크다고 생각하는데, 미국에 살고 있는 중국계 미국인들은 "한국인들은 왜 그렇게 목소리가 크냐?"고 묻는다. 중국 사람들이 우리에게 이런 질문을 할 정도면, 우리 한국인들의 목소리도 조용한 편은 못 되는 것 같다. 같은 동양인들인데 일본 사람들의 목소리가 크다고 말하는 사람은 없다. 일본인들은 가는 곳마다 환영을 받고 좋은 인상을 준다. 공손하고 예의 바른 사람을 싫어할 사람은 아무도 없다.

하루는 서울 강남의 한 고급 호텔에서 여자 종업원에게 뭘 물어보고 있었다. 약 20미터 저쪽에서 신사복 차림의 50대 남성이 나를 도와주고 있던 아가씨를 향해 고성으로 뭐라고 했다. 그러자 놀랍게도 이 아가씨는 내가 부탁한 업무를 제쳐놓고 아무런 설명도 없이 돌아서서 그 남자의 업무를 먼저 하는 것이었다. 너무나 기가 막혀 할 말이 없었다. 이래서 한국에서는 '목소리 큰 사람이 이긴다고 하는구나!' 하는 생각이 머릿속을 스치고 지나갔다. 큰 목소리가 통하지 않는 선진국에서는 이런 사람을 몰상식한 정신 이상자로 취급하고 상대도 하지 않는다. 호텔 직원 아가씨는 "순서대로 도와드릴 테니 기다리세요."라는 말을 왜 못할까? 목소리가 큰 사람이 이긴다고 하는 한국과는 달리 미국에서는 "목소리가 낮은 사람이 이긴다."고 한다.

내가 한국 사람이란 것을 알고 있었기 때문인지는 몰라도 미국 부부가 한국 관광객들로부터도 불쾌한 경험을 했다는 말은 없었다. 다행이었다. 중국인들 정도는 아니지만, 지금까지 한국인들도 여행 중 그다지 좋은 인상만을 남기지는 못했다. 우리는 중국 관광객들이나 일본 관광객들로부터 배울 점이 있다. 중국 관광객들처럼 행동하면 국가 망신이 되지만, 일본 관광객들처럼 행동하면, 지금뿐만 아니라 후세까지 국제화에 도움되는 바람직한 처신이 될 것이다.

이 책의 집필을 끝내고 한창 교정을 하고 있는데 미국 친구로부터 연락이 왔다. 학생 때 기숙사에서 같이 살았던 친구다. 이 친구 부부는 은퇴하신 신부님을 모시고 10일간 프랑스 파리에 가서 여행하고 몇 주 전에 돌아왔다고 한다. 파리 여행 중 가는 곳마다 자기들을 괴롭히는 무례하고 소란스럽기 짝이 없는 중국인과 한국인 관광객들 때문에 항상 즐겁기만 한 여행은 아니었다고 했다. 하루는 파리 길거리를 거닐고 있는데 중국(한국?) 남자가 신부님을 자기 쪽으로 밀치고 사과도 한마디 없이 모른 척 가버리더라는 것이다. 얼마나 심하게 밀었으면 신부님의 몸이 자신의 몸에 부딪히고 같이 넘어질 뻔했다는 것이었다.

학생 시절부터 친했고 허물없이 지내온 친구 사이였기 때문에 나는 아무런 근거도 없이 막말했다. "파리에서 너를 불쾌하게 했던 관광객들은 한국인들이 아니고 중국인들이었을 거야. 우리 한국 여행객들은 어디를 가나 일본 사람들 못지않게 예의가 바르고 조용하다. 우리 한국인들을 무례하기 짝이 없는 중국 사람들로 취급하지 마라. 그건 우리에 대한 모독이다." 오히려 나무라는 식으로 얘기했는데, 이 친구는 내 말을 들으려고 하지도 않았다.

○ **배려심과 공공 예의 없는 수치스러운 사람들**

오랫동안 외국 생활을 한 후 귀국한 동포들이나 한국에 상당 기간 체재하고 있는 외국인들은 배려심도 없고 공중도덕이나 교양이 부족한 한국인들에 실망하지 않을 수가 없다. 그동안 한국에서 내 강의를 들은 학생 수가 어림잡아 1,000명은 되는 것 같다. 내 나름대로 정보를 수집하기 위해 학기마다 학생들에게 물었다. "태어나서 지금까지, 집에서 부모님들이나 학교에서 선생님들로부터 남을 먼저 배려하라는 말씀을 들어보신 분들은 손을 들어 주세요!"

한국 학생들의 성격을 알기 때문에 솔직하게 응답해 달라고 미리 간곡히 호소했다. 놀랍게도 손을 든 학생은 1,000명 중 10명도 못 됐다. 7~8명 정도가 더 있지만 수줍어서(?) 손을 못 올렸다는 것을 감안해도 1,000명 중 채 20명도 안 되다니 한국의 현실을 보았을 때, 극소수일 것이라 예상은 하고 있었지만, 너무도 기대 이하였다. 어떤 학기엔 손을 든 학생이 한 명도 없었다. 100명 중 98명은 대학생이 될 때까지 집에서나 학교에서 '남에 대한 배려'란 교육을 단 한 번도 받아본 적이 없었다는 것이다.

너무도 단순한 표현일까? 비뚤어지고 빗나간 너무나 한심한 한국의 점수 교육은 해괴망측한 인간들을 길러내 버렸다. 한국의 젊은이들을 생각하면 가슴이 미어진다. 이 사회에서 성장하느라 얼마나 힘들고 고통스러웠을까? 아무리 대학 입시만을 위한 교육이라지만, 대학생이 될 때까지 남에 대한 배려에 대해서 한마디 듣지 않는 교육이 제대로 된 교육일까? 오바마 대통령은 절대로 이런 빗나간 교육을 칭송한 것이 아니다. 한국인들의 교육에 대한 열정을 높이 평가한 것뿐이다. 그러나 사실 그 열정은 빗나간 열정이다.

남에 대한 배려를 모르니, 남의 재산을 존중하고 아껴줘야 한다는 기본적인 개념도 머릿속에 들어 있지 않다. 겨울에 자기 집에 난방을 켜놓고 유리창문을 활짝 열어두고 밖으로 나온 사람은 없을 것이다. 처음 귀국했을 때 놀란 것은 여름에 실내 냉방장치가 작동하고, 겨울에 온방장치가 가동하고 있는데, 사람들이 건물의 유리창을 활짝 열어놓고 다니거나, 건물을 드나들 때 문을 열어놓고 닫을 생각조차 하지 않고 드나드는 것이었다. 어느 미국인 교수가 하루는 나에게 어이없다는 표정으로 얘기했다. "나는 지난 3년간 한국에 살면서 하루에도 몇 번씩 학교 건물을 돌아다니며 창문과 출입문을 닫고 다녔어요." 나는 "어쩌면 저하고 똑같으세요. 저도 매일 학생들이 열어놓고 다니는 건물 출입구 문과 유리창을 하루에도 몇 번씩 닫고 다닌답니다."라고 말했다.

어려서부터 "얘야, 혹시 밖에서 다른 사람들에게 폐를 끼치는 언행을 하지 않았니?"라는 가정교육을 날마다 받아오면서 남에 대한 배려심이 의식구조의 바탕이 돼 있는 일본인들은 어떤가? 한번 살펴보겠다.

아내와 함께 일본 오사카 시 중심가에 있는 한 호텔에 투숙한 적이 있었다. 아침 식사 중 호텔 식당에서 목격한 어떤 장면이 너무 인상적 이어서 지금도 가끔 머릿속에 떠오른다. 식당에는 20대 젊은 청년이 혼자서 손님들이 식사를 끝내고 일어서면, 접시를 주방 쪽으로 옮기고 다음 손님을 위해서 식탁을 깨끗이 닦고 정리하는 일을 하고 있었다. 마침내 옆 가까이에서 일을 하고 있었는데, 약 20미터 거리의 주방에서 40대 중반의 앞치마를 두른 여성 한 분이 나왔다. 그녀는 주춤하다가 일하고 있는 청년 쪽으로 걸어오기 시작했다. 주방에서 일하는 종업원임이 분명했다. 청년한테 다가가서 무언가를, 옆에 앉아 있는 나에게도 들리지 않게, 조용히 속삭인 후 돌아서서 주방 쪽으로 다시 걸어가 버렸다. 청년은 곧 하던 일을 멈추고 그녀를 따라 주방으로 들어가는 것이었다.

주방에서 일하는 여성은 식사하고 있는 손님들께 방해될까 봐 20미터를 걸어와서 조용히 귓속말로 무언가를 속삭였던 것이다. 한국의 주방 아줌마라면 이런 경우 어떻게 했을까? 충분히 상상할 만하다. 주방에 서서 머리를 식당 쪽으로 내밀고 일하고 있는 청년에게 큰 소리를 질렀을 것이 뻔하다. 비단 식당 주방 아줌마뿐일까? 수백만 원짜리 손가방을 가지고 다니는 강남 아줌마들도 주변 사람들을 아랑곳하지 않고 큰소리를 냈을 것이다. 두말할 필요 없이 일본인들의 남에 대한 예의나 배려는 실로 세계 사람들이 감탄할 만하다.

안면이 있는 박 교수란 분이 일본에서 열린 학회에 참석했을 때의 경험담이다. 약 두 시간 정도 기차를 타고 여행할 기회가 있었다. 승차 후 자리에 앉자마자, 30명가량의 초등학교 6학년쯤으로 보이는 일본 어린아이들이 단체로 같은 칸에 타고 자기 주위에 앉기 시작했단다. 기차 안에서 푹 좀 쉬려고 했는데 이제 다 틀렸구나 하는 생각에 짜증이 나기 시작했단다. 그런데 기차가 출발하고 15분, 30분, 1시간이 지났는데도 조용히 앉아서 휴대 전화를 가지고 놀거나, 옆에 앉아 있는 친구와 낮은 목소리로 이야기하고만 있는 모습들이 너무도 신기할 정도였다고 했다. 소리를 지르면서 객실 복도를 뛰어다니는 어린아이들은 물론 한 명도 없었다. 한국의 초등학교 6학년생들을 염두에만 두고 있었던 박 교수는 이상한 생각이 들기 시작했단다. 어떻게 어린아이들이 이렇게 얌전하고 조용할 수가 있을지?

한국의 6학년 어린아이들 같았으면, 아니 고등학교 학생들이라도, 뛰어다니며, 서로를 밀치면서 큰 소리를 내며 야단법석을 피웠을 텐데, 너무도 대조적이었으며, 일본 어린아이들의 객실에 있는 다른 승객들에 대한 배려심이나 공공 예의는 놀랄 정도였다는 것이다. 박 교수는 일본에서 기차를 타고 두 시간 동안 여행을 하면서 25년 후 한국과 일본 두 나라의 대조적인 미래를 머릿속에 그려볼 수가 있었다고 했다.

음악회나 각종 집회 또는 KTX를 타고 여행을 해보면 한국인들의 공공 예의 수준과 교양을 곧 쉽게 알 수 있다. 일본이나 다른 선진국에 비하면 부끄러워서 차마 비교도 할 수 없다. 자기 집 안방처럼 큰 소리로 옆 사람과 이야기하는 KTX 승객들은 두말할 필요도 없지만, 다른 승객들을 배려해서 휴대전화를 진동으로 하고 통화는 객실 밖에서 해 달라는 방송이 나오는데도, 여기저기에서 전화 소리가 들리고 객실에 앉아서 통화한다. 자기만 편하면 된다는 이기적인 생각들뿐이니 다른 사람들이 안중에 보일 리가 없다. 미국에서는 아직 보편화되지 않아 경험할 수 없는 것이 있는데, 바로 '카카오톡'이다. 사람들이 모인 장소나 KTX를 타고 여행하면서 가장 많이 듣게 되는 잡음이 카카오톡에서 울려 나오는 "까톡

~" 소리와 문자를 치는 "틱틱~, 틱틱~" 하는 소리다. 어린아이도 아닌 성인들이 왜 이런 소음이 옆 좌석의 승객들에게 방해되고, 다른 사람을 짜증나게 한다는 것을 모를까? 카카오톡이나 문자 치는 소리가 들리지 않도록 왜 무음으로 하지 못할까?

20, 30대 젊은 엄마들이 어린아이들을 데리고 KTX를 타는 것을 볼 수 있다. 젊은 엄마들은 자기 아이들이 객실에서 아무리 난동을 부려도 내버려둔다. 일본이나 미국에서는 상상조차도 할 수 없는 상황이라 하겠다. 초등학교 졸업도 못한 미국의 흑인 엄마들도 아이가 주위 사람들에게 방해되는 행동을 하면 따끔하게 야단을 치고, 피해를 끼친 분에게 가서 사과하라고 하는 것을 자주 볼 수 있다.

어떤 분에게 물었다. "한국 엄마들은 아이들이 저렇게 시끄럽게 난동을 부리는데도 왜 제재할 생각을 안 합니까?" 그분의 말씀이, 자기 아이의 기를 죽일까 봐 그렇다고 설명해 주셨다. 기를 죽이다니? 남에게 방해되고 피해를 주는 자기 자식의 행동을 제재하는 것이 기를 죽이는 일이라고? 이게 무슨 '도깨비 논리'란 말인가? 이런 괴상망측한 생각을 하고 아이들을 키웠으니, 이런 엄마 밑에서 자란 아이들이 커서 예의도 모르고, 남을 배려할 줄도 모르는, 다른 사람들로부터 미움받는 이기적이고 비겁한 저질의 야만인이란 평을 듣는 인간들이 되지 않는 것이 오히려 기적일 것이다. 젊은 엄마들도 자기들 부모들로부터 이런 식의 교육을 받았고, 아이들도 성인이 되면 자식들에게 이런 교육을 시킬 테니, 대물림 '도깨비 교육'이 언제까지 지속될지 몰라도 대한민국의 미래를 걱정하지 않을 수 없다.

언젠가 음악회에 갔었다. 연주장 2층에 앉았는데, 주위에는 학생들이 꽤 많이 있었다. 연주가 시작됐는데도, 학생들은 계속 떠들고, 서로 옆구리를 쿡쿡 찌르면서 낄낄거리거나 휴대전화를 가지고 장난을 치면서 소란스럽게 했다. 나는 수차례 조용히 하라고 했고 "다른 청중들에게 방해되니 퇴장하라."고까지 말했지만, 이들은 막무가내로 내 말은 들은 척도 하지 않았다.

두 가지 생각이 내 머릿속을 채웠다. 티 없이 순수하고 순진해야 할 저 또래 학생들을 이런 무례한 사람들로 만들어버린 책임이 주로 부모에게 있다는 것을 부모들은 알고 있을까? 한국 방문 후 미국에 돌아온 재미동포들로부터 가장 많이 듣는 소감이 "한국 어린애들이나 젊은이들에게 순진성이 좀 부족하더라."인데, 동감하지 않을 수 없다. 학생들 옆에는 어른 관객들도 많이 앉아 있었지만, 연주 진행 중에 학생들이 이처럼 시끄럽게 떠들어도, 누구 한 사람 신경 쓰고 학생들을 제재하는 관객도 한 명도 없었다는 것이다.

나는 그 순간 약간 혼란스러웠으며, 내가 이상한 세계에 와 있는 것은 아닐까 하는 느낌마저 들었다. 저 사람들이 정상적인 인간들일까 하는 생각도 머릿속을 스쳐 지나갔다. 도대체 이게 어떻게 가능하단 말인가? 이것이 바로 아인슈타인과 법정 스님이 지적했던 우리 사회의 가장 큰 죄악인 무관심이구나, 하는 생각도 떠올랐다. 무관심뿐만이 아니다. 자기에게 방해되고 피해를 주는데도 항의할 줄 모르고, 꾹 참고 넘어가 주는 것을 미덕으로 생각하고 있는 얼빠진 바보들이다. 이 무관심한 관객들도 저런 나이 또래의 자녀가 있을 텐데, 어찌 이럴 수가 있을까? 이해가 되질 않는다. 15~20년 후부터 우리 조국 대한민국을 짊어지고 나가야 할 후세들이며, 우리의 미래는 이들에게 달렸을 텐데, 대한민국의 미래는 어떻게 될지 우려하지 않을 수가 없다. 젊은이들을 보고 그 나라의 미래를 점칠 수가 있다는데, 대한민국의 미래는 병들고 고장 난 미래일까?

 미국에 소포를 보내기 위해 어느 날 우체국에 들른 적이 있었다. 우체국 직원과 간단히 담소하면서 내용물에 관해 기입하고 있는데 갑자기 50대 여성이 나의 왼쪽 팔을 치면서 손을 바로 내 얼굴에서 10센티쯤 앞으로 내밀고 무언가를 집어가는 것이었다. 순간적으로 깜짝 놀라 몸을 약간 뒤로 물러서면서 어이없는 표정으로 그 여자를 쳐다보았다. 명품으로 느껴지는 비싼 옷을 차려입은 한 제법 귀티 나는 여성이었다. 이처럼 무례하고 교양 없는 행동을 하고도 아무런 사과도 한마디 없이 태연자약하게 돌아서서 나가버리는 것이었다. "'잠시 실례하겠습니다.' 한마디만 했더라면 정중히 비켜주었을 텐데……." 혼자서 중얼거리는 내 말을 듣고, 우체국 직원이 이렇게 말했다. "제가 저 여자분을 좀 알지요. 요 부근에 사는데 저분 딸이 XX대학에 다녀요." 하고 전해 주는 것이었다. 대한민국 최고의 명문대학이었다.

 XX대학에 다닌다는 그 여자의 딸이 무척이나 가엽고 불쌍하게 느껴졌다. 저런 교양 없는 엄마 밑에서 무슨 교양이나 예의를 배웠을까? 보나마나겠지 하는 생각이 들었다. 이 50대 여자는 물론 자기 부모로부터 교양에 대해서 배운 것이 없으니, 그런 무례한 짓을 하고도 자기가 무례한 짓을 했다는 것을 느끼지도 못했을 것이다. 명문대학에 다닌다는 이 여자의 딸은 자기 자식들에게 교양이나 예를 어떻게 가르친단 말인가? 이와 비슷한 경우를 하루에도 몇 번씩 접할 때가 있다. 이런 사람들이 해외여행길에서 '무례한 한국인'이라는 인상을 남기고 다닐 것은 자명하다 할 것이다.

흑인들을 또 들춰내서 미안하지만, 미국 사회에서는 흑인들이 일반적으로 예의나 교양이 부족하다는 인상을 주고 있다. 비싼 명품 옷으로 차려입은 일부 한국 강남 아줌마들의 교양이나, 공공 예의, 남에 대한 배려, 준법정신, 합리적인 사고방식 수준이 중·고등학교 졸업도 제대로 못한 흑인 여자들에도 못 미친다는 것을 한국을 방문한 재미교포들은 거의 다 경험해서 알고 있다.

친분이 있는 한국분이 있다. 겨울이 길고 추운 미국의 뉴잉글랜드에 살고 있는데 골프를 너무도 좋아하기 때문에 1년에 한 번씩 겨울에는 날씨 좋은 플로리다 주로 골프 원정을 간다. 1980년 말경 예약한 플로리다 주 어느 골프장에 도착해서 등록하려고 하는데 뒷면 벽에 "한국 사람은 환영하지 않습니다(Koreans are not welcome)."라고 적힌 벽보가 눈에 띄었다는 것이다. 너무 당황해서 어찌할 바를 모르다가 정신을 가다듬고 생각을 했단다. 비행기를 타고 여기까지 왔는데 예약을 취소하고 되돌아갈 수도 없는 상황이었기 때문이다. "한국 사람은 환영하지 않습니다."라는 말은 "한국인들의 골프장 출입을 거부한다."는 것이 아니라, 받아는 주지만 환영하지 않는다는 의미이기 때문에 등록하고 골프를 하긴 했지만, 너무도 마음이 불쾌해서 골프공이 제대로 맞지 않았다고 한다.

내 친구분은 과거에 이 골프장을 이용한 한국인들이 너무도 원망스럽고, 한없이 밉기만 했다고 했다. 골프를 하면서 얼마나 시끄럽게 난동을 피우고, 내기까지 하면서 큰 목소리로 다른 분들에게 피해주는 행동을 했으면 한국인들을 망신시키는 벽보가 붙었을까? 이분은 그 후 미국에서 골프를 새로 시작하는 한국인들에게 골프 예의범절(golf etiquette)에 대한 책을 한 권씩 선물했다고 한다.

부끄럽게도 한국인들이 미국 골프장 내에서 보인 노상 방뇨를 포함한 무례한 행동은 이미 몇 차례 미국 신문에 보도됐다. 한국처럼 미국 골프장에 캐디 아가씨들이 있었다면, 아마 성추행으로 감옥살이하는 한국인들도 생겨났을 것 같다. 일본 사람들은 한국인으로 오해를 받을까 봐 한국인들이 몰리는 골프장을 피한다는 소문도 있다.

로스앤젤레스 부근에 1만 7,000명 이상을 수용할 수 있는 할리우드 볼(Hollywood Bowl)이라는 유명한 야외 연주장이 있다. 2008년 여름 우리 부부가 연주를 관람하러 갔을 때 약 1만 5,000명의 관람객들이 모여 있었다. 이 야외 연주장에서는 연주가 시작되기 전 간단한 음식이나 포도주 등을 마실 수 있다. 연주가 시작되면 이 많은 관객들이 모두 조용히 자리에 앉아 있을 뿐 아니라, 넓은 야외 연주장이지만 늦게 입장을 하는 사람을 한 명도 찾아볼 수 없었다. 1만 5,000명이 모인 야외 연주장이지만, 연주가 시작되면 깊은 산속 조그만 호숫가에 혼자 앉아 있는 느낌이 들 정도로 연주장은 고요해진다. 한국에서는 상상도 할 수 없는 일이다. 바로 여기에서 한국인들과 미국인들의 공공 예의에 대한 큰 수준 차이를 체험할 수 있었다.

우리는 연주장 뒤쪽에 자리를 잡고 앉아 있었기에 앞에 앉아 있는 1만여 명의 관중들을 한눈에 내려다볼 수 있었다. 우리 자리에서 약 15미터 앞 오른쪽으로 한 부부가 6~7세 정도의 아들과 함께 앉아 있는 모습이 보였다. 오케스트라는 곧 〈브람스 4번 교향곡〉을 연주하기 시작했다. 〈브람스 4번 교향곡〉은 음악 전공자도 지루하게 느낄 때가 있다는데, 이 아이는 연주가 끝날 때까지 믿기 어려울 정도로 얌전히 부모 곁에 앉아 관람하는 것이었다.

이때 또 하나 믿기 어려운 일이 일어나고 있었다. 연주 중 가끔 뒤쪽에서 한국말로 속삭이는 소리가 들려 고개를 돌려보니, 아니나 다를까 50대로 보이는 한국 부부 두 쌍이 우리 좌석에서 10미터 거리에 앉아 서로 이야기하는 것이었다. 다른 청중들도 한두 번씩 그들 쪽으로 고개를 돌리며, 조용히 해주길 바라는 눈치였다. 한국에서 몸에 밴 나쁜 버릇을 미국에 와서 쉽게 버릴 수가 없었던 모양이다. 표현하기 어려운 수치스러운 50대 한국인의 교양이나 공공 예의가 6~7세 미국 어린아이의 수준에도 미치지 못할 지경이니, 이런 부모 밑에서 자녀들이 무슨 교양이나 남에 대한 예의를 배울 수가 있단 말인가.

옛 동료 중에 지금은 은퇴하신, 피터슨이란 교수가 있었다. 이분은 항상 인자한 모습에 인격이 훌륭하고 누구에게나 깊은 덕과 따뜻한 사랑을 베푸는 인품을 소유하신 분으로서 학생들과 교직원들의 존경을 많이 받았다. 예수님처럼 수염까지 길러서 어떤 학생들은 가끔 '예수님'이라고 부르기도 했다. 내가 평생 만난 사람 중 가장 존경하고 따르고 싶은 인물 중 한 사람이다. 은퇴하기 2~3년 전인 2000년 무렵 영어를 가르치고 있었던 아들을 찾아 부부가 한국을 3주간 방문했다.

한국 방문을 마치고 돌아온 후 점심을 같이하면서 "한국에 대한 인상이 어때요?" 하고 물었다. 피터슨 교수는 "비빔밥이 맛있었어요. 비빔밥을 많이 먹었지요." 하며 빙그레 웃기만 하며 다른 아무런 말 한마디가 없었고, 더 이상 한국에 대해서는 말하려고 하지 않았다. 한국에 대한 피터슨과의 대화는 이것이 전부였다.

하는 말보다는 하지 않는 말이 훨씬 더 무섭고 중요할 때가 있다. 피터슨 교수가 하지 않는 말이 나를 무척이나 불안하게 만들었다. 어떻게 한국을 3주간이나 여행한 사람이 "비빔밥이 맛있었어요."가 한국에 대한 인상의 전부일 수 있겠는가? 피터슨이 하지 않는 말에 공공 예의가 없고 남에 대한 배려를 모르는 무례한 한국인들과 지옥 같은 교통 무질서 및 한국의 고장 난 모습들이 모두 포함이 돼 있었다. 2~3주 한국을 여행하면서 가볍게 번질번질한 겉만 보고 떠나는 다른 여행객과는 달리, 평소에 통찰력이 뛰어난 피터슨은 번쩍번쩍 빛나는 한국의 겉모습을 지나 한국 사회의 속모습을 본 것이 분명했다. 한국 사회의 알맹이가 병들어 있다는 것을 보았던 것 같다.

○ **불필요한 배려심**

얼마 전 지인의 아들 결혼식에 참석했었다. 결혼식은 로스앤젤레스 시 근교에 있는 한인교회에서 거행되었다. 꽤 더운 날이었으며 오래된 교회 건물의 냉방 시설이 가동은 하고 있었지만, 축하객으로 가득 찬 교회 안은 무덥게 느껴졌다. 미리 도착해서 예식이 시작하기를 기다리고 있던 하객들은 여기저기에서 더위를 쫓기 위해 부채질을 하기 시작했다. 결혼식은 오후 5시 30분에 시작하기로 예정돼 있었다. 약 5시 45분경에 주례를 맡으신 목사님께서 늦게 오는 손님들 때문에 예식을 10분 후쯤 시작하겠다고 공지하셨다. 나는 속으로 그보다 더 기다려야 할 것으로 생각하고 마음의 준비를 단단히 하고 있었다.

결혼식은 6시 15분쯤에 시작됐는데 수많은 축하객은 거의 한 시간을 기다렸기 때문에 이미 지쳐 있었다. 나를 포함해서 모두들 예식이 시작부터 빨리 끝나기만을 바라고 있었다. 늦게 도착하는 하객을 배려하는 마음에서 약간 늦게 시작하는 것은 충분히 이해하지만, 제시간에 와서 기다리는 하객들에게 큰 불편을 끼치면서 베푸는 배려는 배려라고 볼 수 없다. 가끔 우리 한국인들은 꼭 필요한 때에는 배려하지 않고, 남에게 불편을 초래하면서까지 불필요한 배려를 베푸는 것을 미덕으로 생각하는 경향이 있는 것 같다. 나는 그동안 미국인들 결혼식에 여러 번 참석했지만 예정된 시간보다 10분 이상 늦게 시작하는 결혼식을 기억할 수 없다. 우리 자녀들 결혼식 때 나는 주례 목사님들께 늦게 도착하는 손님들이 있더라도 가능한 예정 시간에 예식을 시작해주실 것을 부탁했다. 정말 칼날처럼 모두 정시에 시작하셨다.

  여기서 잠깐 미국인들의 사고방식의 일면을 소개하겠다. 내가 가르친 대학원생이 있었다. 불행히 부인이 교통사고로 세상을 떠나 혼자서 어린 아이를 키우면서 공부하고 있었으니 얼마나 고생이 많고 시간에 쫓기는 생활이었을지 쉽게 짐작할 수 있다. 교회 사람들로부터 도움을 받기는 하지만 낮에 학교 있는 동안에는 아이는 어린이집에서 하루를 보낸다. 어린이집의 규정은 학부모들이 오후 5시 반까지 아이를 데리러 와야 하며, 5시 35분까지는 1분 늦을 때마다 1달러씩 벌금이 부과되며, 5시 35분 이후에는 1분 늦을 때마다 5달러가 부과된다. 그러니까 만약 8분 늦게 아이를 데리러 가면 20달러(약 2만 2,000원)를 어린이집에 내야 한다. 그래서 이 학생은 오후 5시가 조금 지나면 어린이집을 향해 쏜살같이 달려간다.

  우리 한국인들의 사고방식으로는 이해하기 힘들고 너무 매정하다고 생각할 수 있다. 하지만 미국인들은 다른 사람에게 끼치는 불편과 피해를 먼저 생각한다. 애들을 늦게 데리러 오면 직원들이나 교사들의 퇴근 시간이 그만큼 늦어진다. 직원들과 교사들도 가정이 있고 어린 자녀들이 있으므로 나름대로 사정이 있는 사람들이다. 한국인들처럼 '봐주기'라는 개념이 미국인들 의식구조에는 별로 없기 때문에 매우 딱딱하고 냉정하게 느껴질 때가 많고, 7~8분을 가지고 정도 없이 왜 이러냐고 생각하기 쉬운데 미국 사회는 그렇지 않다.

○ **변명의 공화국 사람들**

미국인들로부터는 볼 수 없는 반응을 그간 한국 사람들로부터 여러 번 경험했다. 자신은 한국을 싫어하고 비판하면서 다른 사람이 하면, 화를 내고 흥분하는 민족이 한국인인 것 같다. 어떤 모임에서 내가 한국 사회에 대해 비판적인 발언을 하자 은퇴하신 교수 한 분이 꽤 흥분하시는 것이었다. 이해하기 어려웠던 것은 그분도 몇 개월 전 함께 식사할 때 한국 사회에 대해 비슷한 비판적인 발언을 하셨는데, 그동안에 생각이 바뀌신 걸까?

미국인들의 경우에는 비판이 나왔을 때, 합리적인 토론이 시작되고, 서로 의견을 주고받으며 분석하면서 해결책을 모색하려고 하는데, 왜 한국인들은 흥분하면서 화까지 내는 것일까. 아마도 조국을 사랑하는 마음이 너무 강하다 보니 우리 사회의 약점이나 허물을 부정하거나 감싸고 싶어 하는 것일지도 모른다는 생각이 든다. 하지만 사회의 흉이나 허물은 감싸준다 해서 될 일이 아니다. 우리 몸의 병처럼 사회의 병도 방치하면 악화되고 치료가 더 어려워질 것이라는 합리적인 생각을 왜 못할까?

최근 한국에서 가장 유행하는 단어가 '행복'인 것 같다. 행복 도시, 행복 학교, 행복 마을, 행복 요양원, 행복 떡집 등 곳곳에 행복이란 단어가 따라붙어 있다. 행복을 싫어하고 추구하지 않은 사람은 아무도 없을 것이다. 행복한 사회를 만들기 위해서는 더불어 사회생활을 할 때 서로를 불편하게 하는 것들을 함께 노력해서 제거해야 한다. 첫 단계가 사회의 허물을 찾아내서 노출시켜야 하며, 그 후 비판을 통해서 여러 사람들의 관심을 끌어 모으고, 토론을 통해서 해결책을 강구하여 실행해야만 사회가 발전할 수 있다.

교통 무질서에서부터 어처구니없는 어리석은 편견, 사회의 각종 부도덕과 부조리, 탈세 행위, 표절, 공공 예의 결핍, 갑질하는 저질의 비겁한 인간들, 남에 대한 배려가 눈곱만큼도 없는 수치스러운 한국인들, 준법정신은 어디로 가 버리고 편법만 남아 있는 사회, 정의는 죽고 불의만 있는 한국, 삼류도 못 되는 한국 정치판 등을 비판하면 십중팔구 변명이 먼저 나온다. 지구 상에 한국 사람들처럼 변명하기 좋아하는 사람들이 또 있을까. 개인이건 국가건, 변명은 발전을 막고, 변할 수 있는 기회를 날려 버린다. 한국 사람들에게 변명은 이미 습관화가 돼 버린 것 같다. 발전하는데 가장 큰 장애물이 변명이라는 것을 우리는 기억해야 한다.

가장 많이 듣는 변명 중에 하나가 "치열한 경쟁 속에서 살다 보니……"이다. 경쟁 속에서 살면 누구나 남을 배려할 줄도 모르고, 자기만 생각하는 이기적이고, 부도덕하고 부정직한 짓을 하며, 공공 예의도 모르는 교양 없는 야만인들처럼 행동하게 되는 건가? 경쟁은 인간 사회에 항상 존재했었다. 한국 사회만 경쟁이 심한 것은 절대로 아니다. 알고 보면 미국 사회도 모든 경제 활동에서부터 구직, 운동경기 등 어딜 가든 경쟁이며, 한 명의 대학교수 채용 광고를 내면 어떤 분야는 200명 이상의 후보자들이 지원한다. 강자만 살아남는 약육강식의 자본주의 경쟁은 미국 사회 여러 분야에 깊숙이 뿌리내리고 있다.

　잔인하게 들릴지도 모르겠지만, 미국인들은 경쟁을 두고 'cut-throat'이라는 표현을 자주 사용한다. 직역하면 '목을 자르다'인데, 목을 자를 정도로 잔인무도한 경쟁을 한다는 의미다. 미국 사회의 경쟁은 죽기 아니면 살기의 분위기일 때가 많다. 한국인들이 "치열한 경쟁 속에서 살다 보니……" 하는 것은 자신이나 사회의 못된 허물과 흉을 단순하게 생각하고 쉽게 용서하며 경쟁이라는 변명으로 덮어 버리려는 것 같다. 이런 정서 속에서는 사회나 개인이나 발전할 수가 없다.

　앞에서 잠깐 언급했지만, 대체로 우리 한국 사람들은 비판이나 비난을 싫어하고, 싫어하기 때문에 서로 피하게 되고, 비판하는 자는 빗발치는 비난을 받게 된다. 비판이나 비난할 때는 너무 조심성 있는 말로 포장하기 때문에 한국에 처음 귀국했을 때 이런 식의 화법이 굉장히 이색적이었다. 부자연스럽고 어색하기 짝이 없었다. 비난받아야 할 사람을 이런 식으로 지나치게 보호하려는 것도 미덕인가? 미덕 아닌 이런 미덕 행위를 잘하는 사람이 인격이 훌륭하고 덕망이 높다고 평가받는 기이한 사회가 우리 조국 대한민국이다. 미국에서는 이런 기이한 미덕을 베푸는 사람을 등골이 없는 졸자(拙者)라고 부른다. 최근에는 '쪼다'라는 표현을 쓰는 사람이 없는 것 같던데, 다시 말해서 미국인들은 이런 사람들을 '등골도 없는 쪼다'라고 한다.

　비판을 받을 만한 짓을 한 사람을 왜 보호해야 하나? 비판을 받지 않으려면 비판받을 짓을 않으면 될 텐데. 너무 조심성 있게 말하는 사람을 보면, 나도 만약 이런 상황에 처했을 때 이렇게 보호해달라고 미리 부탁하는 것처럼 보인다. 까만 것을 앞에 놓고, 모두 까맣다고 알고 있는데,

왜 정직하고 시원스럽게 까만 것이라고 말하지 못할까. 이것 또한 얼빠진 한국인들의 장기(長技)인 것 같다. 거듭 강조하자면, 건설적인 진지한 비판은 우리에게 반성할 기회와 깊게 생각하고, 우리 자신을 재평가해서 발전해 나갈 수 있는 원동력이 될 수 있다. 개인이건 정부건 변명만 하다 보면 발전할 수가 없다. 거듭 강조하지만, 변명은 발전을 향해 가는 길을 가로막는 가장 못된 장애물이다.

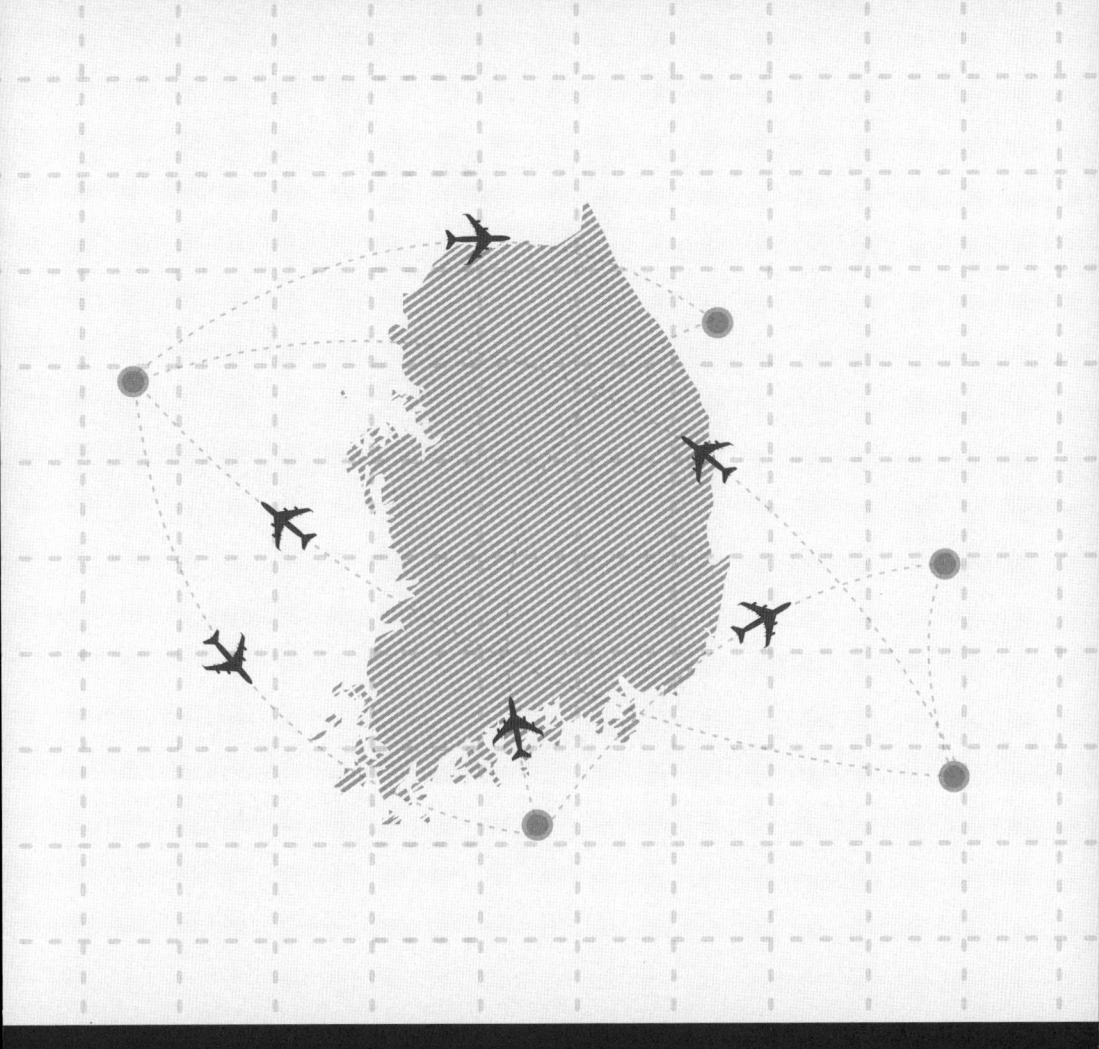

6장

혼수상태에 빠진 한국 사회·정치,
막막한 대한민국의 미래

1
불쌍한 젊은 세대들

○ **돈에만 집착하는 우리 젊은이들**

　세계 각국 대학생들을 대상으로 '중산층의 가장 중요한 기준'에 대해 2012년에 실시된 설문조사가 있었다. 한국, 미국, 영국, 프랑스 대학생들이 보인 가장 많은 응답 다섯 가지 기준이 아래와 같이 보도됐다.

　　〈대한민국〉
　　　1. 부채 없는 30평 이상 아파트 1채는 기본
　　　2. 월 500만 원 이상의 수입
　　　3. 2,000cc 이상 자가용
　　　4. 평균 1억 이상의 예금 잔액
　　　5. 연 1회 이상 해외여행

〈미국〉

1. 자신의 주장이 떳떳해야 할 것
2. 사회적 약자를 돕는 정신이 투철해야 할 것
3. 부정과 불법에 저항해야 할 것
4. 월간 비평지 하나 정도는 자기 책상 위에 놓여 있어야 할 것
5. 미국인이라는 자부심과 긍지를 가질 것

〈영국〉

1. 모든 경쟁에는 공평하고 정정당당함의 정신을 살릴 것
2. 독선적으로 행동하지 말 것
3. 자기의 주장과 신념을 지닐 것
4. 약자를 두둔하고 강자에 대항할 것
5. 불의와 불공정, 불법에 대해 의연히 대처할 것

〈프랑스〉

1. 외국어 하나 정도는 통달할 것
2. 즐기는 스포츠 하나 정도는 필수
3. 악기 하나 정도는 자유로이 다룰 줄 알아야 할 것
4. 자기만의 독특한 맛을 내는 요리 솜씨를 갖추어야 할 것
5. 공분에 의연히 참여하고, 약자를 배려하고, 봉사활동을 꾸준히 할 것

위의 설문지 결과에서 한국과 미국, 영국, 프랑스 젊은이들 사이에 두드러지게 다른 점을 누구든 쉽게 인지할 수 있다. 한국 대학생들은 중산층의 모든 가치관이 돈에만 집중된 돈 타령이다. 놀라운 것은 자본주의

역사가 우리보다 훨씬 앞서 있는 미국, 영국, 프랑스 대학생들은 물질적인 조건은 중산층의 가장 중요한 다섯 가지 조건에 포함돼 있지도 않다. 세 나라 대학생들의 공통점은 사회적 약자를 돕고, 두둔하고, 배려하며, 부정과 불법에 저항하고, 사회를 위해 봉사하는 것이 중산층의 가장 중요한 5대 조건 중 하나라고 말하고 있다. 중산층에 대한 한국 대학생들의 가치관이 그들과는 너무 다르다.

정부는 가구당 월수입이 175만~525만 원이면 중산층이라 정의하고 있어 국민의 약 65퍼센트가 중산층에 속한다고 추정되고 있다. 한국 사회의 중축을 이루고 있는 65퍼센트나 되는 중산층이 봉사정신이나 사회 정의감이란 도대체 없고, 부정과 불법을 맞서 끝까지 싸워야 한다는 결의는 안중에도 없다면, 사회가 탈선하고 중심이 흔들릴 때 누가 우리의 양심을 바로잡아 심어줄는지 걱정하지 않을 수가 없다.

우리 한국 대학생들에게는 중산층의 가장 중요한 다섯 가지 조건이 한결같이 자기 자신만을 위한 극히 이기적인 '돈'이다. 돈이 어느 정도의 생활을 유지하는 데 절대적으로 필요하다는 것을 부인하는 사람은 세상에 아무도 없을 것이다. 하지만 우리 대학생들처럼 중산층의 기준을 돈으로만 정의한다면, 그 사회는 분명히 돈벌레들로 가득 찬 희망이 없는 천박한 사회다.

미국 같은 자본주의 사회에서도 사람들은 항상 열심히 일해서 부(富)를 쌓으려고 최선을 다하지만, 돈에 앞서 약자를 돕고, 사회의 정의를 받들며, 공정하고 공평한 자세를 갖고, 부정과 부패를 절대로 용서하지 않는다는 숭고한 정신은 중산층뿐만 아니라 전 미국민들의 가슴속에 깊이 박혀 있는 이념이다. 만약 미국 사회가 이런 숭고한 이념 없이 돈에만 집착했다면, 지금쯤 천박한 저질의 불행한 사회가 되어 버렸을 것이다.

사회에 대한 의무감이나 책임감에 대한 가정교육이나 학교교육이 없이 "잘살아보세!" "여러분, 부자되세요."라고만 외치는 분위기 속에서 자란 대한민국 대학생들의 설문조사에 나타난 반응은 너무도 당연하다. 자라면서 부모들로부터 보고 들은 '가정교육'이 그대로 투영된 것이라 볼 수밖에 없다. 이런 대학생들의 자녀들은 또 어떻게 될 건가?

○ **투표함을 바꿔치는 고장 난 대학생들**

미국에는 4년제 대학이 약 3,000개, 2년제 초급대학이 약 1,700개 된다고 알려져 있다. 4년제와 2년제 대학을 모두 합하면 4,700개나 된다. 한국 대학들과 다름없이 미국 대학들도 학생회라는 조직체가 있으며, 매년 학생회장, 부회장 및 임원을 직접 투표해서 선출한다. 40여 년을 미국에 살면서 단 한 번도 4,700개 대학에서 매년 학생회장단 선거를 하는데 부정이 있었다는 말을 들어본 적이 없었다.

한국의 대학들도 가을 학기에 차기 학생회장단 선거를 하는 것을 몇 번 목격했다. 지난 몇 년 동안 한국 대학생들의 대학 생활에 대해서 좀 더 자세히 알고 배우기 위해서 10여 개 대학신문을 읽어보곤 했다. 2012년 가을 학기였다. 모 대학의 학교 신문을 펴보니 1면에 대서특필로 최근 학생회 선거에 부정이 있었다는 기사가 가득했다. 얼마 후 다른 대학의 신문을 보니 마찬가지였다. 최근에 실시한 학생회장단 선거가 부정이 많아 무효라며, 사설에서도 재선거를 요구하고 있었다. 며칠 후 세 번째 대학신문에도 학생회장단 부정선거에 대한 기사가 어김없이 있었다.

학생회장단 선거에 부정이 없는 대학이 한국에 있을까 하는 생각이 머릿속을 스쳐 지나갔다. 몇 주 후 집에 앉아 쉬면서 YTN을 보고 있는데, 모 대학 학생회장단 선거 후 학생 세 명이 파란 투표함을 바꿔치기하는 모습이 CCTV에 찍힌 것을 보도하는 것이 아닌가. 너무 기가 막혀 정신이 아찔했다. 우리 대한민국의 미래는 이제 어떻게 될까 하는 걱정이 앞섰다. 한창 순수해야 할 18~22세의 대학생들이 아닌가? 사회의 부정과 부패를 보면 참을 수 없는 분노가 하늘을 찌르고, 자기들의 정의뿐만 아니라 다른 사람의 정의를 위해서도 마지막 피 한 방울까지 아끼지 않고 싸울 수 있는 철통 같은 용기와 불타는 정의감에 자기 자신을 희생할 수 있는 정신을 가져야 할 대학생들이 부정선거를 한다는 게 도대체 웬 말인가.

대학생이 되기까지 온통 부정부패로 썩어 있는 부도덕한 사회 환경 속에서 자랐으니, 순수하고 이상주의적 정신에 젖어 있어야 할 대학생들마저 부정선거를 거침없이 할 수 있다는 것은 그렇게 놀랄 만한 것이 아닐지도 모르겠다. 자라는 어린아이들에게는 보고 듣는 것이 교육이라는 말을 흔히 한다. 자라온 환경이 온통 부도덕하고, 나만 챙기려는 이기적이며, 부정한 것들로 가득한데, 대학에 와서 학생회장단 부정선거가 무서운 범죄 행위라고 생각할 능력조차 없는 얼빠진 젊은 세대가 돼버린 것이다.

위에 언급한 4개 대학 측에서 학생회 부정선거를 어떻게 처리했을지 궁금했는데, 대학 당국의 반응이 대학신문에 별로 보도되지 않은 것도 너무나 신기했다. 대학의 체면을 보호하기 위해 조용히 넘어가자는 것이었을까? 대학의 가장 기본적인 목적인 교육은 어디로 가버린 것일까? 부정한 행위를 저지른 자는 응분의 죗값을 절대적으로 치러야 한다는 것을 보여주는 것은 당연한 교육의 의무요 책임인데, 오히려 젊은 세대에게 범죄를 저질러도 처벌받지 않고 슬쩍 넘어갈 수도 있다는 이상 야릇한 빗나간 교육을 시켜버린 결과가 돼버렸다. 한국의 교육 현실이 이렇게 비뚤어지고 척박한데 우리 조국이 바라는 제대로 인격을 갖춘 후세대를 어떻게 양성할 수가 있겠는가. 오물투성이 척박한 땅에서 무슨 제대로 된 농사를 지을 수가 있다는 말인가.

만약 미국 대학 학생회장단 선거에서 이와 유사한 부정이 있었다면, 대학 당국은 어떻게 처리했을까? 1년이 걸리건, 2년이 걸리건 철저히 조사해서 부정에 관련된 학생들은 가차 없이 퇴학 처분했을 것이다. 투표함을 바꿔치기한 학생들은 공공건물 불법 침범 및 절도혐의로 검찰의 조사를 받았을 것이며, CCTV 증거를 바탕으로 실형을 받고 감옥살이를 했을 것이다. 엄한 처벌을 받지 않은 부정선거 관련 학생들은 사회에 나와서 훨씬 더 무서운 부정을 저지를 가능성이 농후하다. 감당하기 힘든 큰 고통이나 충격, 경제적인 손실을 주지 않으면, 인간은 좀처럼 자기의 사상이나 행동 혹은 태도를 바꾸지 않는다.

○ 얼빠진 부모, 얼빠진 불쌍한 자식

2011년 5월 전 국민들에게 큰 충격을 준 사건이 있었다. 어느 의대생 성폭행 사건이다. 의대 동급생 세 명이 자고 있는 동기 여학생을 집단 성폭행하고 폭행 장면을 찍은 사진과 동영상을 인터넷 게시판에 올린 충격적인 사건이었다. 이 사건을 둘러싸고 처음부터 마지막까지 모든 상황들이 온통 썩을 대로 썩어 있고, 양심도 없는 고장 난 사람들로 가득 찬 대한민국의 민낯을 처절히 그대로 드러냈다.

　피해자 여학생은 평범한 가정 출신이었고, 이에 반해 세 가해자는 사회적으로 힘 있는 가정 출신이었으며, 그중 한 명은 본인이 재학 중인 의대 교수의 아들, 다른 한 명은 유력한 변호사의 아들로 알려졌다. 이 사건이 언론에 보도되고 한 달 후쯤 대학 측의 '안이한 대응'과 '미흡한 조치'에 대한 비난과 항의가 빗발친다는 신문 기사를 읽고 나는 크게 혼돈하지 않을 수 없었다. 미국의 사고방식이라면 가해자들은 이미 퇴학 당하고, 검찰에 기소돼 구치소에 수감 돼 있을 것이라고 생각했던 것이다. 학교 측의 "안이한 대응?" "미흡한 조치?" 이런 극악무도한 범죄를 보는 대학 측의 시각과 후속 조치는 너무나 어이없었다.

　최근에 미국 플로리다주립대학의 존슨(De'Andre Johnson)이라는 미식축구 선수가 맥줏집에서 여학생 얼굴을 주먹으로 한 대 때렸다는 보도가 있었다. 대학 측은 사건 발생 이틀 후 존슨을 퇴학 처분하고 학교에서 즉각 쫓아내 버렸다. 인터넷에 실린 당시 맥줏집의 CCTV를 나도 두 번 봤다. 사실은 여학생이 먼저 돌아서서 뒤에 서 있는 존슨을 치려고 하자 거꾸로 그가 여학생의 손을 잡아 뿌리치고 주먹질한 것이었다. 한국 사람들의 사고방식으로는 존슨이 억울하게 퇴학당했다고 생각할 수 있을지도 모른다. 하지만 어떤 상황에서도 여성에게 폭행을 가해서는 안 된다는 것이 미국인들의 사고방식이다. 존슨은 퇴학당하고 며칠 후 어머니와 함께 전국 TV에 출연했다. 자기변명은 한마디도 하지 않고, 그 여학생과 미국 시민들에게 정중히 사과하는 것이었다. 이것이 끝이 아니다. 존슨은 '폭행죄'로 재판을 받아야 한다.

비슷한 '존슨 사건'이 한국에서 일어났다면 어떻게 됐을까? 존슨 가족들은 그 여학생 집을 찾아가 내 아들의 일생을 망쳤다고 악을 쓰며, 온갖 행패를 부렸을는지 모른다. 저질의 야만적인 부모의 추태를 보고 자란 젊은 세대들이 고장 난 이상한 인간이 되는 것은 너무도 당연하다. 이런 얼빠진 부모 밑에서 자란 대한민국의 젊은 세대들이 나는 불쌍하기 짝이 없다. 존슨은 흑인이다. 존슨의 흑인 어머니는 전국 TV에서 "내가 자식 교육을 잘못시켜 내 아들이 이런 행동을 했다. 그 여학생과 가족들에게 깊이 사과한다."며 눈물을 글썽거렸다. 이 모습을 본 수많은 미국 시청자들은 감동했을 것이며, 무엇보다도 어머니의 정중한 사과와 눈물이 자기 아들에게 얼마나 훌륭한 교육이 될 것인가. 성폭행 가해자들의 부모들도 이 장면을 보고 반성하는 기회를 가졌더라면 얼마나 좋을까?

상상할 수 없는 흉악한 성범죄자들을 눈앞에 두고 퇴학 처분을 내리지도 못하고 '안이한 대응'을 보인다는 비판을 받았던 대학은 부끄러운 줄 알아야 한다. 이런 의식구조로 아무리 교육을 시켜야 국제 무대에서는 조롱거리가 될 뿐이다. 존슨의 어머니에 비하면 이런 얼빠진 의대는 빵점짜리 교육기관이다. 너무도 많은 한국 사람들이 교육이 무엇인지를 잘못 이해하고 있는 것 같다. 수단과 방법을 가리지 않고 높은 점수를 받아 일류 대학에 입학하는 것을 최고의 교육으로 보는 것은 큰 잘못이다. 이것이 바로 삐뚤어진 빗나간 한국의 교육 현실이다.

교육기관으로서 숭고한 모습을 보이기 위해 학교 측은 가해자 학생들을 즉시 퇴학 처분하고, 전 국민에게 사과했다면, 많은 사람들로부터 박수를 받았을 것이다. 대학의 명성을 조금이나마 지킬 수 있었을 텐데, 아깝게도 기회를 놓치고 말았다. 학교 측에서는 사건 발생 18일 만에 사과문이 아닌 '알림문'을 발표했다. 가해자 한 명의 아버지가 동료 교수였기 때문에 미흡한 조처를 취했다면 이런 대학은 심각한 문제가 있는 기관이며, 미국에서는 이런 경우 틀림없이 학장과 책임이 있는 교수들이 징계 혹은 파면 처분을 당했을 것이다.

의대생 성폭행 사건 한 달 후쯤 미국 코넬대학 의과대학(Cornel University Medical School) 입학처장, 찰스 바데스(Charles Bardes)란 분이 한국을 방문했다. 그는 의대생들의 인성교육 중요성과 코넬대학 의대는 '비윤리적인 행위 때는 예외 없이 퇴학'을 시킨다고 강조했다. 이건 코넬대학 의대뿐만이 아니다. 미국 어느 의대, 치대도 학생의 비윤리적인 행위가 적발되면 퇴학 처분을 한다.

여기서 미국 대학의 입학 절차를 잠깐 소개하겠다. 의대, 치대, 약학대학원, 간호대학원 등 몸이 불편해 고통을 받는 인간을 직접 치료하고 도와야 하는 의료 분야에서는 성적도 중요하지만, 학생 개개인의 인성, 인격, 태도, 성품, 남을 위한 헌신정신과 희생정신을 매우 중요하게 여기며, 심각하게 고려한다. 많은 경우에는 인격이나 성품을 성적보다 더 중요시한다. 아무리 성적이 우수해도 입학 신청자의 인격이 부족하고 태도에 불손한 점이 있다고 판단되면 절대로 입학을 시키지 않는다. 미래의 환자들을 보호하기 위해서 인성이 좋지 않은 학생에게는 의료진이 될 기회를 아예 주지 않아야 한다는 사회적 책임감 때문이다.

그러면 학생들의 인성을 어떻게 평가할까? 방법 중의 하나가 입학 신청자들의 면접이다. 신청자들을 대학으로 초청해서 하루 종일 면접을 하며, 내가 근무했던 대학에서는 아침 8시부터 오후 5~6시까지 온종일 신청자 개개인을 면접한다. 인턴, 레지던트 면접도 보통 하루면 끝나는데,

언젠가 한번은 소아치과에서 세 명의 레지던트를 뽑는데 19명의 신청자를 이틀 동안 면접했던 적도 있다. 호주와 뉴질랜드도 마찬가지다. 성적이 탁월한 교민 자녀들이 의대, 치대, 수의대 면접에서 많이 탈락 된다는 것은 이미 알려진 사실이다. 세 가해자들의 성적이 최상급이었다 해도 미국에서는 의대 입학이 거의 불가능했을 것이다. 동급생을 성추행할 정도의 성품은 종일 계속되는 면접을 통해서 거의 확실히 노출됐을 것이다. 교수들이 시간이 부족한데 어떻게 수많은 입학 신청자들 개개인을 하루 종일 면접할까? 미국 교수들도 한국 교수들 못지않게 시간에 쫓긴다. 하지만 뜻이 있는 곳엔 반드시 길이 있게 마련이다.

미국이건, 한국이건, 법이 허락하는 안의 범위에서 가해자와 가족들에게는 최선을 다해 변호할 권리가 있다. 다만 검찰의 조사나 재판 과정에서 어떤 형태로든 영향력을 발휘해서 사건을 무마하려고 하거나 방해하려고 한다면 그 자체가 범죄다. 허위진술 또한 심각한 범죄 행위다. 1972년 6월에 미국 역사상 가장 큰 정치 부정 사건으로 유명한 워터게이트 사건이 있었다. 그 당시 닉슨(Richard Nixon) 대통령은 탄핵소추 직전인 1974년 8월 9일 대통령직을 사임하고 백악관을 떠나고 말았다.

민주당 선거사무실을 무단 침입한 사실이 드러나 시작된 사건이 어찌 감히 닉슨 대통령의 사임으로까지 갈 수가 있었을까? 여기에서 우리 대한민국은 꼭 배워야 할 점이 있다. 조사 과정에서 대통령이 사건을 무마하려고 영향력을 행사했고, 수사를 방해하려고 했으며, 닉슨 보좌관들의 허위 진술이 알려지면서 시작이 된 수사가 결국은 미국 대통령을 물러나게 했다. '영향력, 수사 방해, 허위 진술'이 선거사무소 무단 침범보다 훨씬 더 무서운 범죄 행위가 돼버린 것이다. 이 사건으로 닉슨 대통령 측근

7명이 재판을 받았으며, 대통령 실장이었던 홀드먼(H. R. Haldeman)은 1년 6개월 동안 감옥살이를 했다.

성폭행 가해자의 부모들이 사회적인 힘과 인맥을 이용해서 사건을 무마하려고 했거나 수사를 방해하려고 했다는 의혹이 있었다면, 부모들이나 관련된 자들은 마땅히 검찰의 강도 높은 수사를 받았어야 했을 것이다. 세계무대에서 떳떳하게 국제화를 하려면 대한민국은 존경받을 수 있는 법치국가이며, 만인이 법 앞에 평등하고, 법을 어기면 대통령도 물러나게 할 수 있다는 확신을 보여주어야 한다. 이런 것을 우리는 워터게이트 사건을 통해 배워야 한다.

의대생 성추행 사건이 보도된 지 얼마 후부터 네이버에 성폭행과 관련된 검색어가 자꾸 지워지는 느낌을 받았다는 사람들이 많았다. 네이버 주소창에서도 관련된 의대 또는 의대생 성추행에 대한 검색어가 전혀 뜨지 않았다는 네티즌들이 있었다. 이 사건이 당시 가장 관심을 끄는 기사였다는 것을 고려해볼 때 뭔가 석연치 않은 점이 있다. 누군가 언론을 통제하려 했다는 것을 의심하지 않을 수 없는데, 외부의 힘에 쉽게 굴복하는 언론도 문제이지만, 미국에서 이런 일이 있었다면, 언론통제 조사로 온통 전국이 난리가 났을 것이다. 한국은 FTA로는 나라가 뒤집힐 정도로 난리를 피우면서, 진짜 나라가 뒤집힌다 해도 파고들고 끝까지 조사해야 할 언론통제 의혹은 쥐 죽은 듯 조용한 신비스러운 나라다.

나도 자식 셋을 둔 부모다. 자식에 대한 부모 마음은 다 같다는 것을 모를 리 없다. 세 가해자 부모들은 입장을 바꿔서 피해자 여학생이나 그녀의 부모 입장에서 단 한 번이라도 생각해본 적이 있을까? 피해자와 피해자 가족들에게 백번 사죄해도 모자랄 판에 사건이 세상에 알려지기 전, 가해 학생 부모가 피해자의 가족을 찾아와 "이런 게 알려지면 가해자도 끝나지만, 피해자도 이제 끝나는 것이다."라고 압력을 가했으며, 어느 가해자의 어머니는 심지어 피해자의 인격 및 평소 대인관계 등에 문제가 있었다는 내용의 문서를 배포했다는 보도를 보면, '이런 얼빠진 부모 밑에서 삐뚤어진 교육을 받았으니 그럴 수밖에……'라는 말을 하지 않을 수 없다.

흑인 선수 존슨의 어머니는 고등학교를 제대로 졸업도 못 했다. 두 나라 부모들의 너무도 대조적인 모습에 놀라지 않을 수 없다. 인간에게는 하늘이 우리에게 선물로 주신 양심이라는 것이 있다. 양심이 조금이라도 남아 있다면, 이런 부모의 모습을 보고 가해 학생들은 어떤 생각을 했을까?

약 30여 년 전, 어느 신부님의 강론 말씀이다. 너무 오래전에 들었기 때문에 자세한 부분은 전부 기억할 수 없어서 줄거리만 전하겠다. 한 청년이 있었는데 누차에 걸쳐 범죄를 저질러 드디어 사형을 당하게 됐다. 형장으로 끌려가는 길가에 모여 있던 군중 속에서 그는 어머니의 얼굴을 발견하게 됐다. 청년은 교도소장에게 간청했다. "제 어머님이 저기 나와 계시는데, 사형 당하기 전에 어머님께 마지막 인사를 드릴 수 있도록 허락해 주십시오." 교도소장은 쾌히 허락했고, 청년은 자기 어머니께 접근하자마자 어머니의 젖꼭지를 물어뜯어 땅에 뱉어버렸다. "내가 어려서부터 나쁜 짓을 했을 때 단 한 번만이라도 그것은 나쁜 짓이니 하지 말라고 야단을 쳤더라면, 내가 오늘 사형장에 끌려가지는 않을 거요." 하고 냉정히 돌아섰다는 것이다.

가해자 한 명은 징역 2년 6개월, 다른 두 명은 각각 징역 1년 6개월을 선고받았다. 미국의 사법제도에 익숙한 사람들은 한국의 제도가 범죄에 비해 형벌이 어처구니없이 빈약하다는 것에 놀라지 않을 수 없다. 참고로, 2015년 4월에 조지아 주 애틀랜타 시 교육구청에 속한 교사와 교장과 직원들 8명이 학생들의 성적을 의도적으로 올려서 허위보고했다는 혐의를 받고 재판을 받았는데, 3명은 징역 7년, 나머지 5명은 징역 1~2년의 선고를 받았으며, 5,000달러에서 2만 5,000달러의 벌금을 내라는 판결을 받았다.

미국은 성범죄자들에게 보통 10~25년, 혹은 종신 감옥형을 내린다. 한국에서는 상상도 못 할 일이다. 미국인들의 사고방식은 나쁜 짓을 한 사람에게는 가차 없는 형벌이 따른다. 만약 의대생 성폭행 가해자들이 미국의 법정에서 유죄판결을 받았다면, 최소 15년에서 25년의 실형을 받았을 것이며, 가해자가 현재 25살이라면 40~50살까지 감옥에 갇혀 있어야 한다. 피해자와 피해자의 가족들을 생각해보라. 그들은 일생을 두고두고 견딜 수 없는 정신적인 상처와 지옥 같은 고통과 깊은 악몽 속에서 헤어나질 못하고 살아야 한다. 이런 것을 고려하면 25년 실형도 약한 편이다. 이런 이유에서 미국 법정은 성범죄자들에게는 인정이라는 것을 베풀지 않고 가혹한 실형을 내린다.

정의가 살아나려면 형벌이 언제나 죄질에 알맞게 내려져야 하는데 한국의 현실은 항상 그리하질 못하다. 미국 웬만한 도시에 가면 곳곳에 쉽게 눈에 띄는 서브웨이(Subway) 식당 체인점이 있다. 포글(Jared Fogle)이라는 사람은 서브웨이 식당 체인점의 대변인이었다. 포글은 미성년자들에게 음란물을 유포하고 이들을 인터넷으로 유혹해서 성관계를 맺으려고 했다는 혐의를 받고 체포되어 2015년에 유죄판결을 받고 140만 달러의 벌금과 15년 8개월의 실형 선고를 받았으며, 프랫(Tanya Walton Pratt) 판사는 포글이 출소한 이후 일생 내내 경찰의 감시를 받아야 한다는 판결을 내렸다. 죄질에 맞게 형벌을 내려 정의를 보호하고 받들려는 미국인들의 의식구조를 들여다볼 수 있는 한 예다.

이런 경우엔 피해자는 물론, 가해자와 그 가족들 모두가 똑같이 상상도 할 수 없는 고통을 겪어야 하는 희생물이 되어버린다. 두 가족이 너무도 가슴 아픈 씻을 수 없는 비극을 안고 일생을 살아야 한다. 이래서 이런 성격의 범죄는 미리 방지하는 것이 최선의 길이다.

○ 박 모·배 모·한 모 씨

한국 언론은 피해자는 물론 가해자의 이름, 가해자가 소속된 단체도 공개적으로 잘 밝히지 않는 것 같다. 이름을 밝히지 않는 이유는 딱 하나다. 가해자 측을 보호하겠다는 의도 이외는 없다. 인권보호 차원에서일까? 인권을 주장하는 미국에서도 가해자가 미성년자일 때는 예외지만, 재판이 시작하기 전 검찰 조사 과정에도 전적으로 다 밝힌다. 체포된 순간부터 모든 언론에 가해자의 신분은 물론 사진과 체포되어 구금되는 장면까지 TV에 보도된다. 신분과 인권을 보호받을 수 있는 것은 다른 사람의 신분과 인권을 존중하고 받들어 주는 것을 전제로 한다. 사회의 법규를 위반하거나 범죄를 저질렀을 때는 다른 사람의 인권을 유린한 것이기 때문에 인권보호 자격을 어느 면에서는 이미 상실한 것이다.

미국의 경우는, 특히 성범죄자일 경우, 시민들을 이들로부터 보호한다는 책임감 때문에 더욱더 가해자들의 신분을 널리 알린다. 가해자가 형을 마치고 출소 후 다른 지역으로 이사할 경우에는 그 지역 관할 경찰서에 성범죄 전과자가 이사 갔다는 사실을 보고하도록 규정돼 있고 인터넷에도 올려져 있기 때문에 인터넷 조회를 하면 내가 살고 있는 지역의 성범죄 전과자들의 이름과 주소를 정확하게 알 수 있다. 미국 관례를 따라가자는 것은 물론 아니다. 단지 우리와는 대조적인 미국이란 나라의 현황을 알리는 것뿐이다.

피해자와 가해자 학생들이 재학 중인 의대를 많은 시민들이 알고 있음에도, 언론에서 처음 얼마 동안 '모 대학 의대생'으로 보도하는 모습이 어쩐지 언론에 대한 신뢰를 떨어뜨리는 것 같았다. 사실을 사실대로 보도하는 것이 언론의 의무가 아닌가. 인권이나 신분을 보호받을 권리가 상실된 사람들을 'X모 씨' 하면서 가해자의 신상을 불필요하게 보호하려고 하는 언론이 혹시 사실 일부를 대중에게 알리는 것을 미루는 인상을 주어 언론에 대한 믿음과 신임에 상처를 주는 것 같았다.

○ 존 딘의 아버지

1973년 미국은 워터게이트사건(Watergate break-in)에 백악관이 개입됐을 것이라는 의혹과 검찰 조사 과정에 백악관의 불법 개입 및 압력이 있었다는 혐의로 미 국회는 청문회 안건을 가결했다. 청문회는 전 미국 국민들의 가장 큰 관심사였으며, 나도 시간만 나면 TV 앞에 앉아 워터게이트 청문회를 열심히 시청했다. 청문회 때문에 백악관 보좌관들의 이름이 언론에 자주 오르내리기 시작했다. 하루아침에 이름이 전국적으로 알려진 사람들이 있었는데, 그중의 한 사람이 존 딘(John Dean)이란 사람이었다.

존 딘은 당시 닉슨 대통령의 법률고문으로 백악관에서 근무하고 있었으며, 사건이 세상에 알려진 순간부터 닉슨 대통령 옆에서 가장 많은 시간을 닉슨과 보낸 사람으로 알려졌다. 존 딘이 청문회에 나타나 청문회 위원들과 TV 카메라를 똑바로 바라보면서 한 발언을 나는 지금도 잊을 수가 없다. 마치 어제저녁에 있었던 일처럼 내 머릿속에 아직도 생생하게 남아 있다.

"나는 진실을 말하려고 이 청문회에 나왔습니다. 내가 어렸을 적 제 아버지께서는 '곤경에 처하게 되면 무조건 모든 진실을 말해라. 진실을 털어놓아라.'라고 여러 번 말씀하셨습니다. 나는 오늘 진실만을 털어놓겠습니다."

얼마나 감동을 주는 발언인가! 그때 나는 20대 중반 결혼하기 전이었는데, 자라나는 자녀에게 아버지의 가벼운 말 한마디가 일생 내내 얼마나 큰 영향력을 끼칠 수 있는가를 절실히 느끼게 되었다. 우리 대한민국 청문회 역사상 존 딘 같은 인물이 있었을까? 아마도 없었을 것 같다. 왜? 존 딘의 아버지처럼 "잘못했을 때는 진실을 말하고 사과를 해라."라고 그들에게 어렸을 때부터 교육시키는 부모가 별로 많지 않았을 것이기 때문이다.

우리나라 청문회를 보면 헐값에 자기의 마지막 양심조차 팔아 넘겨버린 추한 자들이 장관 지명자들에서부터 청문회에 증인으로 등장한 모든 인물들까지 한국 사회의 각계각층에 너무도 많다는 것을 쉽게 알 수 있다. 과연 이런 사람들이 가정에 돌아가서 배후자와 자녀들의 얼굴을 두 눈을 뜨고 똑바로 바라볼 수가 있을까. 이들 중 단 한 명도 존 딘의 아버지처럼 "진실을 말하라."라고 일러준 부모가 없었단 말인가? 퇴허자 스님께서는 우리에게 삼불치(三不恥)에 대해서 가르치셨다. 첫째, 조상 앞에서 부끄럼이 없어야 하고, 둘째, 자식 앞에서 부끄럼이 없어야 하며, 셋째, 거울 앞에서 부끄럼이 없어야 한다는 것이다.

아름다운 사회는 아름다운 시민들이 만들고, 얼빠진 저질의 사회는 얼빠진 저질의 시민들이 만드는 법이다. 잘못을 저지르고도 잘못을 인식하지 못하고 뉘우칠 줄을 모르는, 털끝만큼의 양심도 없는 사람들이 '부러워하는 계층'에 속하는 사람들이라니? 부러워해야 할 사람들을 부러워해야 마땅할 텐데. 우리 사회에 진정으로 존경받아 마땅한, 부러워해야 할 만한 사람들이 그렇게도 없단 말인가.

○ **돈의 노예가 돼 버린 젊은 세대들의 엉망진창 가치관**

지난 반세기 동안의 공업화 과정에서 상상할 수없는 많은 변화가 쓰나미처럼 밀려와 순식간에 우리의 모든 것을 바꿔버렸다. 인생을 살아가는 데 가장 중추가 되는 우리의 가치관을 뿌리째 흔들어 버린 것이다. 물질만능주의 분위기 속에서 자란 젊은 세대들은 기성세대 못지않게 돈의 위력을 느끼고 돈이 인생의 모든 가치관의 중심이 돼버렸다. 이런 현실은 '중산층의 가장 중요한 기준'에 대한 설문조사 결과에서도 나타났다.

돈을 지나치게 좋아하면 돈의 노예가 된다는 말을 자라면서 한 번쯤은 들었을 법도 한데, 아무리 돈이 많다고 해도 그것으로 행복을 살 수는 없다. 우리 젊은 세대의 가치관이 돈에만 매몰돼 있다는 현실이 매우 걱정스럽다. 오늘의 젊은 세대들의 가치관은 내일의 대한민국의 가치관이다. 위에 언급한 '중산층 설문조사' 결과를 보면 한국의 젊은 세대는 이미 돈의 노예가 돼버렸다.

돈의 노예가 됐다는 것은 돈 많은 사람의 노예가 되어버렸다는 것이다. 한국 사회는 이미 돈 있는 자들의 노예가 돼버렸다. 대기업의 회장이나 그 가족들을 '오너(owner)'라고 부르면서 마치 황제를 모시듯 떠받는다. '오너'라는 의미는 기업을 소유한 자라는 뜻일 텐데, 그들이 기업을 소유하다니? 기업체의 회장과 가족들이 회사의 주식을 다른 개인이나 단체보다 더 많이 소유한 대주주일 뿐인데, 왜 소유자라고 인정할까? 노예들의 주인에 대한 과잉 충성으로만 보인다. 마이크로소프트 창설자 빌 게이츠를 미국인은 아무도 '오너'라고 부르지도 않고 그렇게 인정도 안 한다.

한국 대기업들의 행패와 대기업에서 황제를 모시면서 일하는 얼빠진 노예들의 모습이 조현아 대한항공 부사장의 '땅콩회항' 사건을 통해서 세계적으로 널리 알려졌다. 미국 코미디언들이 조현아 씨에게 감사장이라도 증정해야 할 정도로 며칠 동안 코미디언들에게 보기 드문 '훌륭한' 만담 자료가 됐었다. 박창진 사무장이 당해야 했던 굴욕과 수모에 대해선 깊은 동정을 표하지만, 무릎을 꿇고 맞고 있었다는 것이나 항공기 기장으로서의 행동도 이해하기 어렵다.

무릎은 왜 꿇어? 만약 박 사무장이 미국인이었다면 조현아 씨의 팔목 하나쯤은 그 순간에 부러졌을 것이며, 팔목을 부러뜨린 사무장은 미국 시민들로부터 큰 박수갈채를 받았을 것이다. 조 부사장이 국토교통부 조사를 받으러 가기 전 아부가 극치에 달한 얼빠진 대한항공 직원은 국토교통부에 조현아 씨가 화장실을 사용할 수도 있으니, 여자 화장실을 깨끗이 청소해 달라고 요청까지 했다는 정말 믿기 어려운 포복절도할 희극이 연출되기도 했다.

권력도 마찬가지다. 권력을 지나치게 좋아하면 권력의 노예가 된다. 권력을 손에 쥐고 있는 자의 노예가 돼버리는 것이다. 권력의 노예가 되면 진실과 거짓, 옳고 그름을 분별할 능력을 잃어버린다는 것은 대한민국 국회 청문회를 보면 알 수 있다. 대다수 국민들이 돈과 권력의 노예가 되면 나라 전체가 돈과 권력의 노예가 되는 것은 시간 문제다. "권력을 탐하지 말고, 이웃을 생각하며 검소하게 살라."는 경주 최부잣집 가훈을 한국 사람들은 모두 가슴속 깊이 새겨둘 필요가 있다.

2006년 5월에 현대자동차 정몽구 회장이 비자금 조성과 횡령 혐의를 받고 하룻밤 구치소에 갇힌 적이 있었다. 그날 밤 11시경 경기도 의왕시 서울구치소 정문 앞에서 정 회장이 탄 승용차가 구치소로 들어가고 있을 때 어두운 밤중에 현대차 임직원들은 새까만 정장을 입고 길 양쪽으로 늘어서서 허리를 굽히고 인사를 했다. 이 모습이 나에게는 일본의 야쿠자나 이탈리아 마피아 두목 장례식을 연상케 했다.

바쁜 회사 업무를 뒤로 미루고 자정이 가까운 시간에 구치소 앞에 임직원들이 도로 양쪽으로 서서 허리를 굽히고 구치소에 들어가는 회장에게 인사하는 희귀한 장면은 이 세상에서 대한민국이 아니면 어디에서 볼 수 있을까. 임직원들은 황제로 군림하고 있는 대기업 회장을 떠받드느라 얼마나 힘이 들까. 돈이나 권력의 노예가 되면 차마 눈 뜨고 볼 수 없을 정도로 비참하고 초라한 얼빠진 모습이 돼버린다는 것을 보여주는 좋은 예라 하겠다.

현대자동차 임직원들도 '자존심'이란 말을 입에 달고 살 텐데, 깜깜한 밤에 도로변에 허리를 굽히고 서 있는 순간 그들의 자존심은 대체 어디로 갔을까? 자존심이란 말을 좀처럼 입 밖으로 내지 않는 미국인들은 자존심이 허락하지 않아 이런 행동은 상상도 못 할 것이다.

누가, 어떻게 대한민국 젊은이들에게 올바른 도리와 도덕과 가치관을 가르치고 심어줄지 걱정하지 않을 수 없다. 이것은 보통 심각한 국가적인 위기가 아닐 수 없다. 우리 한국의 미래가 점점 더 깊숙이 돈과 권력의 노예들로 가득 찬 지옥으로 변해가는데 정치인들이나 국가 지도자들은 언제까지 사리사욕의 정치 싸움만 하고 있을 것인가.

한국의 젊은 세대들이여, 제발 정신 좀 차려!

아무리 이상적이지 못한 가정환경과 부정직하고 불결한 사회 분위기 속에서 자랐다고 하더라도, 양심이 살아 있고, 머릿속이 완전히 썩어 굳어 버리지 않았다면, 조금이나마 사고할 수 있는 능력이 남아 있을 텐데, 한국의 젊은이들이여, 제발 하고 있는 일을 잠시 멈추고 생각을 좀 해보라! 우리 조국, 대한민국의 미래는 여러분들의 어깨 위에 놓여 있다. 인생의 가치관이 돈에만 집중된다면 여러분들이 책임져야 할 조국은 돈에 만취한 '노예들의 공화국'이 되고 말 것이다.

여러분들은 다음 세대에게 어떤 사회를 넘겨주고 싶은가?

- 부모 세대처럼 부정부패, 부도덕한 자들로 가득한 사회를 그대로 넘겨주고 싶은가?
- 정부가 재벌들의 눈치를 봐야 하는 기막힌 사회?
- 묻지마 주차가 용납되고, 검찰이 정권의 하수인 노릇을 하며, 불법 행위나 부도덕한 짓을 보고도 눈감아주고 쉽게 용서하는 것을 미덕으로 보는 사회?
- 교양도 없고, 간단한 공중예의도 지킬 줄 모르고, 남에 대한 배려심이 추호도 없는 이기적이고 비겁한 사회?
- 지-학-혈 암과 학벌주의 의식구조에 병들어 시달리는 사회?

– 지역감정이나 부추기며 소속 단체에 충성을 보이기 위해 자기가 싫으면 '종북'이라 불러도 통하는 사회?

그렇지 않으면, 이런 사회를 넘겨주고 싶지는 않은가?

　　– 국제사회에서 인간의 질이 가장 훌륭한 예의 바르고 교양이 풍부한 모범적인 선진국 시민들이라 존경받는 사회를 만들어 다음 세대에게 넘겨주고 싶지는 않은지?

많은 한국 젊은이들의 꿈은 대학을 졸업하고 '대기업'에 취직하는 것이다. 그리고 재벌들을 황제처럼 받들어 모시며 그들에게 노예처럼 온갖 충성을 다하며 일을 한다. 대기업에 취직되면 국가 최고의 훈장이라도 받은 것처럼 가문의 영광이 되고, 결혼시장에도 그 이름이 알려진다. 부모들은 대기업에 취직된 자식 자랑에 주위가 시끄럽다. 누가 봐도 극히 특이한 한국에서만 볼 수 있는 현상이다.

우리나라 근로자의 약 88퍼센트가 중소기업에 고용돼 있다고 한다. 이 사실을 보면 중소기업이 발전하고, 기반이 든든해야 대한민국의 경제나 시민들의 생활이 안정된다는 것은 아무나 쉽게 이해할 수 있다. 따라서 정부의 경제 방침이 중소기업 육성에 치중해야 한다는 것에 이견이 없을 것이다.

한국 학생들을 접하면서 느낀 또 하나의 인상은 젊은 학생들이 가져야 할 패기와 기백, 세상을 바꿔 놓겠다는 꿈이나 산이라도 무너뜨릴 만한 강한 용기와 도전정신이 부족하고, 가뭄에 시들어가는 농작물처럼 풀이 죽어 있는 모습이다. 어떤 교수님과 대화 중에 이 같은 나의 인상을 말씀드렸더니, 대학 입시 준비에 너무 시달려서 혼쭐이 다 빠져 버려서 그렇다고 설명해주셨다. 측은한 생각이 들지 않을 수 없다. 이런 세대들에게 어떻게 대한민국의 미래를 맡길 수가 있을지 심히 걱정하지 않을 수 없다.

한국의 젊은이들로부터는 조국을 위해 봉사하고 몸을 바쳐 개혁해야겠다는 불타는 열정이나 결의가 보이질 않으며, 남을 위해, 특히 사회의 약자나 억울한 자들을 위해 싸우며 희생하겠다는 각오가 전혀 없는 것 같다. 젊은이들에게서 대한민국의 미래에 대한 희망이 보여야 하는데, 희망은커녕 너무 세속화되어 신선함이나 순수함을 찾아볼 수가 없다.

이들의 부모들이 현재 50~70대일 텐데, 과연 몇 명이나 "사회를 위해 봉사하고, 사회의 정의와 부정부패를 타파하기 위해 앞장서서 끝까지 싸워라."라고 한번이라도 충고했을까? 존 딘의 아버지 같은 부모가 한국에는 얼마나 될까? 젊은 세대가 사회와 국가라는 공동체에 대한 책임감과 의무감을 느끼고 있지 않으니, 조국의 미래는 어디로 가게 될까? 이런 정신은 어렸을 때부터 마음속에 심어줘야 하는데 빗나간 한국의 교육 환경 때문에 그럴 기회를 다 놓쳐버렸다.

우리 인생에서 가장 고귀하고, 영광스럽고, 감사한 것은 명문대 입학이 아니다. 남을 위해 봉사하고 국가를 위해 희생하는 것이다. 남을 위한 봉사와 희생정신으로 가득한 사회는 서로 살기 좋은 아름다운 사회가 된다. 나만 생각하는 이기적이고 비겁한 사람들로 가득한 사회는 지옥 같은 사회가 된다.

한국 부모들이여! 우리 자녀들에게 어떤 유산을 물려주어야 그들이 길이길이 존경하고 감사할 것인지를 너무 늦기 전에 깊이 한번 생각해보길 바란다. 돈의 유산과 이기적인 비겁한 자식을 만들어 내는 것을 최고의 자랑거리며 영광으로 생각하는 부모들은 특히 더 깊이 생각해보기를 원한다. 앞에서 언급한 사형장에 끌려가는 죄수의 어머니가 되지 않기를 간절히 바라는 마음이다.

○ **조국의 미래를 위해 생각을 바꿔라**

젊었을 때 미국에서 낡은 차를 몰고 다녔었다. 자동차가 너무 망가져서 수리해도 성능이 좋지 않고 계속 돈만 들어갈 때는 미련을 버리고 과감하게 폐차하는 것이 결국은 경비도 절약하고 골치도 덜 아프게 한다는 것을 배웠다. 이미 머릿속이 굳어버린 대한민국의 기성세대보다는 아직도 가능성이 남아 있는 젊은 층을 붙잡고 호소하는 길밖에는 없는 것 같다.

생각을 바꾸면 태도가 변하고, 태도가 변하면 나와 주위의 모든 것과의 관계가 바뀐다. 나는 나 자신이 생각을 바꾸면 깜짝 놀랄 정도로 순간적으로 마음속 느낌까지 180도 바뀐다는 것을 경험했다. 나의 작은 경험을 소개한다.

2000년 12월, 미국에서 살고 있었을 때였다. 갑자기 집전화가 매시간 하루에 스물네 번씩 울리기 시작했다. 전화를 받고 "여보세요." 하면 아무런 응답이 없고, 받지 않으면 여섯 번 울리고 꺼지는 것이었다. 나는 전화광고(Telemarketing) 회사에서 고객의 정보를 수집하는데 우리 전화번호가 무작위로 뽑혔다는 것을 알았다. 견딜 수가 없어 전화 회사에 연락하고 광고 회사의 전화를 차단해 달라고 요청했다. 전화 회사는 조사해서 연락해주겠다고 약속했다.

얼마 후 전화 회사로부터 편지가 왔다. 광고 회사가 누군지 알아냈지만, 규정 때문에 임의로 차단할 수 없으니 변호사를 접촉하고, 경찰에도 신고하라는 것이었다. 우선, 변호사 접촉은 보류하고, 경찰에 신고하는 과정까지 약 3주간의 시일이 흘러갔다. 그간 엄청난 고통을 겪어야 했다. 독자들도 상상할 수 있겠지만, 광고 회사를 때려 부숴버리고 싶을 정도로 화가 나고 미웠다.

전화번호를 바꾸면 간단히 해결되겠지만, 수많은 친척, 친구들을 비롯한 자동차보험회사까지 우리의 생활권 범위 내에 연결되어 있는 모든 단체와 사람들이 가지고 있는 번호를 바꾸는 것이 결코 쉬운 일은 아니었다. 이때 '내 생각을 한번 바꿔보자.'는 생각이 머릿속에 떠올랐다. 곧 나는 다음과 같은 생각했다. '매시간 전화가 울리는 것은 주님께서 나에게 주신 모든 축복에 대해 감사기도를 한 시간에 한 번씩 하라는 신호를 보내시는 것이다.' 이렇게 생각을 바꾸자, 그 후부터 전화가 울릴 때마다 약 10초 동안 "감사합니다."라는 기도를 드리기 시작했다. 그랬더니 이게 웬일인가? 나 자신을 도저히 믿을 수가 없었다. 전화가 울릴 때마다 왕짜증이 났고 광고 회사에 대한 욕이 저절로 나왔었는데, 감사기도를 시작한 후부터 이런 감정이 점점 사라지기 시작했고, 며칠 후엔 전화 울리는 소리가 귀에 거슬리지 않기 시작했다. 약 일주일 후부터는 감사기도를 하기 위해 오히려 전화가 울리기를 기다리는 때도 있었다. 어느덧 감사기도를 하는 것이 버릇이 돼버렸고, 몇 달 후 광고 회사 전화도 더 이상 오지 않았다.

더욱 믿기 어려운 일이 벌어졌다. 광고 회사 전화가 오지 않으니 그렇게 섭섭할 수가 없었다. 나중엔 광고 전화가 와주기를 마음속으로 바라게까지 되었다. 생각을 바꾸니, 분노와 증오의 감정이 감사와 그리운 친구를 기다리는 마음으로 변해버렸던 것이다. "전화가 울릴 때마다 감사 기도를 하라는 주님께서 보내시는 신호다."라고 생각을 바꾸는 데는 15초도 채 안 걸렸다. 나는 이 경험을 바탕으로 한국의 모든 젊은이들에게 자신 있게 말할 수 있다. 잠깐 앉아 쉬면서, 깊이 생각을 좀 하라. 생각을 바꾸면, 먼저 자신이 변하고, 우리 사회가 변하며, 조국의 미래가 바뀔 것이다.

"한국이 변하려면 엄마들이 변해야 한다."라는 말을 한국에 온 이후 몇 번 들었다. 맞는 말이다. 문제는 한국의 엄마들이 과연 변할 수가 있을까? 가정에서 부모들로부터 오랫동안 받아온 삐뚤어진 교육으로 고장 난 의식구조가 이미 머릿속에 박혀 있는데 쉽게 변할 수는 없을 것이다.

미국에서 같은 지역에서 함께 살았던 한국인 부부가 아이들을 데리고 남편의 직장을 따라 1980년에 귀국했다. 이 부부는 아이들의 교육을 위해서 서울 강남에 자리를 잡고 애들을 학교에 입학시켰다. 몇 개월이 지난 후, 같은 반 아이들의 엄마들이 선생님께 귀한 '선물'을 한다는 것을 알았다. 미국에서 귀국한 부인은 기겁했다. 미국에서 오래 살았기 때문에 미국 학교 분위기에만 익숙해서 더욱 놀랐던 모양이다. 미국 아이들도 명절 때 선생님께 선물한다. 하지만 선물이라고 해봐야 고작 부담되지 않는 커피잔 하나, 혹은 5달러(우리 돈으로 6,000원) 이내에서 살 수 있는 약소한 과자 종류에 불과하다.

학생 때부터 사회의 부정부패를 보고 참지 못했던 이 부인은 곧 엄마들을 모아 열변을 토하며 설득을 시켰다. "우리의 이런 행동이 아이들에게 얼마나 악영향을 끼치며, 이런 짓이 바로 부정부패의 씨를 아이들에게 심어주는 것이다." 그 자리에 모인 엄마들은 한결같이 다시는 '선물'을 하지 않을 것을 굳게 약속했다. 모두들 그런 행동이 나쁘다는 것을 잘 알고 있었으니 쉽게 서로 약속할 수 있었던 것이다.

그러나 그로부터 약 1년 후 자신을 제외한 다른 엄마들이 모두 선생님께 귀한 '선물'을 드렸다는 사실을 알고 너무 실망하여 배반당한 느낌마저 들었단다. 그래서 "이런 사람들과는 같은 사회 속에서 살 수 없다."는 결론을 내리고, 남편을 설득해 귀국 몇 년 만에 다시 미국으로 이주하고 말았다. 알고 보니 그 학부모들은 어느 면으로 보나, 한국 사회의 최일류급들이었다. 그때 그 엄마들이 지금 60대 기성세대들이며, 어린아이들은 벌써 40대 학부모들이다. 이런 기성세대 엄마들 밑에서 자란 현재 40대 학부모들의 의식구조가 어떠할지 상상만 해도 아찔하다. 한번 머릿속에 박혀 버린 사고방식을 털어버리기는 좀처럼 쉬운 일이 아니다. 심리적 치료를 받아도 쉽게 고쳐지지 않는다고 전문가들은 말한다.

한국의 아름다운 미래를 위해서는 젊은 세대들의 의식구조에 대혁명이 일어나야 한다. 어떤 밝은 미래를 설계하고 만들어서 다음 세대에게 넘겨주어야 할지 생각해보라. 나 혼자 무슨 힘이 있겠느냐고? 빗방울 하나하나가 모여 거대한 바닷물이 되듯, 한 사람에 의한 조그만 변화가 합쳐지면, 국가의 운명을 바꿀 수 있는 큰 변화를 가져올 수 있다. 빗방울 하나하나가 모여 거대한 바다를 이룬다는 사실을 잊지 말자. 부모들에게서 이어받은 기성세대의 의식구조나 돈에만 집중된 가치관으로는 이상적인 미래가 어떤 것이라는 것을 그릴 수 없을 테니, 밝은 미래를 설계할 수 없을 것이다. 미국의 문화인류학자였던 마거릿 미드(Margaret Mead)의 말을 인용한다.

"생각이 깊고 헌신적인 소수의 몇 사람들이 세상을 바꾼다는 것을 절대 의심하지 마라. 사실 이 세상을 바꿔놓은 것은 항상 소수의 몇 사람들이었다."

사회건 정치건 예술이건 학문이건 마거릿 미드의 말처럼 이 세상을 크게 바꿔놓은 것은 역사적으로 볼 때, 빌 게이츠나 스티브 잡스처럼 항상 소수 몇 사람들이었다.

2
삼류도 못 되는 정치

○ **한국 국민의 민주주의 인식 수준**

민주주의는 그 나라 국민들의 민주주의에 대한 인식 수준만큼 실행된다는 말이 있다. 이 표현을 한국 정치에 적용하면 불행히도 우리나라의 정치 수준은 삼류도 못 되는 것 같다. 다시 말하면, 국민들의 수준이 삼류도 못 된다는 말이다. 국민의 정치 수준이 삼류도 못 되기 때문에 삼류도 못 되는 저질 정치인들을 계속 뽑아내는 것 아닌가.

언론 보도에 의하면, 1995년 4월 삼성 이건희 회장이 중국을 방문했을 때 장쩌민 중국 주석, 리펑 총리와 함께 오찬을 하면서 다음과 같은 깜짝 발언을 했다. "우리 정치와 관료 행정 수준으로는 21세기를 준비할 수 없다. 우리의 현 수준을 국제 수준에 비교해볼 때 비관적이다. 우리의 정치인은 사류, 관료행정은 삼류, 기업은 이류 수준이다."

이 오찬에서 이 회장이 "우리의 정치인이 사류 수준인 이유는 한국 국민들의 정치 수준이 사류이기 때문입니다."라는 중요한 발언을 빠뜨린 것 같다. 국민들의 수준이 일류인 국가에서는 절대로 사류급 정치인을 선출해서 지도자의 위치에 올려놓지 않는다. 한국 정치가 사류인 이유는 빤하다. 유권자들이 사류이기 때문이다. 지–학–혈이라는 무서운 암 덩어리를 가슴속에 품고 투표하는 나라의 국민들은 정치건, 행정이건 기업이건 절대로 사류 수준에서 벗어날 수가 없다.

최근 몇 년 동안 우리 국민들이 두고두고 수치스럽게 생각하고 뉘우쳐야 할 황당무계한 사건이 몇 가지 언론에 보도됐었다. 제수를 성추행한 대한민국 국회의원이 성추행한 사실이 세상에 알려진 후에도 소속 정당의 공천을 받고 재선이 됐으며, 중진급 정치인들의 성폭행 및 전 국회의장의 성추행 사건도 언론에 널리 보도가 됐었다. 최근 어느 언론사의 보도에 의하면, 성추행한 국회의원이 약 30명이 된다고 하는데 국민들의 반응은 조용하기만 하다. 정말 신기하기 짝이 없는 수치스러운 대한민국이다. 성범죄자를 국회의원 후보로 공천한 정당과 그런 후보자들을 지지하는 국민들의 수준은 분명히 아프리카 제3국 시민들의 수준에도 미치지 못한다고 봐야 할 것 같다.

이 정도면 미국이나 서구 유럽 사람들이 대한민국 국회를 온통 성범죄자들로 가득한 단체로 충분히 오해할 만하다. 골프장 성추행으로 물의를 일으켰던 모 정치인은 과거에 딸의 편법 입학으로 물의를 일으키고 법무부 장관직을 물러났다. 딸의 교육을 위해 '편법 입학'을 시켰다니 이런 모순이 세상에 어디 있을까. 딸이 보는 앞에서 편법 입학을 시킨 부모의 이기적인 행동이 딸을 위해 무슨 교육이 된다는 말인가. 보고 배운 대로 그 딸도 자기 자식을 편법 입학시키는 것을 당연하게 생각할 가능성이 무척 크다. 이러면서 우리 사회는 점점 지옥이 돼버리는 것이다. 그렇게도 법무부 장관을 할 만한 인격과 자격을 갖춘 사람이 없었다는 건가? 이런 사람을 국회의원으로 당선시키는 국민들은 어떤 사람들일까?

2011년 크리스토퍼 리(Christopher Lee)라는 미 국회 하원의원이 본인의 알몸뚱이 상체를 찍은 사진과 불순한 내용이 포함된 이메일을 한 여성에게 보냈다는 것이 알려지면서 전 국민의 호된 비난과 자기가 대표한 뉴욕 버펄로(Buffalo) 지역 시민들의 "결혼한 남자가 그런 부도덕한 짓을 한 것은 우리 지역을 대표할 자격이 없다."라며 사퇴할 것을 요구하는 유권자들의 거센 압력에 하원의원직을 그만두고 미 국회를 떠나야 했다.

이것이 바로 한국과 미국 국민들의 수준 차이다. 한국인들은 제수를 성추행한 범죄자를 감옥으로 보내지 않고 국회로 다시 보냈지만, 미국인들은 부정한 행실을 용서하지 않고 즉시 현 하원의원직에서 끌어내려 쫓아 버렸다. 자기들을 대표하는 지도자가 되려면 우선 인격, 윤리, 도덕면에서 존경받을 만큼 훌륭해야 한다는 것이 미국인들의 의식구조다.

윤리, 도덕, 인격과는 상관없이 아무리 썩어 빠진 정치인이라도 유권자들 눈앞에 보이는 이득만 챙겨준다면 국회의원으로 선출하고 지지해주는 삼류급 국민들이 대한민국의 정치 수준을 삼류급도 못 되게 만드는 장본인들이다. 얼빠진 국민들은 얼빠진 정치인을 길러내고, 얼빠진 정치인들은 국가를 부숴 고장 내 버리고 국가의 운명을 끝내 버린다.

영국의 저자 사이먼 사이넥(Simon Sinek)의 말이 최근 널리 인용되고 있다. "지도자란 직책은 다음 선거가 아니라, 다음 세대를 보는 것이다." 미국의 정치인들도 다음 선거에 너무 신경을 쓴다는 비판을 받으며, 여기서 오는 부작용을 피하려고 임기 제한이 논의되기도 한다. 현명한 일류급 국민들은 눈앞에 보이는 개인이나 자신과 관련된 특정 지역의 이익을 위해서 투표하지 않고, 다음 세대와 국가의 미래를 보고 투표해야 한다.

○ 빈 깡통 정치인들

국회의원들은 출신 지역인들의 이익을 보호하고 옹호하며, 지역 발전을 위해 일해야 하는 의무도 있지만, 국가적인 차원에서 국가의 미래와 다음 세대를 보고 일할 수 있는 안목과 능력과 용기를 반듯이 소유해야 한다. 자기 지역민을 위한 사업이 국가적인 면에서는 낭비요 별로 가치가 없다고 판단되면, 단호하게 거부할 수 있는 용기를 지닌 정치인을 지지하는 것이 일류급 민주국가 시민의 올바른 자세다.

불행히도 우리의 현실은 대다수 지도자들이 대학까지는 졸업했을지 몰라도, 현 세계 흐름에 대해 별로 아는 것도 없고 국가를 위해 뚜렷하게 하는 일도 없는 것 같다. 특히, 대한민국 국회의원들이 누리는 온갖 혜택은 전 세계 사람들뿐만 아니라 '하느님도 부러워할 정도'란 말이 있다. 국제화 시대에 국제적인 감각도 턱없이 부족한데, 그럴듯하게 포장만해 국민들 앞에서 큰 목소리로 떠들어 대는 모습이 마치 빈 깡통들이 서로 부딪치며 굴러다니는 것을 연상케 한다. 국민들을 한마음 한뜻으로 단합시키고 꿈과 희망을 심어주어야 할 정치인들과 국가의 지도자들이 오히려 분열을 조장하고 분노와 서로 간에 증오감을 부추기고 있으니 한심한 일이다.

유권자들이나 정치에 뜻을 둔 사람들이 모두 다 같은 사회 환경에서 태어나서 자랐고, 똑같이 빗나간 교육을 받았기 때문에 천지개벽이 일어나지 않는 한 어느 유행가 가사처럼 '그 사람이 그 사람'일 테니 우리에게 절실히 필요한 대개혁을 기대하기란 어려운 일이다. 관피아에서부터 부정부패 등 우리 사회의 거의 모든 문제의 원인은 사람들이기 때문에 사람 자체를 다른 사람으로 대폭 교체하거나 사람들의 사고방식이나 의식구조를 전적으로 바꾸지 않는 한, 개혁이나 발전은 현실적으로 무척 어렵다.

이런 경우에는 한 세대를 뛰어넘는 수밖에 없다. 약 7년 전 어느 대학 총장직을 역임하신 분께서 하신 말씀이다. 대학 발전에 걸림돌이 되고, 동창회로부터 불필요한 간섭을 피하려고 총장께서 임명할 수 있는 보직자를 가능한 본교 출신은 임명하지 않았다고 하셨다. 그 결과가 어떠했는지는 모르지만, 한국의 정서 속에서는 총장님의 생각이 상당히 창의적이고 혁신적이었다는 생각이 든다. 비슷한 사람들이 비슷한 제도 속에서 비슷한 사고방식으로 아무리 발버둥을 친다 한들 구태를 벗어나서 자유로워지는 것은 무척 어려운 일이다.

"한 세대를 뛰어넘는다."는 의미는 얼빠진 교육 환경이나 정치적, 사회적인 모든 비리와 오물, 그리고 국민들의 썩어 굳어버린 머릿속이 깨끗이 정화될 때까지 그 시대 그 세대 인물들을 지도층에 포함시키지 않고 다음 세대로 건너뛴다는 것을 말한다. 그러면 그 공백을 누가 메울 것인가?

기원 약 300여 년(BC 300) 전부터 용병이란 것이 있었다. 알렉산더(Alexandra the Great)와 칭기즈칸, 그리고 로마 시대에도 전쟁에서 승리하기 위해 용병을 고용했었다. 지금도 용병제도는 우리 사회 곳곳에서 이용되고 있다. 한국의 프로 농구, 축구와 야구단들이 자기 구단의 우승을 위해 외국에서 선수들을 불러들이는 것도 바로 용병이나 다름없다. 여러 기업체에서도 기업의 성공을 위해 유능한 외국인들을 고용하고 있다. 국제화를 활성화하고 대학의 질을 높이기 위해서 국내 여러 대학들은 외국에서 교수들을 한국으로 초청해 온다. 이 모든 것이 용병의 개념이다.

2000년 무렵이었던 것 같다. 당시 차기 대통령 선거 후보자 물망에 올랐던 고 김근태 전 국회의원이 로스앤젤레스를 방문했을 때 10명 정도가 저녁 식사를 함께했는데 나도 그때 참석했었다. 정치에 뜻이 있어서가 아니라 어렸을 적 학교 친구 사이였기 때문에 초대받고 참석했던 것이다. 한국의 부끄러운 정치 문화와 저질 정치인들 및 국민들의 민주주의에 대한 낮은 의식 수준에 대해 많은 염려해왔던 나는 김 의원에게 다음과 같은 말을 했다. "오직 한 가닥의 희망은 한 세대를 뛰어넘는 것이다. 만약 대통령에 당선된다면, 청와대 고위직, 정부 장·차관직 및 모든 정부 요직에 외국에서 자라 교육을 받은 1.5세나 2세 출신들을 등용하는 것을 고려해 보도록 하라."고 건의였다.

동석했던 사람들은 내가 말도 안 되는 허황지설(虛荒之說)을 지껄인다고 생각했을지 모르지만, 1.5세와 2세의 용병을 등용해서 정치 풍토를 파격적으로 바꾸고, 국제 무대에서 존경받고 인정받는 맑고 깨끗한 참신한 정부의 틀을 잡고, 대한민국 시민들의 정치 수준을 높이 향상시켜 구태 정치인들을 싹쓸이하는 기반을 마련할 방법은 이 길밖에 없는 것 같다. 박근혜 대통령이 미래창조과학부 장관 후보로 1.5세 미국 시민권자를 '용병'으로 등용하려 했으나 안타깝게도 장관 내정자가 전격 사퇴를 하면서 수포로 끝나고 말았다. 하지만 박근혜 정부가 재외동포 1.5세와 2세 용병들을 정부 요직에 등용하는 물꼬를 터준 것은 대한민국 민주주의 정치사에 상당히 의미 있는 일이라고 본다. 부모의 조국 대한민국을 위해 모든 것을 바치고 헌신하면서 최선을 다해 일할 수 있는 참신하고 유능한

1.5세와 2세들이 상상외로 많다는 것을 알리고 싶다.

○ 낙엽처럼 우수수 떨어져 나간 대통령 임명자들

박근혜 정권 출범 후 무수한 정부 고위직 지명자들이 국회 청문회를 통과하기 전에 낙엽처럼 우수수 떨어져 나갔다. 총리 후보 지명자들인 김용준, 안대희, 문창극 세 사람은 국회 인사청문회에 서보지도 못하고 낙마했으며, 이완구 전 총리는 성완종 파문에 휩싸여 재임 63일 만에 총리직을 사퇴하고 말았다. 윤창중 전 청와대 대변인은 대통령을 수행한 미국 순방길에 성 추문을 일으켜 대한민국과 박근혜 대통령을 국제적으로 대망신시킨 후 해임됐다. 대통령이 취임한 지 불과 몇 개월 내에 장·차관 임명자뿐 아니라, 청와대 비서관들, 몇몇 정부 요직 내정자들이 숨 돌릴 사이도 없이 서로 다투기라도 하듯 낙마 기록을 세웠다. 야당 의원들의 무리한 비난과 공격 때문으로 보는 국민들도 있겠지만, 선진국의 정치인들은 경선 과정에서 이보다 더한 검증의 시련을 겪는다.

남미나 아프리카의 정치 후진국에서도 이런 모습은 보기 어려울 것이다. 불법 위장 전입, 아들 병역 문제, 부동산 투기, 별장 성 접대, 논문 표절, 제자 연구비와 논문 가로채기, 음주운전, 수상한 자금 거래, 유학원 사기, 성추행 등등이 낙마의 주된 원인이었다. 수상한 자금 거래가 있었으면 분명히 탈세도 자행됐을 것이다. 대한민국 국민 5,100만 명 중에서 인격적으로 반듯하고 흠 없는 모범적인 지도자급 인물이 이렇게도 없다는 말인가. 그럴 리가 없다. 현명하고 훌륭하며 유능하고 깨끗한 사람들이 얼마든지 존재한다고 믿는다.

인재가 없어서가 아니다. 문제는 인격과 자질 없는 사람들이 이미 정부의 중요한 자리를 차지하고 있기 때문이다. 이렇게 많은 내정자들이 추풍낙엽처럼 떨어질 때는 분명히 비슷한 곳에서만 사람을 뽑기 때문이다. 도덕성이 없는 자는 도덕성이 부족한 자가 더 편하게 느껴지고, 위장 전입을 한 자에게는 위장 전입이 불법이나 못된 짓으로 보이지 않을 것 아닌가.

리처드 알라콘(Richard Alarcon)이라는 전 로스앤젤레스 시의원이 있었다. 2008~2009년 사이에 시의원 지역구 내 거주 조건을 맞추기 위해 위장 전입했다는 사실이 밝혀져 2014년에 형사 법정에서 유죄판결을 받았다. 120일 동안 감옥살이를 했으며, 출소 후 600시간 동안 자기 지역에서 봉사활동을 해야 했고, 로맬리 판사는 알라콘 씨가 절대로 다시는 공직 활동을 하지 못하도록 판결을 내렸으며, 알라콘 씨의 부인은 남편의 위장 전입 조사 과정에서 허위진술을 했다는 죄로 5년의 집행유예와 400시간 봉사활동의 판결을 받았다.

미국에서는 위장 전입이 범죄라는 것을 시민들이 잘 알기 때문에 누가 위장 전입했다는 것을 들어볼 수조차 없었는데, 알라콘 사건을 통해서 처음 미국 시민이 위장 전입했다는 사실을 알게 됐다. 우리 한국도 미국처럼 '봐주기' 없이 위장 전입한 사람들에게 실형을 내려 4개월간 감옥살이를 시키고, 출옥 후 절대로 공직 활동을 못하게 형을 내리면 위장 전입은 하루아침에 이 땅에서 사라질 것이다. 성추행범들이나 성폭행범들에게도 냉정하게 10~25년 가혹한 감옥살이를 하도록 하면 성범죄가 대폭 줄어들 것임을 확신한다. 최소한 "대한민국 국회가 성범죄자들로 가득하다."는 불명예는 국제사회에서 벗게 될 것이다.

한국에서는 고위직 지명자들의 자녀들이나 배후자의 국적, 주로 미국 시민권이 가끔 문제가 되는 것 같다. 세계는 급속도로 가까워지고 국제화의 바람은 점점 더 거세게 불어올 것이 분명하다. 이런 환경 속에서 본인이 그렇다면 모르겠지만, 자녀나 배후자의 국적이 장관 임무 수행에 무슨 관계가 있다는 것인지 이해하기 어렵다. 미국은 출생시민권(birthright citizenship)이 헌법의 14차 개정에 보장돼 있기 때문에 유학생 신분으로 미국에 체류하는 중에 태어난 자녀는 자동으로 미국 시민이 된다. 관광객은 물론이지만, 밀입국자의 자녀가 태어나도 자동으로 미국 시민이 되는 것이다.

국제화를 거의 매일같이 외치면서, 지명자의 아들이 미국 시민권을 문제 삼아 트집을 잡고 고집을 피우는 소극적이고, 모순으로 꽉 막힌 사고방식을 가진 한국의 좁쌀 같은 정치인들을 보면 한심하기 짝이 없다. 2001년 초 부시 대통령은 인도네시아 미국대사를 지낸 폴 월포위츠(Paul Wolfowitz)를 국방부 차관으로 임명했다. 월포위츠는 미국 시민일 뿐만 아니라 이스라엘 시민권도 소유한 복수국적자였지만, 미국인 아무도 월포위츠의 이스라엘 시민권에 대해서 언급하지 않았다. 월포위츠가 국방부 차관을 지낼 때 부시 대통령의 대변인으로 활약하면서 9.11 테러사건을 통해 미국 시민들에게도 잘 알려진 아리 플레이셔(Ari Fleischer)도 이스라엘 국적을 지닌 복수국적자였다. 부시 대변인의 이스라엘 국적을 트집 잡는 미국 시민은 찾아보려야 찾아볼 수도 없었다. 당연히 월포위츠나 플레이셔는 이스라엘 국적을 포기할 필요도 없었다.

우리 한국인들의 의식구조는 어떤가? 2005년 이기준 교육부총리는 아들의 복수국적 문제 등으로 도덕성 시비를 불러일으킨 교원시민단체와 정치권으로부터 압력을 받고 교육부 장관직에서 사퇴했으며, 송자 전 연세대 총장은 1993년 본인의 복수국적 문제로 고난을 겪은 적이 있었다. 연세대의 일부 교수들은 송 총장의 복수국적을 걸고 사퇴를 요구하는 성명을 내고 서명운동을 펼친 적이 있었다. 아무리 20여 년 전이라고 하지만, 대학교수들이 얼마나 국제적인 감각과 개방적인 마음 자세가 부족했으면 서명운동까지 했을까.

일본인 2세인 산타 오노(Santa Ono) 박사는 2016년 6월에 캐나다 브리티시컬럼비아대학(University of British Columbia) 총장에 취임했다. 오노 박사는 미국에 신시내티대학교(University of Cincinnati) 총장 시절부터 대학 행정 분야에서 유능하다고 능력을 인정받고 있었던 분이다. 오노 총장은 캐나다에서 태어났으며 미국 국적도 소유한 복수국적자다. 오노 씨가 신시내티대학교 총장에 임명됐을 때 캐나다 국적을 소유한 복수국적자임을 언급한 미국인은 단 한 명도 없었으며, 브리티시컬럼비아대학 총장에 임명됐을 때도 미국 국적을 소유한 복수국적자임을 거론한 캐나다인도 단 한 명도 없었다. 만일 복수국적자에 대해 미국과 캐나다인들의 생각이 우리와 비슷했다면, 오노 총장 같은 유능한 인력을 잃어버렸을 것이다.

한국 대통령이 중국 국적을 소유한 복수국적자를 대한민국 국방부 차관으로 임명한다는 것을 우리는 상상이나 할 수 있을까. 비약적으로 발전하기 위해서는 하루빨리 의식구조를 바꾸고, 멀리 그리고 넓게 볼 줄 알아야 한다. "한국 사회가 앞으로 계속 발전하기 위해서는 나이, 성별, 국적 차별을 없애야 한다."라고 세계은행총재 김용 박사는 강조했다.

우리는 지금 '지구촌 시대'에 살고 있다. 내가 복수국적에 대한 한국 사람들의 정서를 모르는 바는 아니다. 하지만 시대의 흐름에 따라가는 것이 현명할 때가 많다. 성공적인 세계화를 위해서 우리 모두가 좀 더 국제적인 시야를 넓혀야 한다. 믿지 못하는 독자들도 있겠지만, 1980년 데스크톱(desktop) 컴퓨터가 처음 소개되었을 때 공과대학 출신들까지도 "이런 것은 필요 없어."라고 거부했었다. 나의 동료들도 그런 사람들이 있었다. 그러나 지금 그 사람들이 그때를 돌이켜보고 '내가 정말 어처구니가 없었구나!'라고 생각할는지 모른다.

저출산이 가져오는 노동력 부족으로 세계의 노동력을 두고 국가 간에 맹렬하게 경쟁해야 하는 미래가 바로 눈앞에 있다. 다음 선거 때는 적절한 국제 감각을 갖춘 정치인들을 뽑는 것이 우리 조국의 미래를 위해서 바람직한 일이라고 생각한다. 국적을 초월하여 각 분야에서 고급 인력을 따뜻하게 대환영해야 할 미래의 국제화가 지금 바로 우리 눈앞에 다가와 있다는 것을 한국인들은 하루빨리 깨달아야 한다.

인도 사람들이나 흑인들도 실력이 있고, 미국 사회를 위해서 일할 수 있다고 인정하면, 주저하지 않고 밀어주고 지지하여 자기들의 지도자로 선택하는 미국인들의 의식구조는 앞으로도 계속해서 지구 상의 고급 인력을 미국으로 끌어들여 발전을 하겠지만, 동족끼리도 화합하지 못하고 차별을 하고, 국민을 분열시키려는 터무니없는 저질의 발언이나 무책임한 행동이 용납되는 한국 사회는 언젠가는 국제사회에서뿐만 아니라, 우리 자신의 생존을 위해 미래에 절실히 필요한 세계의 고급 인력으로부터도 왕따를 당할 수 있다는 사실을 명심해야겠다.

○ 링컨 대통령의 훌륭한 인격과 넓은 아량

　미국의 역대 대통령 중 가장 훌륭한 대통령이라고 역사가들로부터 평가받고, 국민들로부터 많은 존경받는 대통령이 바로 에이브러햄 링컨이다. 미국의 여러 주에서는 링컨 대통령을 길이길이 기억하기 위해 역대 대통령 중 유일하게 링컨 대통령의 생일인 2월 12일을 공휴일로 정해놓고 있다. 링컨은 대통령에 당선되자마자 자기의 최고 정적이었던 윌리엄 수어드(William Seward)를 국무장관으로 임명하여 측근들은 물론이고 미국 국민들을 깜짝 놀라게 했다. 측근들은 수어드의 임명을 믿을 수가 없었다. 수어드는 뉴욕 주 주지사와 상원의원을 지냈으며, 공화당 대통령 후보 경선에서 링컨에게 패배를 당했다. 대통령 후보 경선 과정에서 링컨에 대한 수어드의 비난과 비판은 미국 선거 역사상 가장 혹독한 것이었다고 지금까지 알려졌다.

　보좌관들은 링컨에게 강력히 항의했다. "지난 선거전에서 수어드가 당신을 얼마나 헐뜯고, 욕하고, 공격했으며, 당신을 곤경에 몰아넣으려고 온갖 수단과 방법을 가리지 않았다는 것을 벌써 잊으셨습니까? 그런 수어드를 어떻게 국무장관에 임명할 수 있습니까?" 링컨은 측근들에게 이렇게 대답했다. "나는 나를 위해서 일할 사람을 임명한 것이 아닙니다. 나는 미국을 위해서 일할 사람을 임명한 것입니다. 수어드보다 더 훌륭한 자격을 갖춘 국무장관 후보는 없습니다."

　링컨의 수어드에 대한 판단은 정확했다. 미국은 1867년 3월 30일 수어드의 현명한 예지력과 끈질긴 노력으로 러시아로부터 알래스카를 단돈 720만 달러의 헐값에 매입할 수가 있었다. 알래스카의 거대한 면적과 군사전략, 엄청난 천연자원, 산림, 어업 등을 고려하면 당치도 않는 싸구려도 보통 싸구려가 아닌 '공짜'나 다름없었다. 하지만 남북전쟁 직후의 재정적인 부담 때문에 미국 의회의 비준을 얻는 것이 쉬운 일이 아니었고, 심한 반대 여론의 난관에 부딪혔으며, 신문의 사설과 반대편 정치인들은 수어드의 알래스카 매입을 '수어드의 얼음 덩어리(Seward's icebox),' '수어드의 어리석은 짓(Seward's folly),' '북극곰들의 정원(polar bear garden)'이라 부르며 조롱하고 비난했지만, 수어드의 추진력이나 열정은 아무도 꺾을 수가 없었으며 미국 상원은 한 표차로 알래스카 매입을 승인했다.

알래스카 매입 30년 후 금광이 발견됐고, 20세기에 엄청난 석유와 천연가스가 발견되자, 미국 사람들은 수어드를 '꿈의 남자(man of dream)'라고 부르기 시작했고, 알래스카에는 수어드라는 도시까지 있으며, 앵커리지(Anchorage)와 페어뱅크스(Fairbanks) 사이를 연결하는 고속도로를 '윌리엄 수어드 고속도로'라 부른다. 링컨의 훌륭한 인격과 포용력이 미국을 위한 만만불측(萬萬不測)한 미래의 가치를 말도 안 되는 헐값으로 얻게 된 것이다.

노예를 해방시키고 남북전쟁을 끝내고 양분된 미국을 합중국 체제로 재통합한 링컨 대통령이 미국 역사상 가장 훌륭한 대통령으로 인정받고, 전 국민들로부터 존경을 많이 받는 이유가 바로 개인적인 감정을 초월하고, 아무리 신랄하게 자기를 공격했던 정적이라도 국가를 위해서 공을 세울 수 있는 능력 있는 사람은 서슴지 않고 넓은 아량으로 포용할 수 있는 정직한 인격의 소유자라는 것이었다.

대통령이건, 대학 총장이나 회사 사장이건 존경받는 훌륭한 지도자로 인정받으려면 개인의 감정을 쉽게 초월할 수 있는 인격의 소유자라야만 한다. 오바마 대통령과 힐러리 클린턴도 민주당 경선 때 너무 심하다고 할 정도로 서로 공격을 하고 비난을 했지만, 오바마는 힐러리 클린턴이 훌륭한 국무장관이 될 거라고 확신하고, 오바마 자신을 위해서라기보다는 미국과 미국의 미래를 위해서 클린턴을 국무장관에 임명했다.

링컨 대(對) 수어드나 오바마 대 클린턴에 비하면, 박근혜 대 이정희의 대통령 후보 토론 때 보여준 대결은 햇병아리들 싸움에 불과했다. 한국 지도자들의 인격이 미국의 지도자들이 지닌 인격의 반 정도만 됐다면, 오늘날 우리는 대통령 임명자들이 낙엽처럼 우수수 떨어져 나가고, 총리가 임명된 지 63일 만에 사퇴하는 처절하기 짝이 없는 부실한 정부가 아니라, 많은 대한민국 국민들로부터 존경받고 신임을 얻을 수 있는 자랑스러운 정부를 유지할 수 있었을 것이다.

○ 고장 난 유권자들

고장 난 자동차는 정비소에 가서 수리를 잘하면 새 자동차처럼 작동하지만, 인간의 고장 난 사상이나 삐뚤어진 사고방식, 잘못된 태도는 좀처럼 쉽게 수리할 수 없다는 것이 큰 문제다. 2012년 대통령 선거날이었다. 서울 강남 어느 곳에서 민주주의 국가 국민의 한 사람으로서 개인의 특권을 행사하고 자랑스러운 표정으로 투표소를 나온 유권자 한 사람이 언론사 기자의 질문에 이렇게 대답했다. "속는 줄 알면서 찍어줬고, 속을 줄 알면서 찍어줬다."

이 유권자가 대학을 졸업한 사람이라면, 불행하게도 대학 교육 4년을 경제적으로나 시간적으로 완전히 낭비한 셈이다. 속는 줄 알면서 찍다니? 속을 줄 알면서 찍다니? 이게 무슨 희한한 논리인가? 더욱 심각한 문제는 이 같은 엉망진창이 돼버린 해괴망측한 사고방식을 머릿속에 가지고 있는 고장 난 한국인들이 너무도 많다는 것이다. "얼빠진 유권자들이 얼빠진 정치인을 만든다."는 것은 한국의 정치 현황을 보면 확실히 알 수 있다. 지난 반세기 동안 한국의 민주주의가 많은 발전을 했다지만, 국민들의 수준이 어느 단계에 올라서기까지는 아직도 가야 할 길이 멀기만 하다.

 자식이 잘못했을 때는 자식을 낳아 키운 부모에게 책임이 있는 것처럼, 정치인이 임기 중에 부도덕한 짓이나 부정부패한 행동을 했을 때나 부적절한 지도자를 선출했을 경우에는 그 사람을 투표해서 정계로 내보낸 유권자들에게도 책임이 있다. 다음 선거를 위해 자신과 특정 지역의 이익에만 탐닉하는 부정부패에 휩싸인 구태 정치인들을 속을 줄 알면서도 계속해서 찍어줘봐야 정계 분위기는 더 흙탕물이 되고, 정치 수준이 떨어질 것은 뻔하다. 부정부패에 휩싸인 구태 정치인들을 뽑으면 실망만 하게 되고 좋아질 게 아무것도 없으며, 정치적 발전이 이루어질 수도 없는데, 왜 같은 인물을 계속 지지하고 "속는 줄 알면서 찍어주고, 속을 줄 알면서 찍어주는 것"인지 신기하기만 하다. 나는 이런 유권자들을 '고장 난 유권자'라고 부른다.

 "첫 번째 속았을 때는 속인 사람이 못된 사람이지만, 두 번째 속았을 때는 속아 넘어간 내가 바보다."라는 표현을 미국인들은 자주 사용한다. 사리 판단력이 부족하고 비판적인 사고력이 없는 사람을 속이는 것은 어렵지 않다. 한국인들은 지난 반세기 동안 부정하고 부도덕한 짓을 밥 먹듯이 하는 저질의 썩어빠진 정치인을 속고 속으면서 찍고 또 찍어줬다. 앞으로 얼마를 더 속아야 '내가 얼빠진 바보'였다는 진실을 알게 될까.

사이먼 사이넥의 말대로 대한민국 국민의 관점에서는, 눈앞에 보이는 개인적인 이득보다는, 다음 세대를 보고 국제화를 잘할 수 있는 준비된 지도자를 선출해야 한다. 국회의원들이 자기 지역민을 대표하지만, 자기가 대표하는 지역보다는 다음 세대를 보는 안목을 가지고, 특정 지역의 미래만 내다보는 지역주의적 정당정치에서 벗어나, 대한민국의 미래를 위해서 일할 수 있는 능력과 인격적으로 후세에 모범이 될 수 있는 지도자들을 선출해야만 한국의 정치 수준이 향상될 수 있다.

일류급 유권자가 되려면 후보자의 소속 정당만을 보고 무조건 찍는 행동을 삼가야 한다. 우리는 이런 수치스러운 진흙탕 정치 풍토에서 당장 벗어나야 한다. 소위 민주주의 국가에서 한 후보자가 90퍼센트 이상 지지를 받고 당선된다는 것은 민주주의가 멍들어 있다는 증거다. 고장 난 유권자들이 멍들게 한 것이다. 성숙한 일류급 유권자들은 성공적인 국제화와 조국의 미래를 위해서 인격이 훌륭한 후보자를 지지하고, 지역의 이익보다는 국가의 이익과 미래의 후세를 위해 일할 수 있는 후보자를 선출해야만 한다.

우리 정계에도 분명히 훌륭한 정치인들이 존재한다. 문제는 그 수가 임계질량에 도달하기에는 너무 빈약한 극소수이기 때문에 별 영향력을 발휘할 수 없어서 안타까울 뿐이다. 한국 정치의 수준을 높이 올리고, 국제화 속에 떳떳하고 자랑스럽고 존경받는 한국이 되려면, 수준 높은 유권자들이 수준 높은 정치인을 지지하고 선출해서 품격 높은 정치를 할 수 있도록 해야 하는데, 우리가 현재 우선해야 할 과제는 고장 난 유권자들부터 뜯어고치는 것이다.

사실 오바마가 클린턴을 국무장관에 임명한 것은 박근혜가 문재인이나 이정희를 총리에 임명한 것과 유사하다. 민주당 경선에서 벌어진 오바마와 클린턴의 대결은 문자 그대로 고래들의 싸움이었다. 한국인들이 이런 분위기에 익숙하지 않아서 후보 토론 때 이정희의 박근혜에 대한 예상치 못한 공격에 놀랐던 모양이다. 선거 유세 때 시작한 사적인 감정을 가슴에 안고 당선이 된 후에도 그 감정을 버리지 못할 정도로 인격이 부족하고 아량이 없는 인물은 지도자로서 적절하지 못하다. 이런 지도자는 결국 나라를 망치기 십상이다.

소속 정당이 다르기는 하지만, 박근혜가 문재인이나 이정희를 총리로 임명한다는 것을 한국인들은 아무도 상상할 수가 없듯, 링컨이 수어드를 그리고 오바마가 클린턴을 국무장관으로 임명한다는 것을 미국인들은 아무도 상상할 수가 없었던 것이다. 수어드와 클린턴 자신들조차도 기대하지 못했을 것이다. 역사에 남을 훌륭한 지도자와 지도자의 직위를 차지해서는 안 될 지도자와의 차이가 바로 여기에 있다. 훌륭한 지도자는 강직한 용기와 인격을 갖추고 국가의 미래를 위해 일하지만, 부적절한 지도자는 미래를 보는 능력도 없고, 인격도 없으며, 자기 정치 생명줄만 붙잡고 있으니, 나라가 발전하기보다는 퇴보하게 될 것은 뻔하다. 수준이 높고 생각이 깊은 유권자들은 절대로 이런 지도자를 지지하지 않는다. 정권이 바뀔 때마다 국정원장이 검찰의 조사를 받고, 국세청장이 뇌물을 받아 구속된다는 사실 자체가 한국의 정치 풍토가 얼마나 미개하고 부패한지를 보여준다. 이것이 바로 후진국의 모습이다. 이 모든 책임이 국민들에게 있다는 것을 잊어서는 안 된다.

국민의 수준이 높고, 판단력이 올바르면 독재자가 나올 수도 없고, 쿠데타가 일어날 수도 없다. 쿠데타는 항상 국민들의 수준이 낮은 후진국에서만 일어난다. 김무성 의원이 안철수 교수에게 "난장판인 선거전에 기웃거리지 말고 강의나 해라."라고 충고했다는 것이 보도된 적 있었다. 국민들의 수준이 선거전을 난장판으로 만드는 저질의 정치꾼들을 여지없이 몰아내 버릴 정도로 높으면 '난장판 선거전'이라는 말이 나올 수 없다.

다음 세대와 조국의 미래를 위해서 귀한 한 표를 찍는 유권자들은 좋은 지도자를 뽑지만, 자기의 이익이나 자기 지역의 이익만 보고 투표하고, 나라가 망하는 정책을 계속 지지하는 유권자들은 지금 같은 국제화 시대에는 민주주의 발전과 한국 정치 풍토 개혁에 걸림돌이 된다. 국민의 의식구조가 선진화되지 않는다면 한국의 민주주의는 알맹이가 없는 빈 깡통이나 다름없다.

우리 한국의 '빨리빨리 정서'가 국회의원 선거에도 적용되는 것 같다. 무엇이든 빨리빨리 해치워 버리지 않으면 불안해하고 안절부절못하는 성격이기 때문에 한국에서는 정당의 공천을 받고 한 달이 못 되어 선거를 한다. 미국에서는 당의 공천을 받고 3~4개월 후에 선거가 실시되지만, 기나긴 경선을 통해서 유권자들은 후보자들에 대해 충분히 파악할 기회와 시간이 있다. 그러나 한국 유권자들은 그럴 만한 기회나 시간이 턱없이 부족한 것 같다. 이런 상태에서 한국의 유권자들은 얼빠진 정치인들을 뽑게 되고, 엉망진창이 된 정치 판국을 또 후회하면서 구경하게 될 것이다.

공천 후 선거일까지 충분한 시간이 있었다면, 모 전 총리의 과거가 자세히 불거짐으로써 국회의원이나 도지사 당선이 불가능했을는지 모르며, 결과적으로 총리 임명도 불가능했을 것이다. 총리직을 두 달 만에 사퇴하는 불명예와 대한민국과 대통령의 체면에 구정물을 튀게 하는 사태는 일어나질 않았을 것이다.

윌리엄 수어드 국무장관은 자기를 조롱하는 알래스카 매입 반대자들에게 다음과 같은 말로 설득했다. "나는 지금 우리 세대를 위해서 그 땅을 사들이자는 것이 아닙니다. 나는 다음 세대를 위해서 알래스카를 사들이자는 것입니다." 왜 우리 대한민국 국민들은 이처럼 미래를 보고 다음 세대를 위해서 일할 수 있는 지도자를 뽑지 못할까. 유권자들이 고장 나 있으니, 눈앞에 보이는 정당의 이익만 보고 싸움이나 하는 정치꾼들을 뽑기 때문이다.

3

명품 선진국이 되는 길

○ "한국은 절대 선진국이 될 수 없다"

일본의 경영 석학 오마에 겐이치는 1999년 「한국은 절대 선진국이 될 수 없다」라는 글을 발표해 많은 한국인들의 마음을 불편하게 했다. 그렇지 않아도 한국 사람들은 일본인이 한국에 대해 무슨 논평을 했을 때 유난히 민감하기 짝이 없는데, 이처럼 자극적인 말을 했을 때 한국인들의 반응이 좋았을 리 없다. 오마에 겐이치는 한국을 수십 차례 방문했고, 국내 몇 대학에서 특강도 여러 차례 했기 때문에 한국 전문가라는 인정을 받을 정도로 한국에 대해서 많이 파악한 분일 텐데 우리들의 심기를 일부러 불편하게 하려고 막말을 했을 것 같지는 않다. 보고 느낀 자기의 소신을 그대로 정직하게 표현했을 것이라 믿는다.

선진국이니 선진화니 하는 말은 한국 사람들이 자주 하는 말이다. 가만히 들어보면 경제적으로 잘살고 부유하면 자연스럽게 선진국이 되는 것으로 착각하고 있는 사람들이 대다수인 것 같은데, 물론 경제적으로 여유가 있다는 것도 선진국이 되는 중요한 조건 중 하나이다. 그러나 다른 조건들이 충족되지 못하면, 우리의 국민소득이 3만 달러에서 6만 달러로 갑자기 뛰어오른다 해도 선진국이 될 수는 없다. 선진국이 되려면 우선 근본적으로 국민 전체가 집단적으로 준수해야 할 조건들이 있다.

- 인권이 가장 큰 대접을 받고 존중받아야 한다.
- 철두철미한 준법정신이 살아 있어야 한다.
- 국민들의 의식구조가 합리적이어야 한다.
- 인격과 교양을 갖추어야 한다.
- 국민들의 행위가 도덕적이고 윤리적이어야 한다.
- 약자를 두둔하고 사회 정의를 위해 싸울 수 있어야 한다.
- 남을 배려하고 양보할 줄 알아야 한다.
- 사회에 대한 책임과 의무를 이행하고, 봉사 정신이 있어야 한다.
- 서로 믿음과 신임이 있어야 한다.
- 사회의 질서와 안전이 보장되어야 한다.
- 정신적으로 성숙한 국민이라는 평을 받을 수 있어야 한다.
- 기본적인 사회복지가 보장되고, 정치 환경이 안정적이고 지도자들이 국민들로부터 존경과 신임을 받을 수 있는 분위기여야 한다.

○ '차권'이 '인권'보다 높은 나라

한국은 어딜 가든지 차권(車權)이 인권(人權)보다 더 위에 있다는 느낌이 든다. 즉 다른 말로 표현하자면, 완전히 교통지옥이다. 무질서한 교통지옥의 문화를 지닌 나라가 선진국이 될 수는 없다. 미국에서는 운전교육을 할 때 어떤 상황에서든 보행자에게 우선권이 있으니 무조건 양보하라고 강조한다. 2013년 OECD 통계에 의하면, 교통사고로 사망한 보행자가 한국의 경우 10만 명당 4.1명으로 가장 높게 나타났다. 미국과 일본은 각각 1.4명과 1.6명이었다. 우리나라 보행자 사망률은 미국과 일본의 거의 세 배나 된다.

우리 부부의 친구 아들이 약 한 달간 유럽 여행에서 돌아오자, 친구 부부는 아들에게 여행하는 동안 가장 인상적이었던 것이 무어냐고 물었다. 아들은 프랑스 파리 개선문에서 목격한 한 장면이 가장 인상적이었다고 대답했다. 개선문 30~40미터 앞 샹젤리제 거리에서 치매가 있어 보이는 80대 노인이 교통법규를 위반하고 10차선이나 되는 샹젤리제 거리를 가로질러 달팽이처럼 느린 걸음으로 걸어가는데, 그 많은 차량의 운전자들이 단 한 사람도 경적을 울리지 않고 그 노인이 안전하게 길을 다 건너갈 때까지 침착하게 기다려 주더라는 것이었다. 한 인간의 존엄성이 파리 시민들로부터 최고 대접을 받고 있는 모습이었다. '아~, 이것이 바로 선진국의 모습이구나!' 친구의 아들은 순간적으로 깊이 깨닫게 됐다는 것이다.

파리를 관광해보신 독자들은 개선문 부근의 교통이 서울시청 앞 광화문 부근의 교통과는 비교할 수 없을 정도로 복잡하다는 것을 기억할 것이다. 비슷한 상황이 광화문 앞에서 일어났다면 교통이 완전히 마비됐을 것이며, 차량들의 빵빵거리는 소음이 아마 난리라도 난 것 같았을 것이다.

○ **내가 누구라는 걸 밝혀라**

앞에서도 강조했지만, 국제화를 성공적으로 이끌어 가는 길은 상대방을 편하게 해주고, 우리에 대한 신뢰감을 심어주는 것이다. "우리 식은 이렇다."라고 고집하면서 상대편이 이해해주고 따라주기만 바라는 것은 국제 무대에서 별로 통하지도 않고, 또 효과도 없다. "우리 사업 철학은 이렇다."라고 주장만 하면서 고객의 맥을 짚지 못하는 사업체는 오래가질 못한다. 세계인들의 눈살을 찌푸리게 하고 신뢰를 무너뜨리는 한국인들의 정서와 습관 중 하나가 바로 자기 자신을 '감추고' 잘 밝히지 않는 것이다. 물론 예외도 많지만, 문자를 교환할 때나 전자우편 및 업무상 서신 교환에 개인의 이름이 빠져 있다는 것이다. "영업부입니다." "공대 학장실입니다." "서초구 민원실입니다." "여기 701호인데요."라고 한다. 왜 "영업부 홍길동입니다." "701호에 사는 김영희입니다."라고 당당하게 이름을 밝히지 못할까? 이름을 밝히지 않는 이유야 어떻든 간에 세계 사람들에게는 그것이 책임을 회피하려 하고, 떳떳하지 않은 엉큼한 행동이라는 의심을 하게 한다.

미국, 캐나다, 서구 유럽 선진국의 언론사나 관공서, 회사에 시청자, 일반시민, 고객들로부터 갖가지 내용의 수많은 편지 혹은 민원이 들어온다. 하지만 개인의 이름, 전화번호, 주소와 서명이 없을 때는 읽어보지도 않고 모조리 쓰레기통에 버린다. 이름과 서명이 없는 익명인 경우는 분명히 신뢰도나 진실성이 떨어지고, 자기가 한 말을 책임질 만큼 떳떳하지 않으므로 신경 쓸 가치도 없는 시간 낭비라는 그들의 의식구조 때문이다. 어떤 상황에서도 떳떳하게 책임을 지겠다는 자신만만한 사람은 항상 자신이 누구라는 것을 밝힌다. 신상을 보호해야 할 경우는 물론 예외다.

개인이건 세계 무대건 간에 '떳떳지 못하고, 책임을 회피하려 하며, 뭔가를 감추려는 엉큼한 짓'이라는 인상을 주면서 우리가 바라는 좋은 관계를 맺기는 쉽지 않다. 상호 관계에서 자기 자신이 누구라는 걸 명백히 밝히지 않는 것은 상대방을 불쾌하게 하는 실례가 될 수도 있다. 일상생활에서도 가끔 일어나는 현상이지만, 특히 국제화에서는 사소한 태도나 행동이 선악을 불문하고 상상을 초월하는 큰 결과를 가져올 수 있다는 것을 기억하자.

○ **준법정신은 어디로 갔나**

선진국의 공통점은 철두철미한 준법정신이다. 아무리 사소한 법이나 사회의 규칙이라도 잘 따르고 지킨다. 준법정신에는 법이나 규정을 어겼을 때는 가차 없이 벌을 받는다는 것도 포함되어 있다. 법은 만인에게 똑같이 시행되어야 국민들로부터 존경을 받게 되며, 국가원수라도 법을 어기면 일반 시민과 다를 바 없이 벌을 받아야 하는 것은 선진국의 기본적인 의식구조다. 유전무죄, 무전유죄 운운하는 그 자체가 바로 후진국이라는 증거이며, 유전무죄, 무전유죄는 후진국의 상징이다.

몇 년 전 운전하면서 영어 방송을 들을 때였다. 한국에 체류하고 있는 미국, 영국, 캐나다 출신의 세 젊은이들이 한국의 이모저모에 관해 토론하고 있었다. 이들은 한국 사회의 비자금에 관해서 이야기하기 시작했다. 비자금은 탈세와 직접적인 관계가 있고, 비자금 횡령은 회사 돈을 훔치는 범죄에 해당하기 때문에 재판을 받고 감옥살이를 해야 하는데, 한국에서는 검찰의 조사만 받고 감옥살이하는 경우가 드물다고 자기들끼리 이상한 나라라고 이야기하고 있었다. 그렇다. 준법정신이 빈약하면 국제 무대에서는 이상한 나라로 낙인이 찍힌다.

준법정신 하면 이 세상에서 독일 사람들을 당할 만한 나라가 없을 것이다. 독일인들은 너무 심하다 할 정도로 준법정신이 철저하다. 지인 한 분은 젊었을 때 독일에서 대학원 공부를 했다. 독일 유학 중 바로 옆 아파트에 홀로 사는 80대 독일 할머니와 독일어도 배우면서 가깝게 몇 년을 보내다 보니 아주 친한 사이가 됐다. 독일을 떠나는 날 공항으로 출발하기 전 서로 껴안고 작별의 인사까지 했다. 이분은 정성껏 아파트를 깨끗이 청소했고, 출발하면서 조그만 쓰레기 봉지 하나를 길옆 쓰레기 수거 지정 장소에 놓고 공항으로 갔다.

독일의 규정은 쓰레기는 반드시 수거하는 날에만 지정 장소에 내놔야 하지만, 한국으로 떠나야 해서 그럴 수가 없었다. 공항에 앉아서 비행기 출발 시간을 기다리고 있는데, 공항방송에서 한국으로 가는 XXX 여행객을 경찰이 찾고 있으니 어디로 오라는 것이었다. 경찰이 나를 찾을 리가 없는데 무슨 일일까 의아해하며 오라는 장소로 갔더니, 경찰 두 명이 기다리고 있었다.

아파트를 떠나기 전 길가에 놓고 온 쓰레기 봉지가 규정 위반이니 한화 약 4만 원 상당의 벌금을 내라는 것이었다. 친하게 지냈던 할머니가 유리창가에서 쓰레기 봉지를 놓고 가는 것을 보고, 경찰에 연락한 것이었다. 내가 생각해도 이건 너무했다 싶었다. "몇 년을 가까이 지낸 친한 사이인데, 봉지를 집어서 수거하는 날 내놓으면 될걸~." 하지만 독일 사람들의 사고방식은 그렇지 않다. '법 지키면 바보'라는 표현이 가끔 입에 오르내리는 대한민국 사회와는 너무나 대조적이다.

어느 재미교포가 신문에 투고한 것을 읽은 적 있다. "수십 년 만에 모처럼 봄에 벚꽃이 필 무렵 가족과 함께 고국을 방문했다. 옛 추억을 더듬어 벚꽃 구경차 자동차를 몰고 나섰다. 주말이라 차량과 사람들의 홍수로 입구부터 인산인해를 이루었으며, 곳곳에서 안내원들이 차량 안내를 하고 있었다. 벚꽃 구경 온 사람들의 편리와 질서 유지를 위해서 안내원들이 교통정리를 하고 있었다. 그런데 수많은 사람들이 안내원을 무시하고 진입하거나 주차하기 편한 곳에 다른 사람들에게 불편을 끼치면서 불법주차를 하는 것을 보고 놀랐다. 100~200미터 거리 빈 공간에 주차하고 걸어오면 건강에도 좋을 텐데, 입구 부근은 차량들로 무법지대를 연상케 했다."

투고자는 "미국에서는 동네 축구 경기장에서 중·고등학생들이 교통정리를 해도 사회의 질서와 서로의 편리를 위해서 절대적으로 복종하고 지시에 따르는 데 너무도 대조적이었으며, 권위를 무시하고 정해진 규칙을 지키려고 하지 않는 이기적인 한국인들이 부끄럽게만 느껴졌다."라고 전했다. 부모를 따라 차를 타고 벚꽃 구경을 온 아이들이 부모들의 이런 부끄러운 행동을 보고 배웠으니, 자신들도 성인이 되면 자연스럽게 이런 짓을 할 게 아닌가. 자기의 이익과 편리를 위해 온갖 편법을 쓰려는 사회는 선진국과는 거리가 멀다. 선진국과 편법은 함께 갈 수 없다.

○ **억지 부리고 떼만 쓰는 '떼한민국'**

억지를 부리고 떼만 쓰는 사람들로 가득한 대한민국을 어느 사회학자가 '떼한민국'이라 부르기 시작했다고 한다. 합리적인 사고력이 부족한 사람은 억지를 부리고 떼를 쓰면서 자기가 얻고자 하는 것을 고집 피우며 내세우는 미개인 경향이 많다. 그럴 수밖에 없다. 이치에 맞게 합리적으로 해결할 수 없으니, 억지를 부리며, 소리를 치고 떼를 쓰고 보는 것이다. 희한하게도 한국에서는 이런 야만적인 행동이 통한다. 미국에서는 정상이 아닌 사람으로 보고, 아무도 상대해주지 않는다. 야만적인 행동은 미개한 야만국에서는 통하지만, 선진국에서는 절대 용납이나 용서되지 않는다.

떼쓰는 사람들은 한국뿐만 아니라 다른 나라에서도 많이 볼 수 있다. 그러나 이런 나라들은 대부분 경제적으로 취약하거나 못살거나, 사회적으로 몹시 불안정할뿐만 아니라 국민들의 교육 수준도 무척 낮다. 한국처럼 국민소득이 높고, 고등학교 졸업생의 80퍼센트 이상이 대학에 진학하는 나라는 없다. 선진국에도 억지를 부리고 떼쓰는 사람들이 있기는 하지만, 이들은 모두 아직 미성숙한 어린아이들이다. 어린아이들이기 때문에 사리 판단이 안 되어 이성적으로 사고할 수 없거나, 합리적으로 행동할 수 없으니, 자연히 억지를 부리고 떼를 쓸 수밖에 없는 것이다.

미국에서 40년을 살아온 친구 부부가 모처럼 한국을 방문했다. 친구 부부는 형님 부부와 함께 동해안을 여행하면서 어느 날 식사를 하려고 식당에 들어섰다. 식당 내부가 너무도 불결해서 식탁에 앉기도 전에 뒤돌아 나와 다른 식당으로 발길을 돌렸다. 그때 이 네 분이 식당에 들어왔다 앉지도 않고 나가는 것을 보고 형님의 큰딸 또래로 보이는 40대 식당 주인이 따라 나와 차마 입에 담을 수 없는 온갖 욕설을 퍼붓는 것이었다. 너무 황당한 일을 당해 이들은 어찌할 바를 모르고 당황해할 수밖에 없었다고 했다.

미국에서는 상상도 못 할 일을 접하고 친구 부부는 매우 충격을 받았다고 했다. 손님들이 식당에 들어왔다가 분위기를 보고 마음에 들지 않으면 뒤돌아서 나갈 수도 있다. 식당이 성공하는데 가장 근본적인 조건이 음식의 맛, 청결, 친절이라는 생각을 왜 하지 못할까. 비합리적인 사람들로 구성된 사회는 비합리적일 수밖에 없다.

어느 날 신문을 보니, 새로운 아파트 단지에서 이미 입주해서 살고 있는 주민들이 아파트 출입구 도로 위에 장애물을 쌓아두고 아파트를 구입해서 이사 오는 입주자들을 가로막고 시위를 한다는 것이었다. 이유인즉 건설회사가 몇 달 전 자기들에게 팔았던 가격보다 더 싼 가격으로 팔고 있으므로 자기들이 구입한 가격과의 차액을 돌려달라고 요구했지만 거절당했기 때문이었다. 아무런 죄 없는 사람들이 아파트를 사고도 이사를 할 수 없는 상황이 벌어진 것이었다.

다른 나라에서는 상상조차 할 수 없는 희귀한 사건을 우리 한국에서는 가끔 보게 되는데, 나는 이런 이상한 상황을 도저히 이해할 수 없었다. 만약 시위하는 주민들이 자기들의 아파트를 2년 후에 10억에 팔았는데, 3개월 후에 아파트 가격이 9억으로 떨어진다면, 1억을 반환해주겠다는 말인가. 이런 당치도 않는 괴상망측한 의식구조로 억지를 부리며 떼쓰는 사람들이 사는 나라는 선진국이 아니라 경제적인 수준과는 상관없이 야만국으로 분류될 수 있다.

또 하나 희귀한 것은 도로를 가로막고 불법 시위를 하면서 차량 통행뿐만 아니라 다른 사람들이 이사하지 못하도록 막고 있는데도 경찰이 나타나지 않았다는 것이다. 미국에서는 당장 경찰이 출동해서 15~20분 내로 장애물을 철거하고 해산하라고 명령을 내릴 것이다. 만일 20분 이내에 해산하지 않을 때는 시위자들은 즉시 구속된다. 수갑을 채우고 감옥으로 직행하게 되며, 불법시위, 교통방해, 공공질서 문란 등의 죄목으로 재판에 처하게 된다. 한국 경찰은 어디서, 무엇을 하고 있는지 궁금하기 짝이 없다.

오마에 겐이치가 1999년 「한국은 절대 선진국이 될 수 없다」라는 글을 발표한 지 많은 세월이 흘렀건만, 한국은 그동안 얼마나 변했을까. 1999년 국민소득은 외환 위기로 약 9,500달러였고, 2016년 국민소득을 3만 달러로 예상하고 있으니 약 세 배로 증가한 셈이다. 세계 어디를 가도 유례를 찾아볼 수 없는 엄청난 증가율이며, 우리 국민들이 조국의 경제 발전을 위해 아끼지 않고 피땀을 흘린 결과라고 생각한다. 하지만 위에서 언급한 선진국이 되기 위해 충족돼야 할 조건들도 과연 세 배로 향상됐을까.

국민들의 인격과 교양은 점점 더 실종되어가고 있으며, 막말과 욕설이 난무하는 저질 문화와 비도덕적이고 비윤리적인 행위는 계속 확산되어가고 있는 현실은 절대로 선진국의 모습이 아니다. 떼만 쓰는 '떼한민국', 지난 반세기 동안 정말 부끄럽고 딱하기 짝이 없는 '딱한민국'이 되어버렸다.

○ **치유가 절실히 필요한 병든 나라**

지난 수년 동안 한국 사람들에게 '치유'처럼 대유행한 단어는 드물었던 것 같다. 해괴한 것은 치유라는 우리말을 버리고, 누구를 가릴 것 없이 모두 힐링(healing)이라는 영어 단어를 거침없이 사용한다는 것이다. 〈힐링캠프〉라는 TV 프로그램에서부터, 힐링 여행, 힐링 음식, 건강 힐링, 힐링 관광지, 백세 힐링 등등 셀 수 없을 지경이다. 지금까지 '힐링' 대신 '치유'라고 하는 한국 사람을 본 적이 없다. 힐링이라는 영어 단어를 사용하는 태도부터 먼저 치유받아야 할 것 같다.

거의 모든 치유 활동이 개인의 육체적인 치유에 중점을 두고 있는 것 같다. 육체적인 건강과 치유가 중요하다는 것은 너무나 당연한 일이지만, 우리 한국인들에게 현재 가장 절실하게 필요한 것은 정신적인 치유와 도덕적인 치유, 편견과 차별의 치유, 부정부패의 치유, 남에 대한 배려의 치유, 사회 정의와 질서와 안전의식에 대한 치유다. 특히 도덕적인 치유와 부정부패에 대한 치유가 이루어지지 않으면 국제사회에서 한국은 알게 모르게 계속 조롱당할 수밖에 없다.

약 25년 전 미국 친구 부부가 마련한 저녁 모임에 초대를 받고 참석했을 때의 일이다. 15명 정도 모였는데, 그중 한 사람은 미국 외교관으로 근무하다 은퇴한 나이 일흔 살 정도로 보이는 분이었다. 외교관으로 여러 나라에서 근무했기 때문에 화젯거리가 무척 많았다. 아시아와 아프리카의 여러 국가에서 미국의 경제원조를 '부정부패로 썩어빠질 대로 썩어버린 부도덕한 마귀 같은 정부 관료들이나 독재자들이 무지막지하게 강탈해 가는 만행'을 자세히 묘사할 때마다 그 자리에 모인 사람들은 조롱과 멸시의 웃음, 그리고 비난을 그치지 않았다. 나는 어쩐지 한국도 포함해서 이야기하는 것 같은 느낌이 들어 부끄럽기도 하고 그 자리가 여간 불편하지 않을 수 없었다.

2015년 4월, 한국 정계를 발칵 뒤집어 놓은 성완종 사건 후 한일의원연맹 일본 측 간사장인 가와무라 다케오 의원은 '한국은 아직 성숙도가 부족한 나라'라는 말을 했다. 대부분의 한국인들은 가와무라 다케오 의원의 한국에 대한 모욕적인 평가를 별생각 없이 가볍게 받아들였을지도 모른다. 물론 "성숙도가 부족하다."라는 발언은 극히 외교적인 발언이다. 외교적인 발언은 숨은 의도를 캐내고 적절한 해석이 따라야 하는데, 다케오 의원은 사실상 한국은 "미개국이요 후진국이다."라고 조롱하고 깔본 셈이다. 국제 무대에서 얼마나 더 이런 조롱을 당해야 정신을 차릴 것인가. 하루빨리 범국민적인 부정부패, 부도덕 치유 운동이 시작되기를 간절히 바란다. 특히 이런 부정부패 정치인들을 선거 때마다 찍고 또 찍어서 정치계로 계속 내보내는 얼빠진 한국인들은 후세대와 조국의 미래를 위해서라도 다방면에 걸쳐서 의식구조의 치유를 꼭 받아야 한다.

모욕적인 발언을 한 다케오 의원에게 우리는 반박할 처지도 못 된다. 모든 면에서 일본을 앞선 부정부패 없는 모범적인 선진국이라면 다케오 의원은 한국을 우롱하는 발언이 아니라, 존경하는 발언을 했을 것이다. 경제적으로는 눈부신 발전을 하고 많은 세계인들이 부러워할 정도이지만, 국민들의 정치적인 혹은 윤리·도덕적인 수준은 밑바닥에 있고, 교양, 인격, 남에 대한 배려, 사회의 정의나 책임감 및 의무감은 삼류 이하이며, 이기적인 집단인 한국이 "성숙도가 부족하다."는 평가를 받는 것은 어쩔 수 없는 일이라 하겠다.

대학진학률이 일본의 48퍼센트보다 훨씬 높은, 세계 최고의 83퍼센트이며, 대학 교육을 받은 국민의 비율이 미국이나 유럽 선진국들의 두 배가 되는 대한민국이 국제 무대에서 성숙도가 부족하다는 놀림까지 받는 것은 너무도 가슴 아픈 현실이 아닐 수 없다. 교육의 가장 중요한 목적이 윤리·도덕적인 인간을 길러내고, 어떤 환경에서도 정도(正道)를 지키는 용기를 인간에게 심어주는 것인데, 이런 면에서 볼 때 한국의 교육은 완전히 빗나간 삐뚤어진 교육이 돼버렸다.

한국인들이 앓고 있는 고질병이 바로 도덕불감증이다. 너무도 오랜 세월을 부도덕한 사회 속에서 부도덕한 짓을 하면서 살다 보니, 부도덕이 부도덕으로 보이지도 않는 모양이다. 학교에서는 도덕 과목을 없애버리고 인성교육을 묻어버린 지 오래됐고, 부도덕한 짓을 자녀들 앞에서도 밥 먹듯이 하는 부모들이 집 안에서 윤리·도덕에 대한 가정교육을 할 능력이 있을 리가 없으니, 우리의 후세들은 누구한테서 윤리·도덕에 대해서 교육을 받을 수가 있단 말인가.

윤리·도덕이 병들어 있는 사회는 국민 전체가 명문대학을 졸업했다 해도 지옥이나 다름없다. 이런 나라는 결코 선진국이 아니다. 대한민국을 진지한 선진국이라 생각하는 사람들은 한국인들밖에 없다.

미국 프로야구 결승전(the World Series) 세 번째 경기가 샌프란시스코 시 캔들스틱파크(Candlestick Park) 경기장에서 1989년 10월 17일 오후 5시 35분에 시작될 예정이었다. 경기를 관람하기 위해 5만여 관중들이 한창 모여들기 시작할 무렵인 5시 4분에 규모 6.9의 지진이 샌프란시스코 일대를 뒤흔들었다. 주변의 고속도로들이 무너지고 경기장 일부도 파손돼 야구 경기는 연기됐고, 67명의 사망자와 3,000명 이상의 부상자를 냈다. 샌프란시스코에서 일하는 직장인들은 퇴근길이 막혀 배를 타고 샌프란시스코를 탈출하는 수밖에 없었다.

샌프란시스코 부둣가에는 수많은 인파가 배를 타기 위해 줄을 서서 기다리고 있었다. 그중 한 사람이 나의 친지였다. 지진의 충격으로 인해 도시 전체가 대혼란에 빠져 있었지만, 거의 대부분의 직장인들은 침착한 태도로 언제 승선하게 될지도 모르는 상태에서 질서정연하게 기다리고 있었다. 무엇보다도 내 친지의 눈에 감동적이었던 것은 부둣가에 있는 공중전화를 사용하는 미국인들의 모습이었다. 휴대전화가 널리 보급된 때가 아니었고 비상상태였기 때문에 사람들은 모두 집에서 속을 태우며 기다리는 가족들과 쉽게 연락할 수 없는 상황에서 자기 차례가 오면 공중전화를 10초 이상 사용하는 사람이 단 한 명도 없었다는 것이다. 가족들에게 "나 무사해. 배를 타고 가려고 기다리고 있어."라고 간단히 통화하고 다음 사람에게 전화기를 넘기는 모습이 너무나 감동적이었다는 것이다. 친지는 그때 미국인들이 역시 선진국 시민이라는 사실을 확신할 수 있었다고 했다. 그러면서 그동안 미국 사회에 대해 쌓였던 온갖 불평과 불만이 확 날아가 버렸다고 했다. 서울에 규모 6.9의 지진이 발생하여 교통이 마비되고 대혼란이 왔다면, 과연 우리들은 2011년 3월 대지진 후 세계 사람들을 감동시킨 후쿠시마 시민들처럼 서로 양보하고 배려하면서 질서를 지키는 성숙한 모습을 보일 수 있을까.

　역경에 처했을 때 개인의 본심과 인격이 숨김없이 노출되듯, 국가도 위기와 혼란에 처했을 때 국가의 본심과 국격의 진실이 밝혀지는 법이다. 전 국민에게 잊을 수 없는 큰 충격을 주고, 우리 모두의 가슴을 한없이 아프게 한 세월호 침몰사건이 대한민국이 어떤 나라이며 국가의 지도자들이나 한국인들이 어떤 사람들이라는 것을 함축해서 아무런 포장 없이 확실하게 보여주었다. 미국 블룸버그 뉴스(Bloomberg News)의 시사평론가 윌리엄 페섹(William Pesek)은 세월호 침몰사건에 대해서 다음과 같은 평을 했다. "위기에 처했을 때 정부가 삼류라면, 경제가 일류인 것은 별 의미가 없다." 페섹의 평을 쉽게 풀이하면, "경제는 일류라고 하지만, 한국의 정부나 정치 구조의 수준은 삼류다."라고 우리를 꼬집고 비하한 것이다.

　세월호 침몰사건의 악몽이 그동안 머릿속 깊이 굳어져 버린 한국인들의 의식구조를 바꾸고, 국민 모두에게 두고두고 우리 조국의 미래를 위해 올바른 선택을 하는 데 꼭 필요한 영원한 등대가 되어 주기를 두 손 모아 빈다. 국민들의 민주주의에 대한 수준이나 의식구조가 바뀌지 않고 똑같은 정치인들을 계속 찍어주었다가는 제2의 세월호 침몰사건이 계속 일어나는 것은 시간문제일 것이다.

사람은 누구나 머릿속에 한번 굳어버린 사상이나 태도는 심리적인 치료를 받아도 쉽게 바꾸기가 어렵다. 그래서 마음속에 굳어버린 터무니없이 어리석은 편견이 개인뿐만 아니라 나라를 망칠 정도로 무섭고 위험하다. 미국인들은 50~60대 이상 나이가 든 자기들의 태도나 사고방식을 고치는 것이 어렵다고 이야기할 때 다음과 같은 말을 자주 한다. "늙은 개는 자기 집에서 멀리 가지 못한다." "늙은 개에게 새로운 재주를 가르칠 수 없다."

하지만 우리 한국인들은 '늙은 개'가 아니다. 우리 한국 사람들은 '한다'면 꼭 해내는 특이한 민족이다. 나는 '하겠다'는 한국인들의 숭고한 정신에 희망을 걸어보겠다. '하겠다'는 각오가 큰 변화를 가져올 수 있다.

서로 가까이 지내온 노르웨이 출신 동료 교수가 있었다. 어느 날 점심을 같이하면서 노르웨이, 스웨덴, 덴마크, 핀란드 같은 스칸디나비아 국가들이 이 세상에서 가장 앞서가는 선진국이요, 인도주의적인 국가라고 생각한다고 말을 건네자, 이분은 미소를 띠면서 나에게 다음과 같은 말을 했다.

"우리 조상들이 바이킹(Viking) 시대에 인간의 마음속에 존재하는 모든 악의 불순물들을 다 뽑아내 버렸기 때문일 것입니다."

○ 악취의 쓰레기 속에 파묻혀 있는 아름다운 금수강산

입지적 조건에서 볼 때 우리 조국 대한민국처럼 큰 축복을 받은 나라가 이 세상에 드물다. 사시사철이 뚜렷하고, 지진의 피해도 극히 드물고, 화산이 폭발하는 위험도 없으며, 매년 미국 내 여러 지역을 강타하고 엄청난 피해를 가져오는 거대한 폭풍이나 회오리바람도 없다. 문자 그대로 평화롭고 아름다운 살기 좋은 금수강산이다. 불행히도 지금 현재 금수강산은 견딜 수 없는 악취를 풍기며 우리를 병들게 하는 독에 전 쓰레기 속에 파묻혀 있다.

그동안 한국에 살면서 관찰해보니 학벌주의, 망국적인 지역감정, 얼빠진 유권자들, 썩어빠진 정치인들, 멍들어 있는 국민의 의식구조, 남이 싫으면 무조건 종북이라 누명을 씌우고 국가를 쪼개버리려는 조지프 매카시 같은 불순한 자들이 한국 사회를 병들게 하는 독이 되는 것 같다. 이 모든 독을 빼내 버리면 우리 한국은 국제적으로 존경받고 선망의 대상이 되는 살기 좋은 아름다운 금수강산이 될 것이라 믿는다. 이런 독을 어떻게 빼내 버릴 것인가는 우리 국민 각자에게 주어진 과제다.

'하겠다'는 정신으로 우리 한국인들의 마음속에 존재하는 모든 악의 불순물들을 다 뽑아내 버리는 날이 하루빨리 오기를 손꼽아 기다린다.

끝맺음 말

 이 책을 읽어준 독자 여러분들께 깊은 감사를 드리며, 우리 모두 마음과 힘을 모아 대한민국 국민들의 의식구조를 대폭적으로 혁신하는데 앞서주기를 호소한다.
 개인이건 국가건 발전하려면, 먼저 자신을 깊이 들여다보고, 우리가 현재 어디에 있다는 것을 정확하게 잘 파악해야 한다. 특히 국제사회에서는 우리의 처지와 위치를 객관적이고 올바르게 파악하지 못하고 함부로 나대다간 비극만 초래할 수도 있다. 우리가 어디에 있다는 것을 정확히 알지 못하면 가고 싶은 목적지가 있어도, 어떻게 목적지에 가야 할지 알 수가 없다.
 국제화로 가는 길에서 우리 한국인들에게 필요한 자극을 주며, 잠시라도 하던 일을 멈추고 자신들을 깊이 들여다보고 생각할 기회를 마련해주고자 하는 취지에서 나는 이 글을 썼다. 발전하기 위해서는 누구나 생각할 수 있는 시간을 가져야 한다. 깊게 생각하고 획기적으로 변하기 위해서는 외부로부터 자극을 받아야 한다. 이 책이 따끔한 자극제가 되어 거울 속에 비친 자신들을 바라보며 고장 난 부분들을 고치려는 진지한 토론의 마중물이 되어 주기를 바란다.

영국의 역사가 에릭 홉스봄(Eric Hobsbawm, 1917~2012)이 말했듯이 "세상은 저절로 좋아지지 않는다." 앞뜰의 잔디도 햇볕을 받고, 물을 주고, 1년에 한두 번씩 비료를 뿌려야만 파랗게 잘 자랄 수 있다. 이 세상 아무것도 저절로 잘 자라거나 좋아지는 것은 없다. 한국인들은 "언젠가는 좋아질 거야."라고 말하기를 좋아한다. 이런 달콤한 말은 아무런 근거는 없지만, 듣는 사람의 귀를 즐겁고 편하게 할 수 있으므로 한국 사회의 특이한 정서 속에서는 이런 말을 자주 하는 사람이 좋게 평가받고 주목받을 수도 있다. 민주주의가 됐건, 정치·경제가 됐건, 사회가 됐건, 개인이 됐건, 국가가 됐건 이처럼 막연하고도 무모한 자세로는 우리 한국 사회는 절대로 좋아지지 않는다.

사랑하는 자녀들이 잘되기를 바라는 진지한 마음에서 한 번이라도 더 야단치고 비난하는 것처럼, 사회나 국가의 미래에 대한 깊은 관심과 세계 사람들로부터 존경받는 훌륭한 선진국 국민이 되길 바라는 간절한 소망이 마음속에 없다면 이런 비판은 나올 수가 없다. 무관심한 부모는 자식 훈계도 잘하지 않는 것처럼 무관심한 시민들은 사회에 대한 비판을 싫어하고 피하려고 한다. 비판을 싫어하고 감정적으로 대하거나 선의의 건설적인 비판을 잘 받아들이고 소화시키지 못하는 사회는 발전하기가 어렵다. 머리말에서 언급했던 바대로 나는 이 책에서 다른 나라들, 특히 미국의 실제 사례를 많이 서술했다. 미국인들의 사고방식이나 행동과 관례가 옳고 훌륭해서 맹목적으로 따라가자는 뜻은 절대 아니다. 단지 비교를 해서 우리의 상황을 더 객관적으로 비판하고 판단하는 데 도움이 되고자 하는 의도였으니, 독자들이 오해하지 않기를 바란다. 우리 조국의 미래와 후세들을 위해서, 그리고 성공적인 국제화를 위해서 지난 반세기 동안 외쳐온 "잘살아보세!"라는 구호보다 더 적절한 미래를 위한 구호는 "순수하고 질 좋은 명품 인간, 명품 선진국 시민이 되세!"가 아닐까.